전략적 기획론

전략적 기획론

공공부문 관리자를 위한 개념과 사례

Strategic Planning: Principles and Cases for Public Managers

한 상 일

도서출판 대영문화사

이 저서는 2010학년도 연세대학교 학술연구비의 지원에 의하여 이루어진 것임.

머리말

"살아남는 종은 강한 종이 아니고 똑똑한 종도 아니다. 변화에 적응하는 종이다."

영국의 자연생물학자 찰스 다윈(Charles R. Darwin)은 그의 명저 『종의 기원(*On the Origin of Species*)』(1859)에서 변화하는 환경에 대한 적응이 종의 생존을 결정한다고 주장하였다. 이제 환경에 대한 적응은 자연생태계를 넘어서 조직생태계에도 중요한 과제가 되었다. 최근에는 공공기관들도 환경의 변화를 주도면밀하게 분석하면서 다양한 적응전략을 마련하고 있다. 글로벌 경제위기의 주기가 짧아지면서 정부와 공공기관의 재정 역량이 감소하고, 정치적 민주화가 가속화되면서 시민들의 수요는 증가한다. 사회적 다양성과 세대 간 문화적 차이가 커지면서 공공기관의 환경은 빨리 변하고 다양성도 증가하고 있다. 이러한 불확실한 환경의 변화를 분석하고 그 변화에 적응하기 위한 전략을 설계하는 것이 공공기관 관리자에게 매우 중요한 과업이 되었다.

기획이란 무엇인가? 전략적 기획이란 무엇인가? 다윈의 설명처럼 환경에의 피동적인 적응만이 조직이 생존할 수 있는 방법인가? 오히려 환경의 흐름을 변화시켜 조직에 유리한 방향으로 상황을 전환할 방법은 없는 것인가? 이러한 다양한 주제를 중심으로 전략적 기획에 대한 연구는 지속적으로 발전하고 있다. 환경의 변화뿐만 아니라 미래 비전의 수립, 그에 따른 전략과 집행 체계의 설계 등 다양한 주제들이 논의된다. 따라서 실무적인 필요성과 학계의 이론적 발전에 부응하여 공공기관의 전략적 기획에 대한 다양한 사례와 토론 주제의 제시가 이어질 때 행정학의 유용성이 높아진다는 것이 필자의 판단이다. 이런 방향으로의 발전에 미력이나마 보태고자 하는 것이 이 책을 집필한 동기이다.

이 책의 목적은 환경과 적응, 기획과 전략에 대한 다양한 개념과 사례를 제시함으로써 공공기관의 실무자들이 스스로 자신만의 관점을 확립하는 데 있다. 필자는 대학교에 재직하는 동안 대학을 졸업한 후 자기계발을 위하여 학교를 다시 찾는 많은 공공기관 재직자들을 만나게 되었다. 이들과의 만남을 통하여 끊임없는 대화와 토론을 통한 액션 러닝(Action Learning)이 그들을 자주적인 학습으로 이끌고 내적 성찰을 유도하여 주체적인 관점을 스스로 발전시키게 한다는 사실을 깨닫게 되었다. 따라서 이 책에서는 심오한 이론과 철학, 복잡한 분석 기법과 조사도구 등이 차지하는 분량은 최소화하였다. 반면, 공공기관의 전략적 기획에 대한 다양한 사례를 우선적으로 수록하였다. 이 책에 마련된 다양한 사례와 토론을 위한 딜레마 상황을 효과적으로 수업에 활용한다면 공공기관 직원들을 위한 생산적인 학습 기회를 제공할 수 있을 것이다.

이 책은 행정학을 공부하면서 공공부문으로 진출하고자 하는 학생들을 위한 교재로도 활용할 수 있도록 쉽게 쓰려고 노력하였다. 매 장의 첫 부분에 장의 주제와 연결되는 사례를 "들여다보기"라는 이름으로 제시하였다. 본문이 진행되는 과정에도 한국과 외국의 중앙정부, 지방정부, 공기업, 준정부기관 그리고 비영리조직의 사례를 곁들여 개념과 사례를 동시에 섭렵할 수 있게 배려하였다. 아울러 유명 학자 및 실무가의 견해도 본문에 함께 수록하여 기획에 대한 다양한 관점을 제시하였다. 모든 장의 마지막에는 마무리 사례를 통하여 관련 주제와 연관된 실무적인 상황을 가정하여 토론을 진행할 수 있도록 하였다. 본문이 모두 끝난 후에는 길고 복잡한 두 가지 사례를 제시하였다. 이 사례를 통하여 어려움에 봉착한 공공기관 관리자들의 입장에서 전략적 기획안을 만들어보고 새로운 기회를 탐색해 볼 기회를 제공하였다. 다양한 사례와 토론을 경험하면서 행정학을 처음 대하는 학부생들이 이 책을 통하여 공공조직의 역동성을 체험하고 공공가치를 함양하여 유능한 행정관리자로 성장할 것을 기대한다.

필자는 그간 행정학 연구를 해오면서 사례연구보다는 이론과 실증모형의 검증을 주로 진행하였다. 그러나 필자는 아이러니하게도 첫 번째 단독 저서인 이 책을 사례 중심의 교과서로 출판하게 되었다. 그만큼 사례와 토론 중심의 수업을 진행하는 데 대한 욕망이 강하였고, 전략적 기획이 그러한 방식에 가장 적합한 과목이라고 판단하였다. 이 책을 통하여 많은 학생이 전략적 리더십을 갖추고, 조직학습의 과정을 통하여 협력적 거버넌스를 주도하는 유능한 공직자로 거듭나기를 감히 기대한다.

이 책은 모두 4개의 편, 10개의 장으로 구성되었다. 제1편은 전략적 기획의 이해로서 제1장에서 전략적 기획의 의미를 설명하고, 제2장에서 공공기관에서 전략적 기획이 중요한 이유를 설명하며, 제3장에서 전략적 기획을 위하여 필요한 것들을 제시한다. 이 책의 총론에 해당하며 이 책에서 가장 역점을 둔 부분이다. 제2편은 전략의 수립으로서 전략적 기획에서 가장 중요한 결정을 내리는 과정을 설명한다. 제4장은 비전, 미션, 가치의 설정을, 제5장은 환경분석을, 제6장은 우선순위의 결정을 설명한다. 제7장은 미래전략의 수립, 제8장은 운영전략의 수립으로 구성된다. 여기서도 현재 시중에 나온 전략적 기획론 교과서들이 이론과 분석기법을 충분히 다루고 있다는 점을 감안하여 핵심적인 이론과 분석틀만 제시하고 사례를 보강하는 데 치중하였다. 제3편은 전략적 기획안의 작성과 집행을 위한 교훈이다. 제9장은 전략적 기획안의 작성 과정을 구체적으로 설명하였고, 제10장에서 전략적 기획을 위하여 필요한 일곱 가지 교훈을 제시하면서 본문을 마무리하였다. 제4편은 전략적 기획을 위한 사례로서 지방자치단체의 공중보건국 사례와 도시개발공사 사례를 제시하였다. 두 사례를 통하여 조직 전반에 걸친 위기를 전략적 기획으로 극복하는 과정을 경험할 수 있을 것이다.

이 책의 일부 내용은 저자가 집필한 논문을 일부 수정하여 수록한 것이다. 제10장의 일부 내용은 저자가 『정부학연구』 제20권 제2호에 실린 「관료제와 행정민주주의」의 내용을 발췌하여 구성하였다. 그리고 이 책에 수록된 사례는 가상의 사례임을 밝힌다. 대부분의 사례는 저자가 직접 집필하였고, 제4부의 두 사례는 긴터(P. M. Ginter), 스웨인(L. M. Swayne)과 던컨(W. J. Duncan)의 『건강관리조직의 전략적 관리(*Strategic Management of Health Care Organization*)』(1998)에 수록된 사례를 참고하여 국내 실정에 맞게 재구성하였다. 문장력도 부족하고 현장 경험이 전무한 저자가 가상의 사례를 집필하는 과정에서 현실에 맞지 않는 내용과 오류가 많을 것으로 예상한다. 이 책에서 발견되는 비현실적 가정과 오류를 비롯한 여러 가지 문제는 전적으로 저자의 책임이며 독자 여러분의 양해를 부탁드린다.

많은 분의 도움이 있었기에 이 책을 출판할 수 있었다. 필자를 학문의 길로 인도해주고 성장시켜주신 은사님들께 진심으로 감사드린다. 학문적으로나 인격적으로 부족한 동료를 배려해주시는 연세대학교 글로벌행정학과 교수님들께도 감사드린다. 이 책의 원고를 마련하기까지 지루한 교정 작업을 묵묵히 수행해준 연세대학교 대학원 행정학과 석사과정 신선영, 이보경 학생과 글로벌행정학과 김보림, 김구진, 손수연 학생에게도 감사의 말을 전한다. 출판에 지원을 아끼지 않은 대영문화사 임춘환 사장님께도 감사드린다. 마지막으로 끊임없는 사랑을 베풀어주시는 부모님, 많은 것을 희생하면서 부족한 남편을 변함없이 후원하고 격려해주는 아내, 질풍노도 시기에 자아정체성 찾기에 여념이 없는 딸 준희를 포함한 모든 가족에게도 감사의 마음을 전한다.

2015년 2월

한상일

차 례

제 1 편

전략적 기획의 이해

제 1 장

전략적으로 기획한다는 것

들여다보기: 별을 파는 공무원

'밤하늘의 별장사'란 별칭을 가진 강원도 영월군의 이형수 공무원은 영월군 봉래산 정상에 대한민국 최초의 시민천문대를 건립한 주인공이다. 그는 사회경제적으로 낙후된 강원도 한 지방자치단체의 공무원으로서 많은 반대와 저항을 극복하고 민간 천문대로는 최고 높이인 해발 799.8m의 봉래산 별마로 천문대를 완공하는 데 결정적인 기여를 하였고, 이 천문대는 현재 영월군 관광의 대표 브랜드로 자리 잡았다.

한 연구에 따르면(윤견수, 2001), 이 사업을 추진하기 위한 환경은 매우 열악하였다.

첫째, 강원도 영월군은 대한민국의 지방자치단체 가운데 재정자립도가 매우 낮다. 2014년 현재 영월군의 재정자립도는 14.7%로 전국 평균 44.8%에 현격하게 미달할 뿐만 아니라 강원도 내에서도 열악한 편에 속한다. 인구가 현격한 감소 추세에 있을 뿐만 아니라 매우 심각한 고령화에 처한 지방자치단체이다. 이것은 정책을 추진하기 위한 재정적·사회적 자원이 매우 부족하였음을 의미한다.

둘째, 그는 천문과학이나 건축 등의 공학적 지식이 전무한 일반직 공무원이었다. 그것은 그의 전문가적 자원도 부족하였음을 의미한다.

그러나 그는 이러한 열악한 환경과 개인적 특성을 극복하고 1998년부터 2001년까지 국비 10억 원, 특별교부세 20억 원, 도비 10억 원, 군비 28억 원, 합계 68억 원의 자금을 천문대 사업에 할당받고 성공적으로 준공하였다. 천문대를 준공하기까지 그는 중앙부처와 광역지방자치단체 공무원, 지방자치단체장, 지방의회, 동료 직원, 지역주민 모두를 끊임없이 설득해 내었다. 결국 별마로 천문대는 약 200만 관객을 동원한 영화 〈라디오 스타〉의 주 촬영지가 되었을 뿐만 아니라 주말이면 수백 명의 탐방객이 끊이지 않고 찾아오는 관광명소가 되었다. 놀랍게도 이 모든 과정을 그가 홀로 계획하고 집행하여 실현하였다.

이형수 공무원은 어려움을 극복하고 목표를 달성하기 위하여 전 과정을 동태적으로 구성하고 매우 전략적으로 접근하였다. 전략적 기획을 위하여 가장 먼저 해외 사례 수집을 하였고, 자신이 근무하는 영월군의 여건을 나름대로 분석하였다. 환경분석을 통하여 영월군이 천문대를 건설하고 운영하기에 적절한 장소라는 사실을 밝혔다. 최적의 장소를 발굴하고 확보하기 위하여 수많은 지역을 답사하였으며 전문가들에게 자문을 받았다.

그는 천문대 설립의 전 과정을 단계별로 구분하여 치밀하게 구성하였고, 필요한 인적자원이 누구이며 재정자원은 얼마인지 예측하였다.

전략에 기반한 집행의 과정에서는 관계자의 설득이 가장 중요하였다. 관계자들을 설득하는 과정을 일회적으로 이해하기보다 단계별로 구분하고 각 단계에 맞는 전략을 수립하여 집행하였다. 그리고 이해관계자들의 특성에 맞는 전략을 수립하였다. 고위공직자, 일반대중, 전문가 등은 각각 다른 환경과 인지구조를 갖고 있다. 그는 명분과 정서 그리고 실리와 이성이라는 각각 다른 설득 도구를 갖고 호소하여 지지자와 옹호자를 확산시켰다(윤견수, 2001). 결국 조직의 고위직이 아닌 중간관리자였던 이 지방공무원은 자신이 가진 제약 조건들을 다양한 전략을 통하여 실현시킨 것이다.

위의 사례에 나타난 공무원은 경제적 자원과 정치적 권력을 갖추지 못한 한 지방자치단체의 중간관리자였다. 그럼에도 불구하고 그는 독특한 전략과 기획 능력을 바탕으로 공공조직에서 상당한 자원을 획득하고 영향력을 미치는 데 성공하였다. 이와 같이 조직에서의 자원과 영향력은 반드시 고위관리자가 독점하는 것은 아니다. 이형수 공무원의 사례에서도 어떤 전략을 세우는가, 그리고 어떻게 기획하는가가 조직의 자원 획득 능력과 영향력의 크기를 결정한다는 것을 보여준다. 이제 공공조직의 관리자에게 중요한 전략적 기획의 개념을 설명하고 왜 전략적 기획이 중요한가를 설명하려 한다.

제 1 절 공공조직에서 전략적 기획이 중요해진 이유

21세기로 접어들면서 한국의 공공부문에는 다양한 수요가 증가하고 있다. 그것은 정치적, 관료적, 관리적 추세로 나누어 설명할 수 있다(안병영 · 정무권 · 한상일, 2007).

첫째, 정치적으로 민주화가 진전되면서 많은 시민이 공공기관에 대하여 스스로 정치적 지분을 가진 유권자라는 의식을 갖게 되었다. 과거의 공공기관과 국민과의 만남이 어른과 아이의 관계에서 이루어졌다면 이제는 동등한 입장에서 권리를 요구하는 관계로 발전하였다. 결국 공공기관은 국민들의 더 많은 정치적인 요구에 직면할 수밖에 없는 상황에 직면하였다. 이러한 국민들의 요구에 부응하고자 준정부조직들은 시민들과 소통을 활발하게 하기 위한 다양한 제도를 도입하고 있을 뿐만 아니라 지배구조를 투명하게 하려는 노력이 진행 중이다(한상일, 2010). 지방자치단체에서도 서비스 헌장을 만들고 지역주민의 목소리를 수용하기 위한 참여제도를 마련하기 위한 시도가 진행 중이다.

둘째, 정보 시스템이 발전하고 조직관리 기법이 발전하면서 전통적인 관료제적 통제가 강화되었다. 공공부문은 국민이 선출한 정치적인 대표자가 정무직 공무원을 임명하고 그 정무직 공무원들은 일반직 관료를 명령과 지시로 통제하는 관료제적 구조로 형성된다. 이러한 구조에서 조직의 고위관리자들은 정책 영역별로 강화된 공공기관들의 클러스터 속에서 자신이 추구하는 목적을 달성하기 위한 다양한 비전과 목표를 설정한다. 그러한 비전과 목표는 공공조직의 중간 및 일선관리자들에게도 투영되고 새로운 업무 영역으로 전환된다.

셋째, 1990년대 이후 신보수주의 정책 기조가 설득력을 얻으면서 중앙정부의 지원은 줄어들고 공공기관들은 스스로 비용을 절감하여 자원을 확보하는 방식으로 사업을 전개하는 추세가 확산되었다. 이러한 추세는 공공기관이 자발적인 활동을 전개하여 경제적 위기를 극복하는 방안을 마련하도록 하는 새로운 도전으로 작용한다.

21세기의 공공기관은 이러한 다양한 도전에 직면하고 있지만 자원은 점차로 부족해지는 현실에 직면하게 된다. 경기의 급격한 변동이 자주 발생하고 경기의 침체가 장기화되기도 한다. 급격한 변화를 대비하여 국가는 여유자원을 비축해야만 하고 경기가 침체되면 정부의 세수는 감소하여 공공기관의 자원이 부족해진다. 수요는 증가하고 자원이 부족해진다면 공공기관은 제한된 자원의 효용을 극대화하기 위하여 좀 더 합리적인 전략을 세우고 집행하는 것이 중요하다. 굳이 이형수 공무원의 사례를 들지 않더라도 최근 한국의 공공기관에는 많은 경제적 · 정치적 위기가 도래하고 있으며, 공공기관의 직원들은 그 위기를 극복해야만 하는 상황에 처하게 된다. 그러한 위기는 정확한 상황분석과 전략의 설정 그리고 그 전략의 집행에 의하여 극복 가능하다. 그렇다면 전략적 기획은 무엇이기에 조직이 직면한 위기를 극복하게 하는가?

Box 1.1 공공기관에 대한 환경의 변화와 전략적 기획의 필요성

1. 정치적 민주화로 인한 국민들의 수요 증가
2. 행정관리 기술의 발전으로 인한 관료제적 통제의 강화
3. 신자유주의 사조의 확산으로 인한 성과관리의 강화

제 2 절 전략적 기획이란 무엇인가?

전략적 기획, 특히 공공부문의 전략적 기획을 연구한 대표적인 학자는 사진에 나타난 존 브라이슨(John M. Bryson)이다. 미국의 미네

소타대학교 허버트 험프리(Hubert H. Humphery) 공공문제연구소에 재직하면서 다년간 공공부문의 전략적 기획에 대하여 연구한 그는 "전략은 조직의 실체가 무엇이고, 조직이 무엇을 하고, 그것을 왜 하는가를 정의하는 목적, 정책, 프로그램, 활동, 의사 결정 또는 자원 배분의 한 형태"(박홍윤, 2008에서 재인용)라고 매우 광범위하게 정의하고 있다. 그러나 이 정의를 세부적인 요소로 구분하여 검토하면, 조직의 실체란 조직의 구조와 문화에 대한 정확한 이해를 말하고, 조직이 무엇을 하는가는 조직의 역할을 말한다. 그리고 나머지 부분은 조직의 사업이나 특성을 말한다. 즉, 미래를 대비한 전략을 기획하는 데 가장 중요한 것은 철저한 현실 인식과 상황 판단, 그에 따른 조직의 변화와 발전이다. 브라이슨은 전략적 기획에 대한 다양한 연구 성과를 도출한 바 있기 때문에 그의 이론에 대하여 다시 설명하게 될 기회가 있을 것이다.

공공조직 또는 비영리조직의 전략적 기획에 대한 저술을 발간한 바 있는 앨리슨(M. Allison)과 케이(J. Kaye)는 전략적 기획은 선택을 하는 것이라고 설명한다. 그 선택은 목표를 달성하기 위한 과정에 대한 선택이라고 설명한다. 따라서 전략적 기획을 통하여 변화하는 환경에 반응하고 비전과 우선순위를 명확히 밝히는 과정이 반드시 개입된다고 한다. 그런 의미에서 그들은 전략적 기획을 "환경에 반응하고 목표를 달성하는 데 필수적으로 수반되는 과업의 우선순위에 대하여 조직구성원들이 동의하도록 하며, 주요 이해관계자들 사이의 참여를 이끌어 내는 체계적인 과정"(Allison & Kaye, 2005: 1)으로 정의한다.

Box 1.2 공공부문의 전략적 기획(Allison & Kaye, 2005)

> 환경에 반응하고 목표를 달성하는 데 필수적으로 수반되는 과업의 우선순위에 대하여 조직구성원들이 동의하도록 하며 주요 이해관계자들 사이의 참여를 이끌어 내는 체계적인 과정

이들은 여기서 중요한 몇 가지 중요한 개념을 따로 상세하게 설명하고 있는데 그 개념들은 다음과 같다.

(1) 전략적 기획의 과정은 역동적이면서 때로는 적대적인 환경에 대하여 가장 잘 반응할 수 있는 방안을 마련해야 하기 때문에 전략적이다

공공기관에는 많은 고객이 있고 그들의 욕구는 변화한다. 그리고 자금 지원, 경쟁 등 다양한 요소가 역동적으로 변화하고 있다. 기존의 공공기관의 고객은 유권자나 시민으로 인식하였지만 이제는 상품을 구매하는 고객으로 인식하는 관점도 있다.

위의 그림은 영국에서 유명한 차터 마크(charter mark)이다. 이 마크는 영국의 총리실에서 주도하여 고객 서비스가 우수하다고 평가받은 공공기관에 대하여 부여하는 마크이며, 이는 공공기관에서 고객을 얼마나 중시하는지를 보여주는 증표이기도 하다. 공공기관의 환경은 비단 고객 지향적인 서비스 추세뿐만이 아닐 것이다. 여러 가지 요인이 수시로 변하며, 이러한 변화에 대응하기 위한 선택 과정이 전략적 기획이다.

(2) 전략적 기획은 구조화된 그리고 자료에 입각한 절차를 따르기 때문에 체계적이다

전략적 기획의 절차를 따르다 보면 기획하는 사람이 과거의 경험을 분석하고 과거의 생각을 검증할 뿐만 아니라 새로운 정보를 수집하도록 하게 마련이다. 그 과정에서 조직의 미래에 영향을 줄 환경에 대하여 생각할 수 있게 된다. 이런 과정들은 조직의 전략이 미래의 비전과 잘 맞는지를 검증하는 기회를 제공한다. 이러한 내용은 우리나라뿐만 아니라 전 세계적으로 선풍적인 인기를 끌었던 『누가 내 치즈를 옮겼을까?』의 저자 스펜서 존슨(Spencer Johnson)이 『선물(*The Present*)』에서 언급한 다음의 내용과도 일맥상통하는 것이다.

Box 1.3 『선물』(Johnson, 2003: 81-84)에서

누구도 미래를 통제하거나
예측할 수는 없다.

그러나 앞으로 원하는 것에
더 많은 계획을 세울수록

현재의
걱정과 불안이 줄어든다.

그리고 미래를
더 잘 알 수 있다.

멋진 미래의 모습은 어떠한지
그림을 그려라.

현실적인 계획을 세워
그것을 달성할 수 있게 하라.

계획을 지금 이 순간
행동으로 옮겨라.

(3) 전략적 기획은 구체적인 우선순위를 정하는 과정이다

전략적 기획을 하는 과정은 조직이 수행해야 할 일과 하지 말아야 할 일을 정하는 것이다. 그것은 선택을 하였을 때 어떤 결과가 유발되는가도 분석해야 한다는 사실을 의미한다. 선택의 결과가 처리하기 어려울 수도 있고 귀찮은 과업이 많이 수반될 수도 있다. 그러한 과업들의 우선순위를 일목요연하게 정리하고 일정을 수립하는 것이 전략적 기획에서 중요하다. 이렇게 우선순위를 결정하는 과정은 많은 경우 선택의 딜레마를 수반한다. 딜레마 상황을 극복하기 위하여 정확한 정보에 입각하여 합리적인 결정을 내리는 과정이 필요하다. 그러나 실제로 조직에서 직면하는 상황은 합리적인 결정이 어려운 경우가 많다. Box 1.4와 같은 상황에 처했다면 과연 얼마나 신뢰성 높은 정보를 수집할 수 있겠는가? 과연 이 경우 제3의 대안은 없는 것인가? 이에 대하여 어떤 전략을 세워야 할 것인가?

Box 1.4 조직에서 우선순위 결정에 대한 딜레마 상황

새로운 조직에 고용되어 관리자로 일하게 되었다. 그런데 당신이 부임한 부서의 한 직원이 당신의 자리에 원래는 그가 승진하게 되어 있었다고 공식적으로 문제 제기한 것을 알게 되었다. 어떻게 해야 할까?

1. 그의 능력을 더 잘 평가받을 수 있는 다른 부서로 옮기도록 도와준다.

2. 그에게 좋든 싫든 그 직위는 당신이 차지한 것이고 그러한 사실에 잘 적응하는 것이 중요한 일이라고 설명한다.
3. 그에게 중요한 사업을 맡기는 방식으로 더 많은 책임을 지운다.

(4) 전략적 기획은 몰입도(commitment)를 높여가는 과정이다

전략적 기획은 이해관계자들이 함께 도출한다는 것을 전제로 한다. 중요한 이해관계자들이 우선순위를 식별하는 과정에 개입하게 되면 많은 의견의 충돌이 표출되게 마련이지만 그 과정에서 더 나은 의사소통과 조정이 발생하기도 한다. 이렇게 이해관계자들을 포괄하는 과정은 합의를 모색하도록 하고 각자가 맡은 부분에 대하여 책임을 지게 한다. 전략적 기획을 함으로써 자연스럽게 조직구성원에게 특정한 기여를 하도록 하는 것이다. 사회적 합의가 제도화된 것으로 유명한 스웨덴의 '국가특별조사보고서(Statens Offentliga Utredning: SOU)' 제도는 특정한 제도를 도입할 때 반드시 의회에서 특별위원회를 만들고, 그 안에서 이해관계자가 충분히 토의하도록 하며 최종적으로 보고서를 함께 작성하도록 하는 제도이다. 이러한 참여적 분석과 기획의 결과는 적어도 그 과정에 참여한 관계자는 스스로 기획안에 동의하고 자신의 몫을 수행할 뿐만 아니라 자신이 하여야 할 일을 넘어서 공동의 결정을 위하여 봉사하고 희생할 수 있다는 것이다.

(5) 전략적 기획은 자원의 획득과 배분에 대하여 밝혀나가는 과정이다

전략적 기획안이 정해지면 적극적이고 현실적인 선택을 하게 된다. 재원을 조달하는 과정, 그리고 재원을 사용하는 과정 모두에 대하여 현실적인 선택이 가능하다. 영월군 별마로 천문대의 경우에도 담당자의 확고한 기획이 방대한 자료와 논리적 근거의 뒷받침 아래 제시되자 자치단체장은 그 사업을 지지하면서 그 사업에 대한 신뢰를 보냈다. 단체장의 신뢰는 재정 자원의 획득에 큰 도움이 되었고, 결국 사업의 성공으로 이어질 수 있었던 것이다.

제 3 절 왜 전략적 기획을 하는가?

전략적 기획이 어떤 의미가 있는지 설명하는 과정에서 그 필요성도 상당 부분 설명되었을 것이다. 간단히 요약하면 전략적 기획을 수립하면 관리자가 우선순위를 염두에 두고 적극적으로 업무에 임할 수 있고 다른 사람들을 더 잘 동기 유발시킬 수가 있다는 것이다. Box 1.5에 설명된 미국의 교육보건부 장관을 역임한 바 있는 존 가드너(John W. Gardner)는 『리더십에 대하여(*On Leadership*)』(1990)라는 저서에서 공공기관의 관리자가 발휘하는 리더십이란 공동의 목표를 달성하기 위하여 개인이나 팀이 수행하는 지속적인 설득 과정이라고 설명한 바 있다.

즉, 유능한 리더가 되기를 원하는 관리자는 지속적인 상호작용을 하여야 하며 그것은 때때로 불합리할 수도 있고 논쟁적일 수도 있다고 설명한다. 이러한 사례는 영월군의 이형수 공무원과 많은 성공적인 공직자의 경우에 확인된다. 따라서 전략적 기획도 개인이나 특정한 팀이 폐쇄적으로 일방적으로 정하여 강요하기보다 지속적으로 상호작용하면서 토론하고 설득하기 위한 과정으로서 필요한 것이다. 요약하면 결국 공공조직은 조직적 차원에서 다음과 같은 결과를 얻기 위하여 전략적 기획을 하는 것이다.

Box 1.5 존 가드너(John William Gardner)

존 가드너(John William Gardner, 1912-2002)는 미국의 존슨 대통령 시절 보건, 교육, 복지부 장관을 역임하였던 공직자이자 저명한 저술가이다. 미국 정치에서 매우 큰 영향력을 발휘하는 코먼 코즈(Common Cause)를 결성하여 미국 정치의 투명성과 합리성을 높이는 데 기여하였다. 그가 장관으로 재직하던 시절 미국 연방정부는 위대한 사회(Great Society) 프로그램을 시행하였고, 그 기간 동안 메디케어(Medicare)라는 의료복지 프로그램을 시행하였다. 그뿐만 아니라 초중등 교육법을 제정하여 빈곤계층의 학생들에 대한 연방정부의 지원을 대폭 확충하였다. 그는 『리더십에 대하여(*On Leadership*)』(1990)라는 공직자의 리더십에 관한 매우 통찰력 있는 식견을 저술하였다. 이 책에서 가드너는 공공조직의 리더는 그들이 자라온 역사와 분리하여 생각할 수 없고, 그들의 정치적인 환경 속에서의 기능을 이해해야 하며 그들이 재직하고 있는 지역공동체의 시스템을 반드시 이해해야 한다고 지적하였다. 그런 의미에서 공공조직의 리더들은 반드시 그들 지역에 살고 있는 주민, 그리고 유권자들과 밀접하게 소통하는 것이 중요하다고 설명하였다.

1. 조직의 직원, 이사진 또는 위원회 위원, 외부 고객들이 중시하는 비전과 지향하는 가치를 명확하게 밝히고 이해하기 위하여
2. 현재 얻을 수 있는 정보를 바탕으로 행동계획을 수립하기 위하여
3. 업적을 점검하고 결과를 평가하기 위한 지표를 세우기 위하여
4. 조직에 대한 정보를 일반 국민들에게 제공하고 현재의 과업을 설득하여 지지를 얻기 위하여

그리고 전략적 기획은 공공조직에서 일하는 직원들에게도 다음과 같은 중요한 의미를 제공하기 때문에 수립하는 것이다.

1. 조직이 존재하는 이유에 대하여 그리고 중요시하는 가치에 대하

여 토론하게 하기 위하여
2. 기관의 이사진이나 위원들, 직원들 사이에 의사 소통을 활발하게 하고 팀워크를 향상시키기 위하여
3. 전략적 사고를 하도록 유도하고 장기적으로 조직이 성공하기 위하여 정말로 중요한 것을 밝혀내 의미 있는 변화를 이끌어 내는 초석을 다지기 위하여
4. 조직의 구성원 모두가 목표를 달성하기 위하여 필요한 기회를 탐색하도록 관심을 유발하기 위하여

위와 같은 의미에서 볼 때, 전략적 기획은 리더의 판단으로만 결정되고 집행되는 것이 아니며, 순탄하게 도출될 수 있는 것이 아니다. 다양한 이해관계자들의 동의가 있어야만 하는 것이며, 동의를 얻기 위하여 지속적인 소통과 설득이 있어야만 한다. 문제와 대안을 식별하는 과정은 매우 복잡하고 성가실 수 있다. 그리고 합리적인 방법과 비합리적인 방법이 모두 활용될 수 있다.

마무리 사례는 자치경찰제도 이후에 직면하게 될 상황을 묘사하고 있다. 자치경찰제도는 지방경찰이 지방자치권에 근거하여 지방자치단체의 권한과 책임을 바탕으로 지역 주민의 의사를 반영하여 치안 업무를 수행하는 제도이다(한국지방행정연구원, 2008). 사례의 내용은 자치경찰제도 하에서 지방경찰 조직의 나아갈 방향이 사회의 변화에 부응하여 어떻게 조정되어야 하며, 이때 조직의 이해관계자들과의 관계는 어떻게 형성되어야 하는가를 가상의 상황을 전제로 제시하고 있다. 이 장에서 다룬 내용을 감안하여 나름대로 해결 방안을 모색해 보자.

마무리 사례: A광역시 지방경찰청

당신은 지금 호텔 방에서 저녁 뉴스를 시청하고 있다. 뉴스에서는 지역 소식을 전하고 있으며 지역방송국의 기자는 경찰의 잘못된 행동에 대하여 비난하는 시민들을 인터뷰하고 있다. 자치경찰제가 시행된 지 3년이 흘러간 사이 이 지역 TV와 언론에는 이러한 리포트가 자주 등장하고 있다. 이들은 문제가 A지방경찰청의 권위주의적인 태도 때문이라고 지적한다. 반대로 경찰들은 질서 유지를 위하여 적당히 권위주의적으로 행동하는 것이 바람직하다는 시각을 갖고 있다. 경찰은 기본적으로 매우 효율적으로 지역의 질서를 유지해야 한다는 관점을 갖고 있다. 시청의 주요 관계자들도 시민들에게 친화력을 보이기보다는 전문성을 갖고 있으면서 시민들에게 일정한 거리를 두는 경찰이 도시를 통제하는 데 효과적이라고 생각하고 있다. 교육훈련을 통하여 치안 유지 기법, 총기류의 적절한 사용법, 시민들이 저항할 때 대응하는 새로운 기술을 경찰에게 전수하고 있지만 시민들을 응대하고 친절하게 안내하는 방법에 대하여는 교육하지 않는다.

그 결과로 상당수의 시민은 이미 경찰의 과잉 대응에 대하여 소송을 제기하였고 법원에서 승소한 바 있다. 그리고 유사한 행정소송이 제기되어 있을 뿐만 아니라 소송은 A지방경찰청에 불리한 방향으로 진행되고 있다. 경찰을 비판하는 사람들 중 대부분이 지방경찰청장이 문제가 많다고 한다. 청장이 거칠게 행동한 경찰을 옹호하였고 비판하는 목소리는 외면하였다. 그는 지역친화적인, 시민친화적인 행동에 대하여 거부감을 나타낸 바 있다. 그는 사회적 약자에 대하여도 전혀 배려하지 않고 있으며, 오히려 특정한 집단의 사람들을 위한 배려는 필요가 없다고 주장한다.

많은 사람이 경찰의 과잉 대응이 지방경찰청장이 어떤 비전과 도덕적 리더십을 갖고 있는가에 따라서 달라진다고 주장한다. 따라서 최근에 발생한 일련의 사태에 대하여 책임질 필요가 있다고 주장한다. 일부 사람들은 경찰청장의 언행이 경찰들의 불친절하고 거친 행태를 유발하였다고도 주장한다. 당신은 지금 호텔에서 뉴스를 시청하고 있지만 사실은 경찰청장을 새로 선임하기 위한 면접을 위하여 대기하고 있는 것이다. 시장과 몇몇 의원이 현재의 청장을 해고하려고 하고 있으며, 대체할 사람을 찾고 있다. 만일 이 일을 맡게 된다면 어떻게 해 나갈 생각인가?

1. 이 지방경찰의 발전을 위한 당신의 비전을 제시하면서 현재의 문제를 분석하시오.
2. 만일 지방경찰청장이 되었고 시장 및 시의원과 견해 차이가 있다면 어떤 방식으로 극복할 예정인지 설명하시오.

제1장 요약

1. 정치적 민주화로 정부에 대한 국민들의 수요가 증가하고, 행정관리 기술의 발전으로 관료제적 통제가 강화되며, 신자유주의 사조의 확산으로 성과관리 체계가 강화되면서 공공기관에서 전략적 기획은 중요하게 되었다.

2. 공공기관에서의 전략적 기획은 환경에 반응하고 목표를 달성하는 데 필수적으로 수반되는 과업의 우선순위에 대하여 조직구성원들이 동의하도록 하며 주요 이해관계자들 사이의 참여를 이끌어 내는 체계적인 과정이다.

3. 전략적 기획은 전략적이고 체계적으로 우선순위를 정하고 조직구성원의 몰입도를 높여가면서 자원을 획득하고 배분하는 과정이다.

4. 공공기관에서 전략적 기획을 하는 이유는 조직의 이해관계자들이 중시하는 비전과 가치를 밝히고 행동계획을 수립하여 평가지표를 설정해서 그 결과를 국민들에게 알리고 현재 수행하는 과업의 당위성을 밝히기 위함이다.

5. 공공기관에서 전략적 기획을 하면 조직이 존재하는 이유와 조직이 중시하는 가치에 대하여 토론할 수 있고, 조직 내에서 의사 소통이 활발해지고 팀워크가 좋아지며, 의미 있는 변화를 통하여, 직원들이 조직을 위한 기회를 탐색하도록 관심을 유발할 수 있다.

제 2 장

공공조직에서의 전략적 기획

들여다보기: 마약과의 전쟁

2001년에 개봉한 영화 〈트래픽(Traffic)〉은 미국 사회에서 약물 남용의 심각성을 적나라하게 고발한다. 선량한 10대 청소년들이 약물에 중독되어 파멸의 길로 접어드는 과정, 마약이 제조되고 유입되는 과정 등이 비교적 상세하게 묘사되고 있다. 그 영화에는 공공기관에서 파견된 'DEA'라고 큰 글씨로 쓰인 제복을 입은 공무원들이 등장한다. 그들은 약물의 남용을 통제하는 기관인 마약단속국(Drug Enforcement Agency)에서 파견된 공무원들이다. 실제로 1980년대 이후 미국인들의 약물 남용은 미국 사회의 해결하기 어려운 심각한 사회문제였다. 그러한 문제를 해결하고자 미국 정부는 1988년에 대통령 직속기관으로 국립약물통제정책국(White House Office of National Drug Control Policy)을 설립하였다. 법률적으로 이 기관은 모든 국제적 국내적 약물 통제와 관련된 기관들을 평가하고 조정하고 감독하도록 명시하였다. 그뿐만 아니라 국장은 대통령에게 직접 보고를 할 수 있도록 하여 막강한 권위도 부여받았다.

그러나 1988년에 설립된 이후 1990년대를 거치는 동안 이 기관의 활동은 효과적이지 못하였다. 오히려 약물은 사회 전반적으로 더 확산되었고 기관의 역할은 미미하였다. [그림 2-1]에서 나타나는 것처럼 1990년대를 거치면서 10대들의 약물 사용은 10%가량이나 증가하였다. 이러한 추세에 급격한 변화가 나타난 것은 2001년 이후였다. 2001년 미국 국립약물통제정책국에서는 어떤 일이 있었을까? 바로 전략적 기획이다. 그들은 2001년에 향후 10년간에 걸친 계획을 세웠고

그림 2-1 미국 10대의 약물 사용률 변화

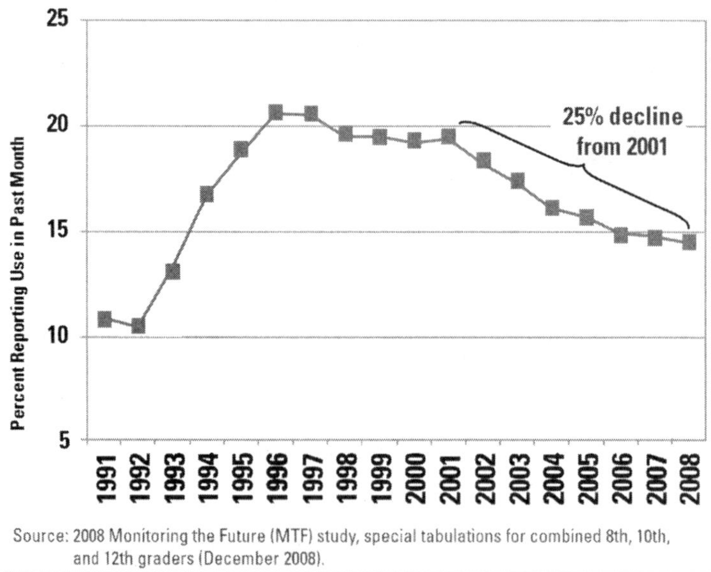

Source: 2008 Monitoring the Future (MTF) study, special tabulations for combined 8th, 10th, and 12th graders (December 2008).

매년 전략적 기획 보고서를 출판하기로 하였다. 이 보고서는 2015년 현재에도 매우 충실하게 출간되고 있다. 이 야심찬 계획안은 약물통제국에만 국한된 것이 아니었다. 주정부, 지방정부, 외국 정부 그리고 민간기관 등 관련된 모든 공공 및 민간기관에 전달되었고, 그 역할을 부여하였다. 그뿐만 아니라 각 사업별로도 전략적 계획 보고서는 만들어진다. 대표적으로 클랜 랩(clan lab)으로 불리는 비밀 약물제조처에 대한 단속을 위한 전략적 계획은 매우 체계적으로 작성되고 있으며, 그 결과 또한 성공적인 것으로 나타나고 있다. 이들이 장기 계획에 포함시킨 내용은 다음과 같다. (1) 청소년에게 약물 권유를 거부하는 법을 교육시키기, (2) 미국 국경에서 마약의 유입 차단하기, (3) 약물 남용으로 인한 사회적 비용 줄이기, (4) 마약과 관련된 범죄 줄이기, (5) 국내외 마약 공급자를 색출하기. 이러한 큰 목표에 따라 2002년부터 2007년 사이에 94개의 하위 목표들이 달성되었다. 좀 더 구체적으로 〈표 2-1〉을 보면 주요 약물별로 사용자의 비율이 감소하

표 2-1 미국 청소년 약물 사용자의 감소 추세

약물 유형	2001	2008	감소율	약물 유형	2001	2008	감소율
전체 약물	19.4%	14.6%	-25*	스테로이드	0.9%	0.6%	-33*
마리화나	16.6%	12.5%	-25*	코카인	1.5%	1.3%	-13
엑스터시	2.4%	1.2%	-50*	크랙	0.9%	0.6%	-33*
LSD	1.5%	0.7%	-53*	헤로인	0.4%	0.4%	0
암페타민	4.7%	2.6%	-45*	알코올	35.5%	28.1%	-21*
흡입제	2.8%	2.6%	-7	알코올 중독	19.7%	14.9%	-24*
메탐페타민	1.4%	0.7%	-50*	담배	20.2%	12.6%	-38*

주: 감소율은 2001년에 대한 비율로서의 퍼센트이며 *는 통계적으로 의미 있는 감소율.
자료: White House Office of National Drug Control Policy(2009). *National Drug Control Strategy.*

고 있는 것을 알 수 있다.

전략적 기획을 주도하였던 태스크포스는 목표를 설정하고 그 결과 측정의 방법을 도출해 내는 과정에서 매우 복잡한 과업에 직면할 수밖에 없었다. 특성상 마약을 구매하거나 사용하는 성향을 적절하게 측정해 내기가 어렵기 때문이다. 어쩔 수 없이 가구별로 마약 사용에 대한 설문조사를 하는 방법론과 양식을 매년 개선해 나갔으며, 이러한 노력은 현재도 계속되고 있다. 그러나 이 기관의 관계자들은 다음과 같이 분명히 밝히고 있다: "전략적 계획을 세우고 측정 시스템을 구축하려는 자료의 문제 때문에 그 시스템 자체를 제약해서는 안 된다. 그러면 어떻게 의제를 발전시키고 목표를 달성할 것인가?" 이제 약물통제국이 만든 전략적 기획안의 작성 과정과 그 기획에 대한 평가의 과정에까지 50개 이상의 공공기관이 동참하고 있다.

제 1 절 역동적인 환경에서의 전략적 기획

위 사례에서 미국 약물통제국은 왜 매년 전략적 기획을 갱신하고 있는 것일까? 약물 통제 업무와 관련된 환경은 매우 변화무쌍하다. 지속적으로 새로운 약물이 등장하고 그 제조 지역도 다양해지고 있으며 유입 방법도 다양해지고 있다. 따라서 50개 이상의 기관이 참여해야만 하는 매우 복잡하고 번거로운 과정을 매년 반복할 수밖에 없는 것이다. 제1장에서 살펴본 바와 같이 공공조직의 환경은 지속적으로 변화하고 있다.

그렇다면 한국의 공공조직에는 어떤 환경 변화가 도래하고 있는가?

그림 2-2 **공공조직 환경의 구조**

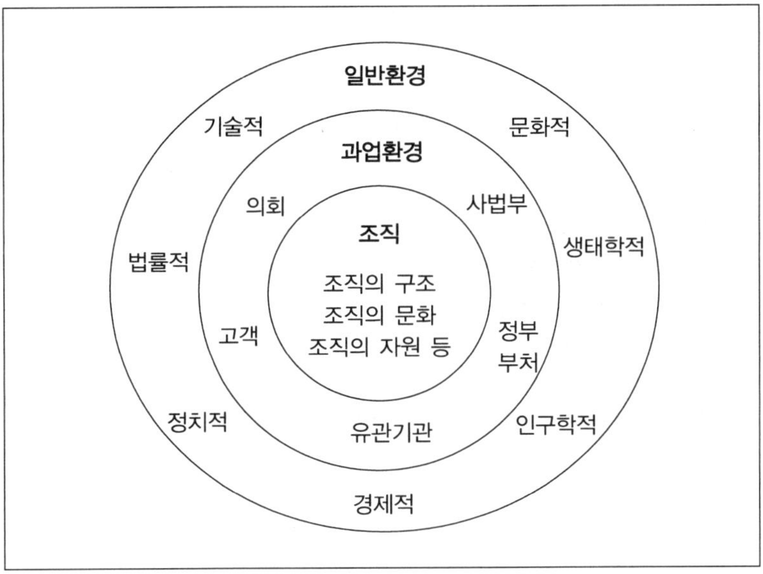

일반적으로 조직의 환경은 일반환경(general environment)과 과업환경(task environment)으로 나눈다. 일반환경은 조직의 일상적 운영과정에 직접적인 영향은 없는 것으로 보이지만 거시적인 측면에서 영향을 미치는 환경적 요인을 말한다. 사회경제적 조건, 정치적 조건, 기술적 조건, 재정적 조건, 세계화의 이념 등이 바로 거시적인 일반환경에 속한다. 한국의 공공부문에 속한 일반환경의 변화는 좀 더 구체적으로 설명할 수 있다. 사회경제적으로 소득과 부(富)의 양극화가 심각해질 수 있으며, 인구사회학적 구조가 다양해질 수 있다. 정치적으로 민주화가 좀 더 공고화될 수 있고, 기술적으로 정보통신기술(ICT)이 발전하면서 사이버 공간과 시민사회의 네트워크가 강화될 수 있다.

Box 2.1 공공조직의 일반환경(Rainey, 2014: 91)

- 기술적 조건: 자연과학, 공학, 의학 등의 영역에서 창출되는 지식의 수준, 특히 의사 소통, 운송, 정보 처리, 의료 서비스, 환경공학, 재화의 생산, 농업 등의 일반적인 수준
- 법률적 조건: 법률, 규제, 사법 절차, 사법적 결정 등의 주요 내용 법률적 제도의 특징과 법률적 안정성의 보장과 개별적 권리의 보호 등의 주제와 연관된 중요한 가치
- 정치적 조건: 사회의 정치 과정과 제도의 특징, 정부 형태, 자본주의의 특성, 집권화, 분권화 등의 정도. 정치적 안정성의 정도, 선거제도, 정당 구조, 정책 형성 과정과 정책 레짐의 구조 등
- 경제적 조건: 물가상승률, 이자율, 세율 등의 수준, 노동과 자본의 특성, 국가와 시장의 관계 등
- 인구학적 조건: 연령, 성별, 종교, 인종 등과 같은 인구집단의 기본적 특성
- 생태학적 조건: 기후, 지리적 조건, 오염도, 천연자원 등과 같은 물리적 환경의 특성이나 조직군의 밀도와 특성 등
- 문화적 조건: 성역할, 가족구조, 종교적 관행 등과 연관된 사회의 지배적 가치, 태도, 신념, 사회화의 정도 등

재정적 조건은 악화될 가능성이 많다. 향후 10~20년간 글로벌 경제 질서가 안정되지 못하면 경기의 변동은 더욱 심화될 것이다.

공공조직은 이러한 환경에 전략적으로 대응할 필요가 있다. 국가는 사회적 양극화에 대응하기 위하여 다양한 국가 비전과 전략을 수립하고 있는데, 이러한 전략들은 개별 공공기관에도 영향을 미친다. 정보통신기술이 발전하여 사이버 공간이 확대되면 시민들은 더 많이 참여한다. 공공기관은 이러한 참여의 욕구에 전략적으로 대응해야 한다. OECD에서 발간한 『레드테이프에서 스마트테이프로: OECD 국가에서의 행정 간소화(*From Red Tape to Smart Tape: Administrative Simplification in OECD Countries*)』(2003)라는 보고서에 따르면, 서

울시는 온라인 민원 처리를 위한 웹사이트를 개발하여 불필요한 업무 지체를 줄이고 부당한 업무 처리도 교정하고 있다고 설명한다. 결국 시정부의 환경 변화에 대한 전략적인 대응에 대하여 IMF, World Bank, UNDP, OECD 등의 국제기구의 웹사이트가 모범 사례로 소개하고 있다. 그리고 1999년 10월 남아프리카공화국 더반(Durban)에서 열린 반부패 국제회의에서 우수 사례로 선정되기도 하였다. 신자유주의와 같은 이념적인 환경이 중요한 환경적 변화이므로 이러한 추세를 어떻게 극복할 것인가에 대한 전략적 결정도 공공기관에는 매우 중요하다.

과업환경은 좀 더 직접적인 영향을 미친다. 공공기관의 가장 밀접한 과업환경은 다른 정부기관이다. 공공기관의 과업에 가장 중요한 영향을 미치는 것이 법률, 규제, 정책 등이므로 이러한 제도가 결정되는 중앙정부와 의회가 가장 중요한 영향을 미치는 행위자일 것이다. 과거에는 이러한 법제적 제도가 잘 변화하지 않는 것으로 여겨졌지만 최근에는 매우 자주 변화하고 있다. 특히 정부 업무평가에 관한 기본법 또는 공공기관 운영에 관한 법률 등의 법률은 공공기관의 지배구조를 투명하고 민주적으로 구성하기 위한 다양한 조치를 포함하고 있으며, 이러한 변화는 공공기관의 운영에 변화를 유발한다. 이러한 변화에 어떻게 대응할 것인지를 전략적으로 결정하는 것이 중요하다. 향후 정책의 변화도 매우 역동적으로 이루어진다. 정부의 미디어 정책의 변화는 방송 및 영상 콘텐츠와 연관된 공공기관의 전략에 중요한 변화를 가져올 것이다. 많은 공공기관은 민간기업이나 개별 국민을 고객으로 한다. 사회경제적인 변화는 바로 이러한 기업이나 국민들의 변화를 유발하며 이러한 변화에 적절하게 대응하는 것도 중요하다.

그런데 전략적 기획은 철저하게 현재 조직의 현실적 여건을 고려하여 이루어져야 한다. 따라서 현재 조직의 내부적인 관리 역량은 어떠한가? 그리고 조직이 나아가고자 하는 방향은 어떠한가?가 함께 고려되어야 한다. 특히 공공기관의 경우 공공성의 문제를 심각하게 받아들이고 그러한 가치를 실현해야 한다고 볼 때, 조직의 가치와 문화가 매우 중요한 고려 사항이 된다. 그리고 공공기관의 자원은 제약되어 있으므로 관리 역량을 고려하는 것도 중요하다. 따라서 이러한 변화의 추세와 조직의 가치와 역량, 전략적 기획의 관계는 [그림 2-3]과 같이 설명된다.

그림 2-3 환경 변화와 전략적 기획

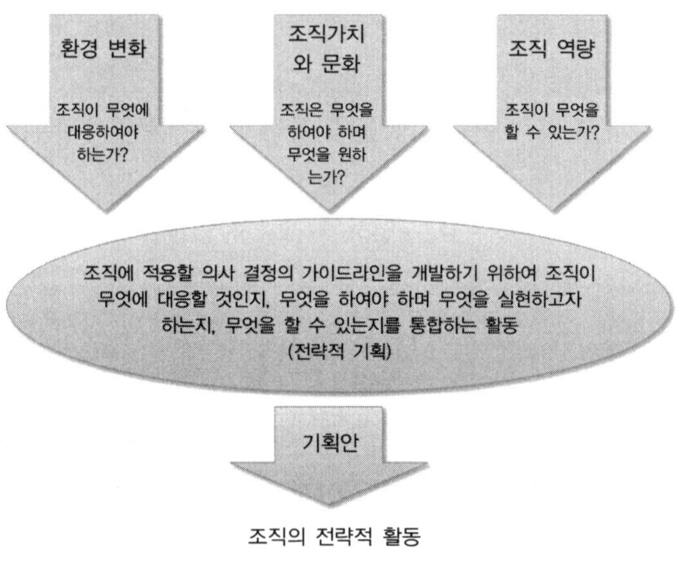

제 2 절 브라이슨의 전략적 기획

공공조직의 전략적 기획의 다양한 방법과 절차를 개발한 학자 중에서 잘 알려진 행정학자는 브라이슨(J. M. Bryson)이다. 그도 미국 사회의 환경 변화에 주목하면서 공공조직과 비영리조직의 전략적 기획의 중요성을 강조한다. 그가 주목한 미국 사회 환경의 변화는 인구구조의 고령화와 다양화, 가족구조의 변화, 정치적 보수화, 조세 감면, 연방정부와 주정부에서 재원 조달의 우선순위의 변화, 사회적인 양극화, 청소년 및 어린이들의 빈곤화, 정보통신기술의 활성화, 전자정부, 테러에 대한 두려움, 공공보건 문제의 중요성의 대두 등이다. 그가 무엇보다도 강조하였던 것은 사회적 자본의 감소인데 이러한 결과가 종합되어 행복지수가 매우 감소하고 있다고 설명한다.

당연히 이러한 다양한 변화에 대한 책임을 정부와 공공기관이 지게 되는데, 공공부문의 일이 과거와 같이 독립적이고 집권적으로 결정되지 않는 추세도 중요하다고 설명한다. 사회의 다양한 수준과 영역이 복잡하게 상호 연계되어 있기 때문에 공공조직도 다양하게 연계된다는 것이다. 국내기관과 국제적 기관의 연계, 정책 영역 간의 연계, 공공, 민간, 비영리조직 간의 연계와 같은 요인들은 업무 처리와 전략적 기획에서 많은 차이를 유발하였다고 한다.

브라이슨은 이러한 환경에서 중시되는 전략적 기획의 개념을 "조직의 존재 의미와 조직이 하는 일, 조직이 그러한 업무를 수행하는 이유를 형성하고 유도하는 근본적인 결정과 행위를 창출하는 체계적인 노력"(Bryson, 2011: 6)이라고 설명한다. 그래서 전략적 계획은 매우 폭

그림 2-4 **전략적 기획의 ABC**

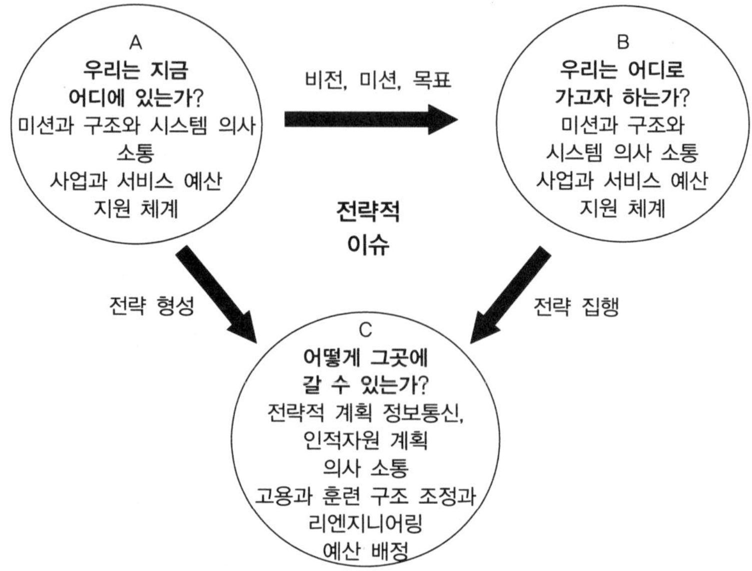

자료: Bryson(2011: 11).

넓은 영역과 연계된 활동 과정이며 의사 소통과 참여를 유도하고 다양한 이해관계와 가치관 들을 조정하며 합리적이고 분석적인 의사 결정 과정을 수반한다고 한다. 이러한 맥락에서 전략적 기획의 기초를 [그림 2-4]와 같이 정리하였으며 그것은 상호 연계된 과정이라고 설명한다. 먼저 A 단계에서 현재의 위치를 밝히고, B를 통하여 가고자 하는 목표를 설정한다. 그리고 C에서 어떻게 도달할 수 있는지를 이해하는 것이다. 공공조직의 관리자가 이러한 과정을 이해한다는 것은 조직을 완전히 이해한다는 것을 의미한다. A와 B의 과정에서 미션과 구조, 시스템, 의사 소통, 사업과 서비스, 구성원 그리고 그들의 기술, 관계, 예산 등을 파악해야 하고 C의 과정에서 전략적 기획이 어떻게 구성되어 있는지를 이해하는 것이다. 그 과정은 [그림 2-5]와 같다.

이와 같은 전반적인 취지에 입각하여 브라이슨이 제시하는 전략적 기획의 단계는 10단계이다. 그것은 하나의 전략 변화의 순환모형(strategy change cycle)으로 나타나는데, 최초의 합의가 위임 사항으로 나타나고 그것이 전략적 이슈로 발전하여 전략 형성, 전략과 계획의 검토 및 채택, 미래 조직에 대한 기술, 집행, 재평가 등을 통하여 외부 환경과 내부 환경의 다양한 피드백을 거쳐 다시 합의 과정으로 돌아간다.

그림 2-5 **브라이슨의 전략적 기획의 단계**

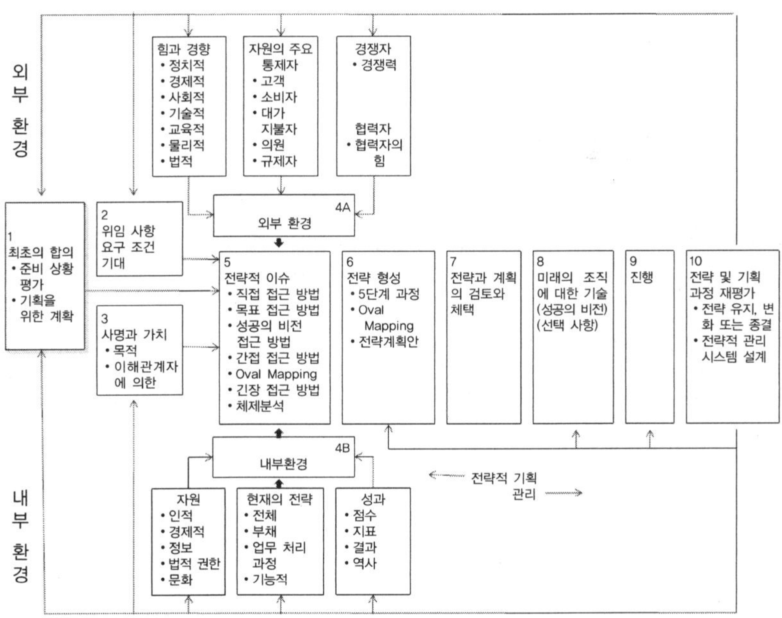

자료: Bryson(2011: 44).

제 3 절 SWOT분석

SWOT분석은 전략의 결정에서 가장 자주 활용되는 방법이다. SWOT라는 이름은 Strength, Weakness, Opportunities, Threats의 이니셜로 구성되었다. 이 분석은 연구자들에 의하여 SLOT(Strength, Limitations, Opportunities, Threats), SWOC(Strength, Weakness, Opportuinities, Challenges) 등의 다양한 이름으로 불린다. 여기서 Strength는 조직의 강점이며 조직의 자산이 되는 요소들이다. Weakness는 조직이 바람직한 방향으로 나아가는 데 제약이 되는 요인들이다. Opportunities는 조직이 전략적 방향으로 전개해 나가는 데 긍정적인 영향을 줄 수 있는 외부의 요인이다. Threats는 조직에 부정적인 영향을 주는 요인을 의미한다.

SWOT분석을 실시하는 목적은 전략적 기획의 과정에서 다양한 정보를 확보하는 것이다. SWOT에서 나열된 목록을 이용하면 조직에 미치는 영향을 분석하고 그 영향을 극복할 수 있는 대안을 탐색할 수 있다. 이 과정에서 조직적인 합의가 이루어지면 조직의 미래 방향과 조직의 위치를 제고할 수 있는 목적이나 목표에 대한 합의가 이루어지는 것이다. 결국 SWOT분석은 조직이 어디에 있고 어디로 가야 하는지를 결정하는 데 중요한 정보를 제공해 준다. 어디에 있는지를 알아야 어디로 갈지를 알게 되는 것이다. SWOT분석은 [그림 2-6]과 같이 배치할 수가 있다.

그림 2-6 SWOT분석

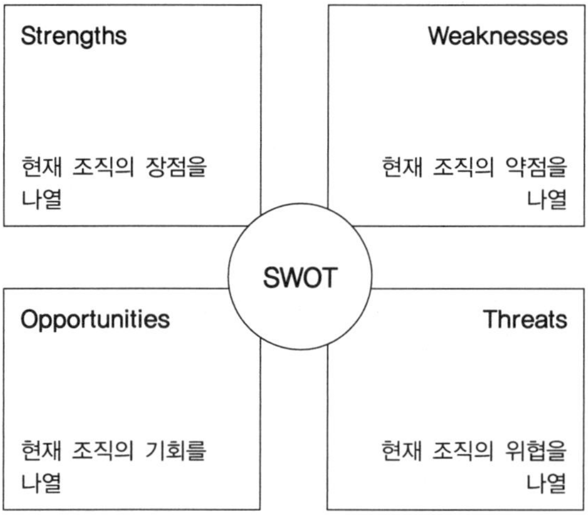

[그림 2-6]과 같이 분석한 결과는 다시 조직의 전략을 형성하는 데 도움을 준다. 각각의 요인을 조합하여 조직의 전략을 결정하는 매트릭스를 그릴 수가 있다. 이러한 전략은 생존전략, 내부 수정전략, 외부 수정전략, 미래전략 등으로 나뉜다.

Box 2.2 SWOT분석

장점

1. ________________________________ (   )
2. ________________________________ (   )
3. ________________________________ (   )
4. ________________________________ (   )
5. ________________________________ (   )
6. ________________________________ (   )

7. ____ (　)

단점

1. ____ (　)
2. ____ (　)
3. ____ (　)
4. ____ (　)
5. ____ (　)
6. ____ (　)
7. ____ (　)

기회

1. ____ (　)
2. ____ (　)
3. ____ (　)
4. ____ (　)
5. ____ (　)
6. ____ (　)
7. ____ (　)

위협

1. ____ (　)
2. ____ (　)
3. ____ (　)
4. ____ (　)
5. ____ (　)
6. ____ (　)
7. ____ (　)

먼저 미래 전략을 보자. 이 전략은 외부 환경이 주는 기회가 많고 내적인 강점이 강한 경우에 그 강점을 활용하여 기회를 최대한 살리는 전략이다. 이 경우 주로 성장 중심의 전략을 만들게 되는데 사업의 다양화, 새로운 시장의 개척, 제품의 개발과 확산 등의 전략을 추구한다. 예를 들어서 재정 자립도가 매우 높고 우수한 인적 자원을 보유한 거대도시가 경기가 활성화되고 우수 인력이 많이 배출되고 정보화도 완료된 시점에 이르면 다양한 시정활동을 펼칠 수 있게 된다. 새로운 사업을 도입하고 새로운 제도를 도입할 뿐만 아니라 그것을 널리 홍보하여 사회적인 지지를 확보할 수 있다.

둘째, 내부 수정전략은 내적으로 약점이 많은데 외적인 기회는 많은 경우에 활용할 수 있는 전략이다. 이 경우에는 두 단계를 혼합한 전략이 필요하다. 먼저 내적 약점을 수정하고 기회를 추구해야 한다. 여기서 내적으로 비용은 절감하고 역량은 강화하는 활동이 필요하다. 그와 동시에 새로운 시장을 개척하고 새로운 제품과 서비스를 개발하는 데도 게을리해서는 안 된다. 예를 들어 특정 공공조직에서 반드시 수행해야 할 업무에 대한 기회가 있을 때, 그러나 재정적인 여유가 없을 때는 먼저 다양한 수익사업 등을 통하여 수익을 창출할 수 있는 구조를 만들고 새로운 과업을 수행하는 것이 바람직하다.

셋째, 외부 수정전략은 조직이 강점을 많이 갖고 있지만 외부 환경으로부터의 위협이 강하게 도래하는 경우를 말한다. 이 경우 조직의 장점을 극대화하고 외부 환경의 위협을 최소화하는 것이 바람직하다. 여기서도 두 가지 전략이 필요하다. 사업의 다각화와 시장 개척을 하면서 내부적으로는 그 역량을 향상시키거나 유지하는 전략을 취하는 것이다. 즉, 특정한 기관의 인적 역량이 뛰어나지만 외부 환경은 우호적이지 못한 경우 인적 자원을 활용하여 수익을 창출할 수 있는 작은 교육과정이나 교육기관을 설립하고 그곳에서 발생하는 자원을 환경적인 위협에 대응하는 데 활용할 수 있는 것이다.

넷째, 생존전략은 내적으로도 취약하고 환경적인 위협도 존재하는 매우 어려운 상황이다. 이러한 조직은 두 가지 모두를 고려해야만 한다. 이 경우 매우 방어적인 전략 또는 축소 지향적인 전략이나 핵심적인 사업에만 집중 투자하는 방법이 활용된다. 또는 모든 대안이 여의치 않을 경우 다른 조직과의 합병 등도 고려할 수 있는 대안이다. 재정적인 자립도가 낮고 환경적으로도 많은 어려움이 있는 지방자치단체들의 경우에 상호 합병을 통하여 비용 절감을 하고 자본을 축적하여 새로운 사업에 돌입하는 경우를 볼 수 있다.

그림 2-7 SWOT 분석표

S-Strength(강점) W-Weakness(약점) O-Opportunity(기회) T-Threat(위협)		기회					위협					총점
강점												
약점												

[범례] ●:관련성이 매우 크다(5점) ○: 관련성이 크다(3점)

제 4 절 PEST분석

PEST분석은 Political의 P, Economic의 E, Social의 S, Technological의 T의 첫 글자를 합성하여 만들어진 용어이며, 전략적 기획을 위한 거시적 환경분석을 하는 데 적합한 분석이다. 이 모형이 기반이 되어 최근 STEEP, STEEPLE, STEEPLED 등의 분석기법이 발전하였는데, 이 분석 방법들은 PEST의 요소에 환경 및 생태, 교육, 인구학적 요인 등을 포함하여 분석한다.

그림 2-8 PEST분석의 개념

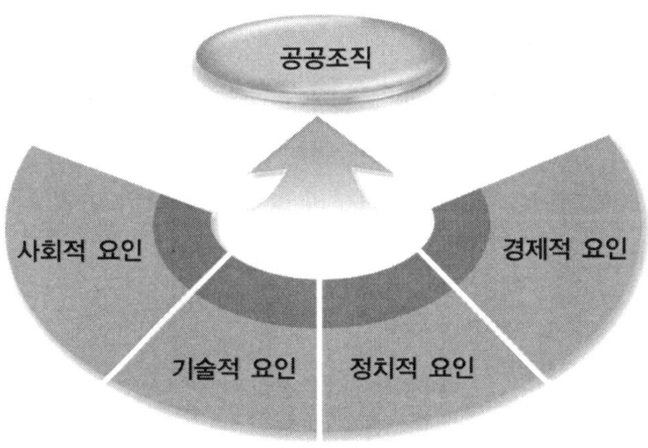

PEST분석에서 정치적 요인은 정부의 정책과 정치연합의 변화가 조직의 활동에 미치는 영향을 분석한다. 법률과 정책, 경제 및 환경

규제는 항상 변화하고 그러한 변화는 조직활동의 중요한 변수가 된다. 특히 공공기관의 경우 정치적으로 민감하기 때문에 정치적 분석이 중요하다. 정부는 법률을 개정하여 공기업과 준정부조직에 대한 규제를 강화할 수 있고 그러한 변화는 조직의 거버넌스(governance)와 일상적 관리에도 중요한 변화를 초래하기 마련이다. 혹은 정부가 새로운 정책을 입안하여 집행할 때 집행의 역할을 준정부조직이 맡는 경우가 많다. 예를 들어 산업진흥정책의 대부분은 정부 스스로 집행하기보다 산업 진흥을 위하여 설립된 준정부조직을 통하여 집행된다. 따라서 정부의 정책 변화는 준정부조직의 업무 변화를 의미하는 것이다.

경제적 요인은 경제성장률, 이자율, 환율 등의 요인이 미치는 영향을 말한다. 이러한 경제적 요인은 모든 영역에서 중요한 영향을 미친다. 정부의 정책과 규제도 경제적인 추세를 반영하여 결정되는 경우가 많다. 2008년 후반부터 시작된 세계 금융위기는 정부 정책의 변화를 유발하였고, 고용 증대와 경기 부양을 위하여 공공기관의 인력 충원 방식이나 재정 집행 방식에 변화를 유발하였다. 따라서 경기의 부침을 예측하는 것이 공공기관의 기획에 영향을 주는 것이다.

사회적 요인은 문화, 보건, 인구의 성장과 구성의 변화 등과 관련된 요인들이다. 사회적 추세의 변화는 공공기관의 서비스 제공 양식에 결정적인 영향을 미친다. 고령화 사회로 접어드는 경우 노인복지 서비스에 대한 수요가 급증하고 정부는 이에 대응하는 정책을 마련한다. 예를 들어 정부가 장기요양보험제도를 도입하면 그 업무의 상당 부분이 건강보험공단에서 수행하는 것처럼 사회적 추세의 변화는 공공기관에도 큰 영향을 준다.

기술적 요인은 기술적 추세의 변화와 연구개발의 추세가 조직에 미치는 영향과 연관된다. 정보통신기술의 발전과 운송 수단의 발전, 생명공학의 발전 등은 인간의 삶의 양식에 다양한 영향을 미칠 것이다. 특히 기술의 발전은 조직의 혁신과 밀접한 관계가 있다. 새로운 기술을 어떻게 수용하는가에 따라서 공공기관의 생산성이 변화할 수 있다. 따라서 이러한 추세를 적절하게 기획에 반영하는 것이 중요하다.

이 네 가지 요인은 상호 독립적인 것이 아니다. 오히려 서로 밀접하게 연관되어 있다. 따라서 PEST분석은 이러한 요인들의 영향을 예측하는 것뿐만 아니라 상호간의 관계를 분석하는 것도 중요하다. 그림에서 나타난 것과 같이 각각의 요인들은 서로 연관되어 있고 그것이 만들어 내는 조직에 대한 결과도 다양하게 나타난다. 이러한 분석이 전략적 기획에서 중요한 환경분석에 속하고 환경분석의 결과는 내부역량분석의 결과와 결합되어 조직의 전략을 도출하는 중요한 배경 자료가 되는 것이다. 아래에 재정적 딜레마에 처한 ○○도립대학교의 상황이 제시되었다. 변화하는 환경에 대응하기 위하여 관리자들은 어떤 선택을 하여야 하며, 어떻게 동의를 얻고 대안을 집행해야 할 것인지 SWOT분석을 활용하여 전략적 기획의 관점에서 설명해 보자.

마무리 사례: ○○도립대학교

20여 년 전까지만 해도 ○○도립대학교는 지역에서 높은 명성을 얻고 있었다. 대도시 지역에 있지는 않았지만 당시 입학생 수가 증가하고 학교의 프로그램도 늘어나고 있었기 때문에 많은 발전이 있을 것으로 예상되었고, 도청에서는 4년제 대학으로 발전시킬 계획을 세우고 있었다. 그 계획안에 따르면 대학원도 만들고 의과대학 신설도 추진할 것이 예정되어 있었다. 20년 전부터는 10년 동안에 ○○대학은 재학생 수가 1,500명에서 6,000명으로 증가하였고 예산도 매우 빠른 속도로 증가하였다.

그런데 초기부터 설립되어 다양한 역할을 수행하였던 인문대학이 전혀 성장하지 못하였고 약 5년 전부터 입학생 수도 줄어들었다. 다른 부분은 발전하고 있었다. 사회대학, 경영대학, 수의과대학 등이 만들어지는 동안 다양한 지역사회 협력 프로그램도 활성화되었다. 그 프로그램 중에서 많은 투자가 이루어지면서 빠른 속도로 성장한 특별 프로그램이 있었다. 정신건강 클리닉, 언어 구사에 장애가 있는 어린이를 위한 언어교육 클리닉 등이 바로 그것이다. 또 인문대학 내에서 인근 고등학교와의 협력 프로그램은 발전하고 있었다. 약 300여명의 고등학생이 참여하는 프로그램이었는데 그 고등학교는 인근 지역에서 최고의 학업 성취도를 기록하는 등 명성을 높일 수 있었다.

그런데 약 5년쯤 전에 도 의회가 예산을 급격히 삭감하였다. 동시에 교직원들은 임금의 인상을 요구하였다. 이러한 상황이 도래하자 일반적인 비용 절감 노력으로는 극복할 수 없는 예산의 결손이 발생하였다. 총장과 보직교수들 그리고 교수평의회 구성원들은 오랜 논쟁 끝에 많은 비용을 지출해야만 하는 언어교육 클리닉과 지역고교 협력 프로그램을 종료하는 대안을 고려하게 되었다. 두 프로그램 모두 비슷한 비용이 소모되고 있었고 매우 많은 지출을 하고 있었다. 언어교육 클리닉에 대하여는 중요한 수요가 있고 우선순위가 높은 사업이라는 데 모두가 동의하고 있었다. 하지만 실제로는 잘 작동하지 않는다는 평가가 많았고 소아과 의사나 신경정신과 의사들이 이 프로그램을 추천하는 데 주저하기도 했다. 그 이유는 이 프로그램이 언어 구사에 문제가 있는 어린이들을 치유해 주기 위한 것이 아니고 심리학과 학생들을 가르치고 경험을 쌓도록 하기 위하여 운영된다는 인식이 많았기 때문이다.

지역고등학교 협력 프로그램에 대하여도 비판이 제기되었다. 성과가 높고 대학교육에도 좋은 기능을 한다는 데는 의문의 여지가 없었다. 하지만 과연 무엇 때문에 이 사업을 진행해야 하는가가 문제가 되었다. 그 지역에 좋은 고등학교가 없는 것은 아니었다.

언어교육 클리닉과 관련된 심리학과 교수는 "우리가 큰 수요도 없는 고등학교 학생들을 가르치는 데 이렇게 큰 투자를 하는 게 정당화될 수 있나요?"라고 주장하고 있다. 인문대학 학장은 "그런데 언어교육 클리닉은 비슷한 비용을 들이면서 전혀 결과를 내지 못하잖아요?"라고 주장한다.

1. 언어교육 클리닉을 담당하는 심리학과 교수로서 SWOT분석을 통해 발전전략을 수립하여 발표해 보자.
2. 지역고등학교 협력 프로그램을 운영하였던 인문대학 학장으로서 SWOT 분석을 통하여 발전전략을 수립하여 발표해 보자.

제2장 요약

1. 공공기관이 직면한 환경은 매우 역동적으로 변화하고 있으며, 환경의 유형은 정치적·경제적·사회적·인구학적·생태적·기술적 환경 등으로 구성되는 일반환경과 조직이 직접적으로 거래하는 과업환경으로 구분된다.

2. 브라이슨은 공공기관의 전략적 기획을 조직의 존재 의미와 조직이 하는 일, 조직이 그러한 업무를 수행하는 이유를 형성하고 유도하는 근본적인 결정과 행위를 창출하는 체계적인 노력으로 정의하면서, 현재 조직이 어디에 있는지를 분석하고 어디로 가고자 하는지

를 밝혀, 어떻게 바람직한 미래로 갈 수 있는지를 탐색하는 과정으로 정의했다.

3. SWOT분석은 조직이 처한 환경에서의 장점과 단점, 위협과 기회를 밝혀 전략적 기획의 과정에서 다양한 정보를 확보하는 분석이며, 각각의 요소를 조합하여 다양한 대응 방안을 찾는 분석기법이다.

4. PEST분석은 정치 · 경제 · 사회 · 기술에 대한 환경을 중심으로 거시적 환경분석을 하는 분석이며, 각 환경의 상호 관계를 규명하여 환경에 대한 좀 더 정확한 이해를 목표로 삼는다.

제 3 장

기획을 위하여 필요한 것들

들여다보기: 대한민국 구석구석, 여기가 어디지?

"그곳에 가면 연잎에 소원을 비는 까닭을 물어보세요. 그곳에 가면 백합이 부부 금슬인 이유를 죽순과 우후죽순의 관계를 발견해 보세요. 그곳에 가면 올챙이 국수를 무엇으로 만드는지 제사는 지내지 않고 제삿밥만 먹은 사연을 들어보세요. 다시 떠나세요! 대한민국 구석구석 숨겨진 맛과 이야기 속으로 …." (문화체육관광부 · 한국관광공사 라디오 광고 카피)

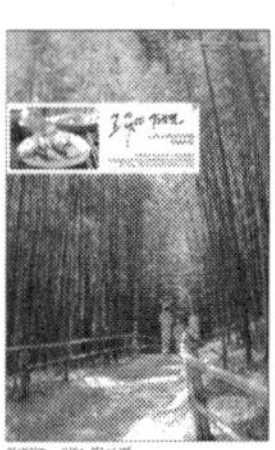

위의 광고 카피는 한국관광공사의 구석구석 캠페인에서 추출한 것이다. 2006년부터 대한민국 내국인에게 국내 관광을 확산시키기 위해 시작된 한국관광공사의 〈대한민국 구석구석〉 캠페인은 한국인에게 국내의 숨은 여행지를 알리기 위한 목표로 꾸준히 지속되고 있는 매우 성공적인 광고 캠페인이다. 이 광고는 매우 빨리 변화하는 현대 사회의 생활 패턴이 인간성을 불행하게 만들면서 생태주의에 입각한 슬로 투어(slow tour)가 새로운 패턴으로 자리 잡게 된 환경 변화를 적극적으로 반영한 캠페인이다. 그리고 국내 관광 여행의 주요 목적이 여가/위락/휴가이며, 그 주된 연령대는 30대이고, 점점 20대 국내 여행객의 수도 증가하고 있다는 점에 착안하여 크로스오버 광고라는 새로운 전략을 도입한 광고이다.

한국관광공사에서 〈대한민국 구석구석〉 캠페인을 시작한 배경은 다음의 두 가지에서 찾을 수 있다. 첫째, 우리나라 국민의 여행 선호도를 2007년 기준으로 볼 때 해외 여행 선호가 49.2%인데 반하여 국내 여행 선호는 22.9%밖에 되지 않았다. 따라서 상대적으로 경쟁력이 뒤지는 국내 여행에서 다양하고 특색 있는 볼거리를 개발하고 홍보하는 노력이 필요하다고 인식하게 되었다. 둘째, 대안관광으로서 자연·생태관광이 도입되는 추세에서 한국의 자연관광지를 알리는 캠페인이었다. 한동안 일반화되었던 전통적인 대중관광에서 벗어나 관광객이 자연환경을 그대로 받아들이고 그곳의 문화적 다양성을 즐기는 관광이 각광을 받는 추세가 나타난 것이다. 구석구석 캠페인은 바로 이와 같은 생태주의적 관광에 기반하여 한국의 자연과 문화를 국민들에게 알리는 목적을 갖게 되었다.

〈대한민국 구석구석〉 캠페인은 두 가지 중요한 전략으로 구성된다(서구원·이두희·이동원, 2007). 첫 번째 전략은 크로스 미디어(crossmedia) 전략이다. 구석구석 캠페인은 전통적인 광고매체로서의 신문과 텔레비전뿐만 아니라 온라인 커뮤니티를 구성하여 인지도를 극대화하고자 하였다. 그뿐만 아니라 지하철 내부와 역사, 전광판 등에서 소비자들에게 다양한 정보를 제공하고 커뮤니티에 대한 관계 증진, 구성원 수의 확대를 실현하였다. 두 번째 전략은 브랜드 커뮤니티 전략으로 브랜드를 공유하는 소비자들이 모여 구성하는 온라인 카페를 적극적으로 활용하였다. 온라인 커뮤니티의 경우 구성원의 적극성, 몰입도, 충성도가 월등하기 때문에 더 높은 효과를 낼 수 있다. 실제로 이 캠페인은 2006년에 시작되었는데 불과 몇 개월에 해당하는 기간 동안 회원 수가 10,000여명으로 급증하였다.

이와 같이 기획 과정에는 다양한 자원을 충분히 활용하는 것이 중요하다. 구석구석 캠페인은 전통적인 광고 매체들뿐만 아니라 온라인, 오프라인을 망라한 매체를 활용하였다. 그리고 가장 중요한 것은 조직의 외부에 존재하는 잠재적인 고객이라는 이해관계자들을 적극적으로 발굴하려고 하였다는 점이다. 지속적인 관계를 유지하는 고객은 조직에서 중요한 이해관계자로 인식된다. 이들에게 적극적으로 홍보하여 교류하는 활동은 향후 이들을 조직의 중요한 자산으로 활용하는 데 큰 도움이 된다. 이 사례를 통하여 전략적 기획은 목표를 달성하기 위하여 필요한 절차이며, 이 과정에는 다양한 이해관계자들을 초청하고 관계를 형성하는 것이 중요함을 알 수 있다.

이 캠페인의 결과는 중요한 성과지표에서 잘 나타나고 있다. 카페 방문자나 회원 수의 증가는 말할 것도 없고 한국광고학회가 주관하는 '올해의 광고상', 한국광고단체연합회에서 주관하는 '대한민국광고대상', 한국광고주협회 주관의 '소비자가 뽑은 좋은 광고상' 및 국내 최대의 온라인 광고제인 'TVCF Award' 등 주요 광고 관련 상을 대부

그림 3-1 **1인당 평균 국내 여행 일수**

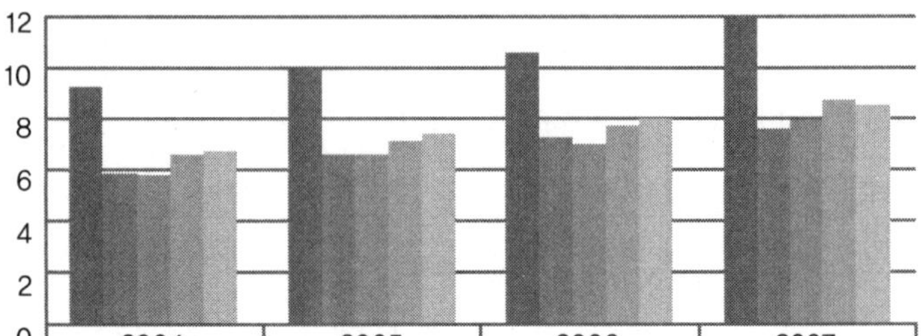

	2004	2005	2006	2007
■여행 일수	9.26	9.94	10.55	11.94
■여행 횟수	5.87	6.59	7.2	7.57
■20대 여행 횟수	5.78	6.6	6.97	7.9
■30대 여행 횟수	6.58	7.12	7.67	8.69
■40대 여행 횟수	6.71	7.36	7.97	8.45

자료: 국가통계포털 홈페이지에서 2010년 8월 29일 검색.

분 수상하였다. 그보다 더 중요한 변화는 국민들의 인식 전환일 것이다. 국내에서는 웬만한 곳은 다 가보았다거나 국내 여행 인프라는 아직 덜 발달하여 할 일이 없을 것이라는 부정적인 인식을 극복하는 좋은 기회가 되었다.

이러한 결과는 [그림 3-1]과 같이 국내 여행자 수의 증가라는 중요한 지표로 나타났다. 2006년과 2007년 사이에 1인당 평균 국내 여행 일수가 증가하였고, 그중에서도 20대와 30대에서의 증가율이 두드러진다. 이것은 원하는 목표가 정해졌을 때 그 목표를 달성하기 위한 충분한 사전 준비를 하고 목표 달성에 도움이 되는 이해관계자들을 동원하기 위한 최선의 노력을 다하는 것이 전략적 기획을 성공으로 이끄는 열쇠임을 설명하는 것이다.

제1절 기획의 필요성에 대한 합의

전략적 기획을 하는 이유는 조직이 직면한 중요한 문제를 해결하는 데 있다. 어떤 조직이나 극복하기 어려운 또는 해결하기 어려운 문제에 직면하기 마련이다. 그런데 그 문제 자체가 매우 모호해서 어떻게 그 문제에 접근할지를 모르는 경우가 많다. 따라서 전략적 기획에서 중요한 것은 왜 기획을 하려고 하는지 그리고 어떻게 기획을 하는 것이 바람직한지를 먼저 밝히는 것이 중요하다.

문제의 본질을 밝히기 위하여는 먼저 조직의 목표와 비전을 명확히 할 필요가 있다. 조직이 장기적으로 추구할 목표는 무엇이며, 존재의 이유는 무엇인가에 대한 고려가 필요하다. 그리고 기획을 위한 절차를 만들어 볼 필요가 있다. 실제로 기획을 진행하다 보면 중요한 문제와 선택을 위한 대안이 무엇이 있는지가 점점 더 구체화되는 경향이 있다. 여기서 밝혀지는 문제가 중요한 것이라면 조직 구성원들은 자연스럽게 문제 해결에 동참할 것이지만, 그렇지 않다면 구성원들의 적극적인 지원과 참여를 이끌어 내기 어려울 것이다.

조직의 목표에 대하여 동의하고 현재 상태에서 조직의 목표에 도달하기 위한 전략을 수립하는 것이 절실하다는 공감대가 형성되는 것이 중요하다. 그러한 공감대가 있을 때 기획의 과정을 마련하기 쉬워지며, 집행하여 성공할 가능성도 높아진다. 조직의 목표와 비전, 전략 등에 대해서는 다음 장에서 자세히 다룰 기회가 있을 것이다.

제 2 절 성공적인 기획을 위한 조건들

전략적 기획은 조직이 만들어지고 그 목적을 달성하여 수명을 다하기까지의 생애주기에 따라서 적절한 시간적·공간적 의미를 반영한다. 전략적 기획이 창조적으로 이루어지기 위해는 성공을 보장해 주는 조건이 충족되어야 하고, 그러한 조건은 조직의 주기적 변화와 부합해야 한다. 따라서 그러한 조건이 어떤 것인지를 이해하고 분석하는 것은 조직이 위기와 도전을 극복하는 과정에서 중요하다. 앨리슨과 케이(Allison & Kaye, 2005)가 제시하는 전략적 기획을 위한 중요한 조건들은 다음과 같다.

(1) 고위관리자의 지원과 참여

기관장, 이사장 등 고위관리자가 모든 과정에 참여하고 지원하는 것이 중요하다.

(2) 전 직원의 역할과 기대를 밝혀내기 위한 노력

전략적 기획에서 주요한 역할을 맡을 사람, 의사결정자 등을 포함한 전체 직원이 어떻게 기여해야 할지가 밝혀져야 한다.

(3) 조직의 장점, 단점, 기회와 위협 요인에 대한 적극적인 정보 수집

현재의 사업 효과성에 대한 정보, 관련된 이해관계자의 현재의 기대와 미래에 대한 수요, 그리고 협력 기관들에 대한 정보 등을 모두 수집해야 할 것이다.

(4) 기획위원회 참여자의 적절한 선정

전략적 사고와 행동력을 겸비한 인물들로서 미래에 대한 조망을 할 수 있는 사람과 구체적인 목표 제시를 할 수 있는 사람들로 구성하는 것이 중요하다.

(5) 다양한 참여의 수용

많은 사람이 기획의 과정에 대하여 소유권을 느낄 수 있도록 하는 것이 중요하다.

(6) 전략적 기획을 완성하기 위한 자원의 투입

전략적 기획이 완성되는 데는 많은 자원이 필요하므로 시장조사, 직원들의 시간, 금전적인 지원, 자문 등을 필요로 한다.

(7) 기획의 목표를 이해하는 직원과 위원회

기획이 무엇인가, 기획을 통하여 달성될 수 있는 것은 무엇이고 달성될 수 없는 것은 무엇인가를 생각하며, 원하는 결과를 명확하게 밝힐 수 있도록 이해하는 것이 중요하다.

(8) 현재 상태에 대한 진솔한 문제 제기

새로운 사고를 하기 위하여는 현재 상태에 대하여 의문을 제기할 수 있어야 한다. 가장 해결하기 어려운 문제가 무엇이며, 어떤 선택을 하는 것이 바람직한지 등에 대하여 현재의 상태를 점검하고 최선의 대안을 제시할 수 있어야 한다.

(9) 재정적 지속가능성

전략적 기획을 실행할 경우 재정적으로 지속 가능한가, 또는 재정적 지속가능성이 반영된 전략적 기획의 경우 기획안이 실패하였을 경우에는 재정적으로 위기에 봉착하지 않는가를 참작해야 한다.

(10) 고위관리자의 관심

전략적 기획의 과정에서 제시되는 대안을 무시하지 않고 심각하게 고려하는 고위관리자의 관심이 있을 때, 성공가능성이 높아진다.

(11) 심각한 갈등이 없을 것

조직 내의 주요 행위자들 사이에 건전하고 발전적인 의견의 불일치가 있을 수 있으나 전략적 기획을 파국으로 몰고가는 심각한 갈등은 없어야 한다.

(12) 환경으로부터의 중대한 사건이 없을 것

외부 환경으로부터 향후 6개월 이내에 중대한 영향을 주는 사건이 없을 것으로 예상되어야 한다.

(13) 구조조정이 예정되어 있지 않을 것

향후 1년 내에 다른 기관 과의 합병이나 민영화 등 조직에 중대한 영향을 줄 구조조정이 예정되어 있지 않아야 한다.

(14) 고위층의 허심탄회한 의사소통

이사진과 최고관리자 등 고위층이 조직이 직면한 여러 가지 제약조건에 대하여 허심탄회하게 의사소통하고 건설적인 대안을 논의할 수 있어야 한다.

(15) 전략적 기획의 연간계획과 예산 과정과의 연계

전략적 기획안에 입각하여 내년도의 운영에 대한 상세한 연간계획을 작성하고 필요한 경우 이미 설계된 계획안을 수정할 수 있으며, 내년 예산 편성 및 집행 과정과 긴밀하게 연계해야 한다.

(16) 충분한 자원을 할당하여 핵심 전략의 집행을 지원할 것

성공적인 기획을 위하여는 가용한 모든 자원을 할당하여 지원해서 성공가능성을 높여야 한다.

이러한 조건들이 충족되지 않는 상황에서는 전략적 기획에 착수하는 것 자체가 적절하지 않을 수 있다. 조직이 기획을 하고 있는 중이라도 조건이 열악하다는 것을 알게 된 이상 전략적 기획을 멈추고 현재의 상황들을 재고할 필요가 있다. 참여도나 관심, 새로운 가능성에 대한 투자가 부족하다면 그러한 가능성에 대하여 의문을 제기하는 개인들을 먼저 설득할 필요가 있을 것이다. 리더십에 문제가 있다면 리더십의 변화가 있을 때까지 전략적 기획을 연기하면서 기다릴 수도 있다. 그리고 이러한 전제 조건들을 점검해 보는 것은 전략적 기획을 하기 위한 준비 단계로서 중요한 정보가 될 수 있다. 따라서 전략적 기획을 어렵게 만드는 요소에 대한 충분한 토론이 건설적으로 이루어지는 것이 중요하며, 그러한 사전정보를 얻는 데 기여할 수 있는 체크리스트(checklist)를 〈표 3-1〉과 같이 만들어 볼 수 있을 것이다.

표 3-1 성공적인 전략적 기획을 위한 조건 체크리스트

성공적인 전략적 기획을 위한 조건	Yes	No	불확실
1. 고위관리자의 지원과 참여			
2. 전 직원의 역할과 기대를 밝혀내기 위한 노력			
3. 조직의 장점, 단점, 기회와 위협 요인에 대한 적극적인 정보 수집			
4. 기획위원회 참여자의 적절한 선정			
5. 다양한 참여의 수용			
6. 전략적 기획을 완성하기 위한 자원의 투입			
7. 기획의 목표를 이해하는 직원과 위원회			
8. 현재 상태에 대한 진솔한 문제 제기			
9. 재정적 지속가능성			
10. 전략적 기획의 과정에서 제시되는 제안을 무시하기보다 심각하게 고려하려 하는 고위관리자의 관심			
11. 조직 내의 주요 행위자들 사이에 심각한 갈등이 없을 것			
12. 외부 환경으로부터 향후 6개월 이내에 중대한 영향을 주는 사건이 없을 것			
13. 다른 기관과의 합병이나 민영화 등 중대한 영향을 주는 구조조정이 예정되어 있지 않을 것			
14. 이사회와 고위관리자가 여러 가지 제약 조건을 허심탄회하게 표출할 것			
15. 전략적 기획의 연간계획과 예산 과정과의 연계			
16. 충분한 자원을 할당하여 핵심 전략의 집행을 지원할 것			

제 3 절　상황 판단을 위한 준비

전략적 기획을 위하여 가장 중요한 단계가 상황 판단이다. 조직과 연관된 다양한 환경을 분석하고 그들의 기대와 그들이 기여하는 바를 정확하게 분석하는 것이 향후 조직의 미래에 대한 기획을 위하여 중요한 요소가 된다. 환경에 존재하는 이해관계자들은 조직이 목표를 달성하는 데 이해 관계를 갖고 있어서 조직의 운영에 대하여 관심을 갖고 개입하는 개인, 집단, 조직 등을 말한다. 이해관계자 집단은 전략적 기획을 집행하는 사람들뿐만 아니라 그 집행을 통하여 이익을 얻는 사람들, 그리고 그 집행을 도울 수 있는 사람들을 모두 포함한다. 전략적 기획을 위하여는 다양한 이해관계자들의 의견을 청취하는 것이 중요하다. 이들의 다양한 시각이 전략적 기획의 창의력을 높이고 새로운 아이디어를 창조하는 바탕이 된다. 다양한 이해관계자들을 포함시키면 다음과 같은 긍정적인 효과를 유발한다.

- 조직 안팎에서 조직과 전략에 대한 관심과 지원을 확산할 수 있다. 전략적 기획의 작성에 개입하였다고 생각하는 사람들은 그렇지 않은 사람들보다도 조직의 목표를 달성하기 위하여 더 많이 투자하였다고 생각하고 조직에 대하여 소유권을 가진 것으로 인식하게 된다.
- 전략적 기획을 좀 더 객관적으로 진행할 수 있다. 특히 조직 외부에서 초빙된 이해관계자들은 내부자들이 당연하게 생각하는 문제에 대하여도 의문을 제기할 수 있고 일상적으로 넘기기 쉬운

중요한 문제를 밝혀낼 수 있다.
- 미래의 업무 관계를 새롭게 개선할 수 있다.
- 중요한 정보를 지속적으로 교환할 수 있다.

이해관계자들이 참여하는 것은 좋지만 이들을 어떻게 참여시키는가는 어려운 문제이다. 대체로 다음 네 가지 역할 가운데 적절한 것을 할당할 수 있다.

- 리더십: 의사 결정과 업무 진행에 대한 주도권을 갖는 역할
- 의사 결정: 전략, 목표 등에 대한 결정을 내리는 역할
- 퍼실리테이션(facilitation): 외부에서 초빙된 컨설턴트의 경우와 같이 기획의 과정에 대하여 관심을 갖고 도와주는 역할
- 자원 투입: 정보와 자원을 제공하는 역할

어떤 이해관계자가 참여하고 어떤 결정을 내리게 하는가를 결정하는 것이 상황 판단 과정에서 중요하다. 일반적으로 공공기관의 전략적 기획에 참여하는 이해관계자는 〈표 3-2〉와 같다.

표 3-2 공공기관의 전략적 기획에 참여하는 이해관계자

내부 이해관계자	외부 이해관계자
• 기관장 • 이사진 • 직원 • 자문위원	• 고객 • 재정 지원을 하는 기관 • 정부 또는 규제기관 • 지역사회의 주요 인물 및 조직 • 협력기관 • 경쟁기관 • 퇴직한 직원이나 이사진

제 4 절 전략적 기획 절차와 방법에 대한 결정

전략적 기획에 대한 주요 절차와 방법을 정하는 것은 누구를 개입시키고 그들의 역할은 무엇이고 어떤 과정을 도입할 것인가를 선택하는 과정이다. 이러한 선택의 과정에서 중요한 것은 자신이 속한 조직과 팀을 위하여 필요하고 적절한 선택인가를 먼저 생각하는 것이다.

전략적 기획을 위하여 필요한 주요 고려 사항들이 무엇인지 밝혀진 다음에는 문제 해결에 필요한 도움을 줄 수 있는 이해관계자들의 목록을 작성한다. 도움이 필요한 이해관계자들이 밝혀진 다음에는 각각의 이해관계자들을 활용하여 해결할 문제를 명확히 밝혀내고 그들을 참여시킬 수 있는 방법을 찾는다. 문제의 해결을 위한 전략적 기획에서 많은 정보를 얻게 된다면 결정이 더 쉬워질 수 있으며 실제로 일을 시작하기 쉬워진다.

전략적 기획에 누구를 개입시킬 것인가를 결정하기 위하여 전략적 기획위원회를 먼저 조직화하고 그 위원회에서 조직 내외에 있는 이해관계자가 누군지 파악하는 것이 중요하다. 전략적 기획에 관여할 수 있는 이해관계자들로부터 기획에 필요한 정보를 수집한다. 이해관계자에 대한 검토가 끝난 다음에는 위원회에 참여하지 않고 이해관계자에 분류되지 않은 나머지 직원 등 관계자들로부터 추가적으로 수집할 수 있는 정보에는 무엇이 있는지를 판단한다.

제 5 절 전략적 기획을 위한 계획서 작성

전략적 기획을 위하여 참여자가 확정되고 위원회가 구성되면 전반적인 작업계획을 작성할 필요가 있다. 작업계획은 계획을 진행하는 과정에서 필요한 활동을 나열하고 그 활동을 책임지고 진행할 사람들을 지정하기 위하여 작성한다. 전략적 기획을 위하여는 기존 문헌을 조사하기도 하며, 필요한 경우 조직 내외의 이해관계자들에 대한 설문조사, 인터뷰를 실시하고 경우에 따라서는 수양회를 통하여 의견을 표출하고 청취하는 과정이 필요할 수도 있다. 이 과정에 대하여 담당자를 지정하는 것이 중요하다. 이러한 과정은 오랜 시간이 소모되고 생각하였던 것보다 많은 자원이 소진될 수도 있다. 따라서 이 과정을 매우 효율적으로 진행하는 것이 바람직하다. 위에서 설명한 내용들을 명확하게 밝혀둘수록 전략적 기획의 과정이 효율적으로 진행될 수 있을 것이다.

아래에 구성이 다르고 동기 유발의 정도가 다른 비영리조직 이사회 구성원들과의 관계를 개선하고 조직의 미래를 기획하기 위한 활동에 대한 사례가 제시되어 있다. 협조적인 이사도 있는 반면 비협조적인 이사들도 있어서 어려운 조직 상황을 극복하기 위하여는 특별한 조치가 필요해 보인다. 이 사례에서 제시된 문제를 극복하고 조직의 긍정적인 미래를 도모하기 위하여 어떤 방식으로 전략적 기획을 진행할지 구체적인 방안을 설계해 보자.

마무리 사례: 무용지물이 된 이사들

"회의 끝났습니다." 정종원 씨는 의장석에서 일어났다.

"첫 회의 좋았습니다." 동료 이사 중 한 명이 말하였다. "네 잘하셨어요." 다른 이사가 맞장구쳤다. 작별 인사를 간단히 하고 모두 회의실에서 나갔다.

정종원 씨는 다시 의자에 앉았다. 회전의자에서 빙빙 돌기도 하고 다리를 뻗어보기도 하고 신발을 멀리 날려보내기도 하였다. "어떻게 해야 하지?" 종원씨는 유일하게 함께 남아 있던 사무국장 김철수 씨에게 한숨을 쉬며 말하였다. "저 세 사람 말이야. 저 세 사람을 어떻게 해야 하냐고? 저 사람들 아무 도움이 안 돼."

"어떻게 하죠?" 철수씨가 말하였다.

"나도 아직 몰라. 그런데 변화는 있어야겠지."

종원씨는 총 9명으로 구성된 빈곤대책연합회 이사회의 회의를 주재하였다. 이사회에 몸담은 지 4년이 지났고 종원씨는 새로운 사무국장을 찾기 위한 위원회(search committee)의 의장이 되기도 하였다.

그때 이후로 종원씨와 철수씨는 재단의 미래에 대한 비전을 확립하고 현재 연합회 활동의 규모를 3배로 확장시켜 더 많은 빈곤계층에게 혜택을 주고자 하고 있다. 그러나 그러한 목표를 달성하기 위하여는 몇 년을 열심히 일하고 새로운 활동자원을 얻기 위하여 노력해야 하는 것이다. 회의에서 이사회는 새로운 연합회 역사상 최대 규모의 자금모금 캠페인을 할 수 있도록 승인하였다.

종원씨가 말하였다. "더 많은 동력이 없으면 성공할 수가 없어."

"이사회에 아홉 명이 있는데 여섯 명은 보배 같은 존재들 아냐? 훌륭한 일꾼들이지. 근데 나머지 세 사람은 말야. 제 몫을 못하고 있다고. 내가 이사 시절에는 일 안하는 사람들에 대하여 아무 생각 없었어. 이사장이 되고 보니까 우리 연합회가 그런 무용지물을 데리고 있을 능력이 없다는 게 보이는 거야."

철수씨가 묻는다. "어떻게 하죠? 나보다 그 세 사람에 대하여 더 잘 알고 있잖아요."

"그렇지." 종원씨는 잠시 머뭇거린 후 말을 이었다. "한 사람은 연합회 설립자의 손녀라서 이사가 된 거고. 거의 회의도 안 나왔지. 나와도 너무 구태의연한 소리만 하고 있으니 … 두 번째 사람은 10년 전에 기부를 크게 했지. 근데 그 다음부턴 한푼도 안 내더라고. 그 사람은 회의에는 들어와도 한 마디도 안 해. 무슨 생각을 하는지 수수께끼야. 마지막 한 명? 모든 주제에 대하여 아이디어 있고 회의에서 계속 말을 해대는데… 그냥 내용은 잡다한 거야. 근데, 그 사람이 내 처가 있는 회사 사장이거든."

1. 정종원 씨의 입장에서 연합회의 활동을 활성화하기 위하여 어떤 방식으로 전략적 기획을 진행할지 구체적인 방안을 작성해 보자.
2. 사례에서 문제가 되고 있는 이사들에 대하여 개별적으로 어떤 조치를 취하는 것이 바람직할지 설명해 보자.

제3장 요약

1. 전략적 기획의 과정에서는 조직의 목표에 대하여 동의하고 현재 상태에서 조직의 목표에 도달하기 위한 전략을 수립하는 것이 절실하다는 공감대가 형성되는 것이 중요하다. 그러한 공감대가 형성되어 있을 때 기획의 과정을 마련하기 쉬워지며, 집행하여 성공할 가

능성도 높아진다.

2. 전략적 기획을 위하여는 고위관리자와 직원 등 다양한 구성원의 참여와 지지가 필요하며 재정적으로 지속 가능해야 하고 가까운 미래에 조직에 큰 변화가 있어서는 안 되며, 조직 내 심각한 갈등이 있어서는 안 된다.

3. 전략적 기획을 위한 상황 판단을 위하여 조직 내외의 이해관계자들의 참여를 통해 조직에 대한 관심과 지원을 확보할 수 있고, 객관적인 진행이 가능해지고, 미래의 관계를 긍정적으로 형성할 수 있기 때문에 리더십, 의사 결정, 퍼실리테이션, 자원 투입 등의 역할 중 하나를 요청할 수 있다.

4. 전략적 기획을 위하여 전략적 기획 위원회를 먼저 조직화하고 그 위원회에서 조직 내외에 있는 이해관계자가 누군지 파악하는 것이 중요하며 전략적 기획에 관여할 수 있는 이해관계자들로부터 기획에 필요한 정보를 수집해야 한다.

5. 전략적 기획을 위한 작업계획을 통하여 기획에 필요한 활동을 나열하고 그 활동을 책임지고 진행할 사람들을 지정하며, 자료조사를 위하여 기존 문헌 조사, 설문조사, 인터뷰를 실시하고 경우에 따라서 수양회를 통하여 의견을 청취하는 과정이 필요하다.

제 2 편

전략의 수립

제 4 장

목표와 비전의 설정

들여다보기: 나비야 나비야

'그래, 좋아!' 가장 많은 축제가 몰려 있는 어린이날에 정정당당하게 한번 붙어보자. 우리는 다른 축제와는 경쟁하지 않는다. 우리의 경쟁자는 최대 규모의 놀이동산, 에버랜드다!(박성혁, 2009: 115)

2008년 5월 5일, 어린이날이기도 한 이 날은 나비축제가 이룩한 기적의 실체를 정확하고도 확실하게 목격할 수 있는 날이었다. 1년을 통틀어 나들이객이 가장 많았던 이 날, 용인 에버랜드(55,000명)를 누르고 나비축제(60,709명)가 1일 최다 방문객을 기록한 관광지로 새롭게 거듭났기 때문이다(박성혁, 2009: 14).

전라남도 함평군의 나비대축제는 불가능한 꿈을 현실로 만든 놀라운 성공으로 유명하다. 나비대축제는 재원도 없고 인적 자원도 부족한 외딴 시골마을에서 축제 하나로 관람객 1,500만 명에 2,000억 원의 경제 효과를 창출한 지방자치단체의 기적으로 불린다. 이러한 기적은 많은 조직의 벤치마킹 대상이 되었고, 지방행정 연구자들의 연구 대상이 되었다. 나비대축제의 성공 요인으로 지적되는 요인은 다양하다. 독특한 축제 아이템, 고위관리자의 리더십, 적극적인 공무원들의 아웃리치(outreach) 활동, 주민들의 참여적 지원 등이 주된 성공 요인으로 평가된다.

그러한 다양한 성공 요인 가운데 가장 주목할 만한 것은 명확하고 도전적인 비전의 선정이다. 위의 인용문은 나비축제의 관람객 수를 국내 최대 규모의 놀이공원을 넘을 것으로 비전을 선포하는 과정을 설명하고 있으며, 실제로 그 비전은 실현되었다. 이 사례를 통하여 높은 이상과 비전은 조직구성원을 동기 유발시키고 환경적 어려움을 극복하게 만들 수 있다는 것을 알 수 있다. 이러한 원대한 비전을 통하여 조직구성원들은 그 비전을 실현하기 위한 다양한 활동에 몰입하게 되고 도전적인 자세로 임하게 된다. 실제로 함평군의 공무원과 지역 주민들은 적극적인 홍보활동과 행사 지원 활동에 참여하였고, 일정 기간이 지난 후에 처음에는 불가능할 것으로 여겨졌던 목표를 달성하였다.

이제 공공부문에 협력적 거버넌스의 수용, 다차원적 가치의 반영, 급속한 환경 변화에의 적응 등 다양한 도전이 진행되고 있는 가운데 나비축제도 새로운 방향으로의 발전을 요구받고 있다. 새로운 방향 전환을 위하여는 비전과 가치를 다시 설정하고 새로운 발전전략을 모색하는 과정이 필요하다. 이처럼 조직의 사명과 비전의 작성은 나날이 새롭게 진행되는 연속적인 과정이다.

이 사례를 통하여 조직의 미션, 비전, 가치, 목표를 어떻게 정하는가가 조직의 현재와 미래를 결정하는 중요한 요인이라는 사실을 알 수 있다. 많은 대기업과 정부가 조직의 사명과 비전을 설정하는 데 많은 자원을 투자하는 이유도 바로 원대한 비전을 통하여 조직이 발전할 수 있는 계기를 마련할 수 있다는 사실을 인식하고 있기 때문이다. 공공조직에서도 비전의 설정은 매우 중요하며, 반복되어야 한다.

제 1 절 미션, 비전, 가치 그리고 전략적 리더십

조직은 목표에 따라 운영되는 목표 지향적인 사회적 구조이다. 목표가 명확할 때 성과도 높아지고 환경으로부터의 위험도 원활하게 극복할 수 있다. 그리고 조직의 목표를 명확히 제시해 주는 것이 관리자의 전략적 리더십이다. 조직의 구성원들이 열정과 에너지를 갖고 고성과 조직을 향하여 매진하기 위하여는 환경의 변화에 대한 동향을 설득력있게 전파하고 과감하게 권한 위임하면서 높은 비전과 사명을 제시하는 리더십이 있어야 한다.

정치행정의 영역에서 볼 때 마틴 루터 킹(Martin Luther King) 목사의 "나에게는 꿈이 있습니다(I have a dream)," 케네디 대통령의 "국가가 나를 위하여 무엇을 해줄 것인가를 바라기에 앞서, 내가 국가를 위하여 무엇을 할 것인가를 생각해야 한다(Ask not what your country can do for you, ask what you can do for your country)" 등과 같은 비전은 많은 사람에게 감동을 주면서 그들을 하나의 가치를 지향하게 하는 원동력이 되었다. 일반적으로 전략적 리더는 일관되고 과감한 비전, 가치 창출을 위한 확고한 아이디어, 헌신적인 자세, 풍부한 정보, 권한을 위임할 준비 자세, 치밀한 권력과 권위의 행사, 감성적 지능을 갖춘 사람이라고 한다. 이 가운데 비전은 가장 중요한 요소이며 비전을 통하여 조직의 사명과 가치가 결정되기 때문에 더욱 중요하다. 특히 공공조직의 경우 공공성의 달성을 위하여 존재하는 조직인 만큼 조직이 존재하는 이유를 아는 것이 중요하다. 일반적으로 사명, 비전, 가치 선언문은 다음과 같이 정의한다.

Box 4.1 비전 선언문, 미션 선언문, 가치 선언문의 개념

- 비전 선언문: 조직이 달성하고자 하는 바람직한 미래상
- 미션 선언문: 조직의 목적에 대한 진술
- 가치 선언문: 조직에서 중시하는 신념, 원칙에 대한 설명

제 2 절 미션 선언문: 다른 조직과 무엇이 다른가?

(1) 미션의 개념과 특징

사명 또는 미션은 조직의 모든 것이라고 일컬어진다. 조직의 존재 이유이자 전략적 기획의 출발점이기 때문이다. 미션이 비전과 함께 쓰이는 경우가 많지만 미션이 비전과 다른 점은 핵심 가치와 존재 이유를 제공해 주는 동시에 비전이 만들어지는 기반을 제공해 주는 역할을 한다는 것이다. 비전이 바람직한 미래를 지향한다면 미션은 현재 표방하는 가치를 나타낸다. 그리고 현재 조직이 표방하는 가치는 다른 조직의 가치와 달라야 할 뿐만 아니라 독특해야 한다.

미션은 일반적으로 다음과 같은 몇 가지 특징이 있다.

① 미션은 조직의 목적을 포괄적으로 정의한다.

미션 선언문은 조직이 하는 일들을 설명한 것이고 포괄적이면서도 구체적이어야 한다. 내용이 포괄적이어서 제도의 혁신과 사업의 확장을 유발할 수 있어야 할 뿐만 아니라 구체적이어서 방향 제시를 해 줄 수도 있어야 한다.

② 미션은 지속 가능해야 한다.

조직의 목적이 자주 변할 수 없는 만큼 미션도 지속 가능하여야 한다. 사람들이 조직이 지향하는 아이디어와 가치에 애착을 가질 수 있을 만큼 시간이 흘러도 유지되어야 한다.

③ 미션은 조직의 독특성을 강조해야 한다.

좋은 미션은 다른 조직과 구별해 줄 수 있는 요소를 포함하고 있다.

④ 미션은 어떤 서비스를 하는지를 표방해야 한다.

미션을 통하여 조직이 어떤 일을 하는지를 밝히는 것이 중요하다. 특히 조직과 연계된 이해관계자들에게 활동 영역을 각인시키는 것이 중요하다.

(2) 미션 선언문의 구성 요소

미션 선언문은 조직의 철학을 반영한다. 조직이 무엇을 위하여 존재하며, 운영 주체와 고객은 누구인지, 어떤 서비스를 제공하는지, 고객들에 대하여 그리는 이미지는 무엇인지를 밝히는 것이 중요하다. 이러한 내용에 조직의 특징과 강조점이 반영되어야 할 것이다. Box 4.2의 내용이 주요 구성 요소가 되지만 모든 내용이 포함되어야 하는 것은 아니다. 그러나 미션 선언문을 통하여 조직의 존재 이유를 가능한 한 많이 전달하는 것이 중요하다.

Box 4.2 미션 선언문의 구성 요소

- 미션 선언문은 고객과 활동 영역을 표방한다.
- 미션 선언문은 조직이 주로 제공하는 서비스를 설명해야 한다.
- 미션 선언문은 조직이 입지한 지역과 서비스 제공 영역을 나타내야 한다.
- 미션 선언문은 조직의 철학을 표명해야 한다.
- 미션 선언문은 조직 구성원들이 공유하는 조직의 이미지를 반영해야 한다.
- 미션 선언문은 일반 대중이 기억하면 좋을 만한 조직의 이미지를 표현해야 한다.

(3) 미션 선언문 만들기

미션 선언문을 만들기 위한 첫 번째 단계는 미션을 만드는 과정을 논의할 리더를 선출하는 것이다. 리더의 주도 하에 현재의 미션을 재검토할 필요가 있는지, 새로운 미션은 어떤 방향을 추구해야 하는지, 우선순위는 무엇인지를 논의해야 한다. 논의가 시작되면 미션 선언문 작성에 관련된 그리고 관심이 많은 사람을 모아서 개발 과정에 착수해야 한다. 실제로 선언문을 작성하기에 앞서서 조직의 특징을 부각시킬 수 있도록 협의하는 회의를 개최해야 한다. 참여자가 결정되면 직원을 포함한 주요 이해관계자들의 관점에서 조직의 성공을 유발하는 요인이 무엇인지 밝혀야 한다. 다음으로 자신이 속한 조직이 발휘

Box 4.3 미션 선언문의 구성 요소 기록하기

미션 선언문의 구성 요소	내용
1. 주요 고객집단과 활동 영역	
2. 주요 서비스	
3. 지리적 활동 범위	
4. 중시하는 가치	
5. 조직이 지향하는 철학	
6. 기타 중요한 요소	

할 수 있는 독특한 역량을 구상한 후 다가올 미래와 새로운 미션에 대하여 생각하기 위한 워크숍을 개최할 수 있을 것이다. 워크숍은 사무실의 부담에서 벗어나 조직의 미래를 설계하는 데 몰두할 수 있도록 배려하는 것이 바람직하다.

제 3 절 비전 선언문: 미래를 위한 희망

(1) 비전의 개념

전략적 기획의 첫 번째 단계는 비전 선언문의 작성이다. 비전은 바람직한 미래의 상태를 제시한다. 일반적으로 매우 과감한 미래를 제시하는 짧은 설명으로 구성된다. 특히 비전은 아직 실현되지는 않았지만 매우 매력적인 상태를 보여주는 역할을 한다. 조직의 맥락에서 볼 때, 비전은 매력적이고 쉽게 달성할 수 없는 것이지만 '꿈'과는 다른 것이다. 비전은 조직구성원 모두가 달성할 수 있을 것이라고 믿을

그림 4-1 **2040비전의 종합 구도**

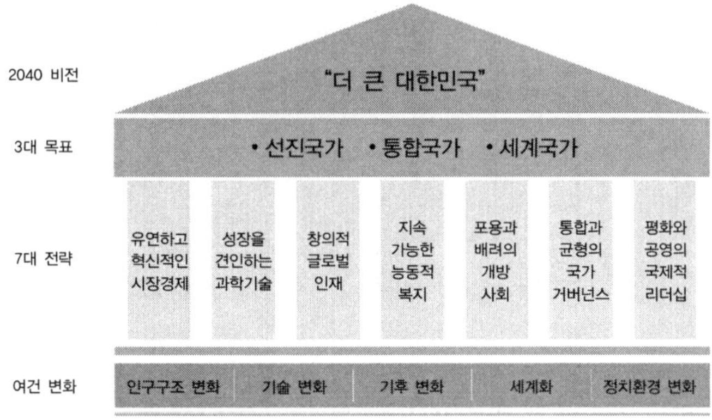

만한 목표라야 하며 현실적으로도 달성할 가능성이 있어야 하는 목표이다.

비전은 짧아서 모든 사람이 기억할 수 있어야 한다. 2014년 서울특별시의 비전 "시민과 함께 세계와 함께"는 쉽게 이해할 수 있으며, 협력적 거버넌스와 국제도시의 이미지를 즉시 연상시킨다. 비전은 조직의 미래 상태 그 자체를 반영하기도 한다. 조직이 이루고자 하는 미래의 상태 그 자체를 비전으로 설정하는 것이다. 2010년 대한민국 정부에서 설정한 "미래 비전 2040: 미래 사회경제 구조 변화와 국가발전 전략"에서는 대한민국의 비전을 "더 큰 대한민국: 선진국가, 통합국가, 세계국가"로 설정하였다. 이 비전을 통하여 세계 신기술의 선두에 서고 우수한 인적 자원이 풍부한 선진국가, 정치가 안정되고 사회가 통합되고 한반도 통일을 이룬 통합국가, 국가 위상이 강화되고 글로벌 과제를 주도하는 세계 국가의 세 가지 모습을 강조하고 있다. 이러한 미래의 모습이 제시되면서 [그림 4-1]과 같이 일곱 가지 과제가 함께 제시되었다.

브라이슨(Bryson, 2011)은 비전 선언문이 전략적 기획의 마지막 단계에 나타나는 것이 바람직하다고 설명하기도 한다. 기획의 과정을 거치다 보면 구성원과 이해관계자의 폭넓은 합의가 필요하고, 그 결과에 따라서 비전도 달라질 수 있기 때문이다. 실제로 초기의 비전이 조직의 운영 과정에서 변화되는 경우가 많고, 경우에 따라서는 다양한 가치가 갈등하기도 하기 때문이다. 그러나 대부분의 경우에 전략적 기획의 초기에 비전을 개발하고 선언하는 것이 바람직하다고 설명한다.

(2) 비전의 기능

그렇다면 비전을 만들면 무엇에 좋은가? 대프트(Daft, 2002)는 비전의 역할을 다음과 같이 세 가지로 설명한다.

① 비전은 현재와 미래 시점을 연결한다.

비전은 현재 조직이 처한 상태에서 더 나은 상태로 나아가는 것이기 때문에 현재와 미래의 관계를 설명해 준다. 2018년 강원도 평창에서 개최되는 평창올림픽의 비전은 새로운 지평(New Horizon)이다. 아시아라는 새로운 무대에서 동계 스포츠와 강원도가 지속 가능한 발전을 하는 새로운 지평을 연다는 의미이다. 현재 시점에 직면한 즉각적인 문제를 해결하기 위한 방안은 미래에 열릴 새로운 지평과 연결되어 있다. 조직의 이해관계자가 새로운 지평에 공감하고 같은 미래를 향할 때 동일한 전략을 수용하고 바람직한 미래의 형성을 위하여 공동의 노력을 진행할 수 있다.

② 비전은 조직구성원들에게 활력을 불어넣고 애착을 갖게 한다.

사람들은 그들이 누리는 생활과 일이 의미 있다는 사실을 확인하고 싶어하는 경향이 있다. 좋은 비전은 사람들에게 도전 의식을 제고할 뿐만 아니라 자신이 하고 있는 일이 의미 있다는 사실을 확인시켜 주며 그 결과로 좀 더 열심히 일할 수 있도록 활력을 제공한다. 많은 조직구성원이 직장에서 활력과 열정을 잃는 주된 원인이 자신이 하는 일이 영감을 주지 못하기 때문이다. 그런 의미에서 아래 Box 4.4에 제시된 미국 대통령 케네디(John F. Kennedy)의 "나는 베를린 시민입니다" 연설은 공산주의와 대치하던 서베를린 사람들에게 의미를 부여하고 그 의미를 통하여 활력과 자본주의에 대한 애착을 갖게 하였다는 점에서 의미가 있다. 비전이 구성원들에게 의미를 줄 수 있고 그 의미가 나 자신을 넘어서서 전체 공동체를 위해 봉사하는 것이라면 전체 공동체를 위한 헌신의 마음을 불러일으킬 수 있는 것이다.

Box 4.4 나는 베를린 시민입니다.

2000년 전 가장 훌륭한 자랑거리는 "나는 로마 시민이다."이었습니다. 이제 자유세계에서 가장 훌륭한 자랑거리는 "나는 베를린 시민입니다(Ich bin ein Berliner.)"입니다.… (중략) … 자유란 불가분의 것인지라 단 한 명이라도 노예 상태에 있으면 모든 사람이 다 자유스럽지 못한 것입니다. 모든 사람이 자유를 찾는 날 이 도시가 하나가 되고 이 나라가 하나가 되고 위대한 유럽 대륙이 하나가 되어 평화롭고 희망에 찬 세계에 살게 될 그 날을 우리는 기대할 수 있을 것입니다. 마침내 그 날이 오면 (반드시 올 것입니다.) 서 베를린 시민들은 자신들이 20년 가까이 최전방에 있었다는 사실을 자랑스러워 할 수 있을 것입니다. 모든 자유인은 그들이 어디에 있건 베를린 시민이라 할 수 있으므로 저 또한 자유인의 한 사람으로서 "나는 베를린 시민입니다."라고 말할 수 있는 것이 자랑스럽습니다.
– 1963년 6월 26일, John F, Kennedy –

③ 비전은 조직구성원 모두가 지켜야 할 수월성의 기준을 제시한다. 비전은 직원들이 자신이 얼마나 기여해야 하는지를 가늠할 수 있는 기준이 될 수 있다. 그런 기준 없이 일한다는 것은 초점이 맞지 않는 안경을 쓰고 있는 것과 같아서 본인의 직무에 집중하기 어렵고 따라서 성과도 높아질 수 없다. 분명한 미래를 제시해 준다는 것은 직원들에게 큰 의미와 가치를 주는 것이다. 미래를 보여주는 것은 조직을 이끌고 갈 리더의 역할이지만 그것이 직원들에게 널리 확산될 때 큰 효과를 거둘 수 있다. 좋은 조직은 항상 모든 직원이 공유하는 비전을 갖고 있으며, 그 비전을 통하여 구성원들의 참여를 이끌어 내고 조직의 발전을 견인할 수 있다. 보스턴 필하모닉 오케스트라의 저명한 지휘자였던 벤저민 잰더(Benjamin Zander)는 "음악을 통하여 인간이 만들어 낸 가장 강력한 언어를 공유"한다는 비전을 설파하였다. 이러한 비전은 구성원들에게 높은 기준이 되어 전체의 성과를 높이는 데 기여할 수 있다.

Box 4.5 잰더(Benjamin Zander)의 비전과 리더의 역할

"리더가 할 일은 강력한 비전을 만들어서 지금까지는 꿈꿀 수도 없었던 일들이 실제로 일어날 수 있도록 하는 것이다. 리더는 아주 명쾌한 비전을 갖고 있어야 하며 매일매일 모든 구성원이 참여하여 그 비전에 맞추어 나가도록 하는 것이다."

요약하면, 강력한 비전을 만들 때 조직은 다가올 변화를 바람직한 방향으로 관리해 나갈 수 있고, 조직구성원들의 신념과 희망을 키울 수 있다. 따라서 전략적 기획을 위하여 높은 이상을 반영한 비전을 만들고 그 비전에 의하여 만들어진 목표를 향하여 나아가도록 하는 것이 중요하다. 따라서 좋은 비전의 구성 요소를 집약하면 Box 4.6과 같이 요약할 수 있다.

Box 4.6 좋은 비전의 구성 요소

- 짧을수록 좋다.
- 구성원에게 도전 의식을 준다.
- 바람직하고 높은 이상을 나타낸다.
- 구성원과 이해관계자의 마음을 끌고 감동을 준다.
- 어느 정도 지속성이 있어야 한다.
- 전략적 계획의 맥락 속에서 만들어져야 한다.

제 4 절 가치의 설정

조직이 추구하는 가치는 그 조직이 준수하는 기준이다. 즉, 공공조직이 활동하는 과정에서 직면하는 의사 결정의 상황에서의 판단 기준이다. 공공조직이 준수하는 가치는 공공가치 또는 공직가치의 형태로 나타난다. 공공조직은 공적인 목적을 달성하기 위하여 존재하는 조직이기 때문에 그 활동의 효과가 광범위하고 정당성을 확보하는 것이 중요하다. 민주주의 국가에서 공공조직은 공익, 형평성, 자유, 민주성, 책임성 등 매우 다양한 가치를 실현한다.

(1) 공익

공익(public interest)은 사회구성원들의 개별 이익의 총합으로 이해할 수도 있고 공동체가 추구하는 공통의 이익으로 이해할 수도 있다. 유명한 공리주의자 제레미 벤담(Jeremy Bentham)은 최고의 공익은 행복을 극대화하는 것이며 쾌락이 고통을 넘어서도록 하는 것임을 강조하였다. 그는 공동체를 평가절하하면서 허구의 집단으로 간주한다. 반면 아리스토텔레스(Aristoteles)는 공동체에서의 정치를 통하여 시민들이 좋은 삶을 추구하게 되며 좋은 인격과 좋은 시민이 양성되는 정치 체제가 공익에 충실한 사회라고 설명한다.

공공기관이 공익을 어떻게 이해하는가에 따라서 고객과 이해관계자에 대한 관점과 입장이 달라질 수 있다. 최근 많은 공공기관이 서비스 수혜자를 시민과 국민으로 이해하기보다 고객으로 인식하면서 경제적인 편익을 극대화하는 데 관심을 갖게 되었다. 그러나 공공기관이 운용하는 자원은 시민과 국민의 기여를 통하여 축적된 것이며, 이들이 제공하는 서비스의 혜택의 범위가 매우 높다. 이런 관점에서 공공기관이 지켜야 할 가치를 판단할 때 공동체 구성원의 지지와 동의, 그리고 개별 시민들의 정치적 역량 강화와 인격 형성을 중요한 공익적 가치로 수용할 필요가 있는 것이다.

의사 결정의 상황에서 공익에 대한 관점은 매우 중요한 판단 기준을 제시한다. Box 4.7의 내용은 20세기 초반 미국 루이지애나 주의 뉴올리언스 지역에서 발생한 사례이다. 뉴올리언스 지역에 기록적인 폭우가 내렸고 강물이 범람할 위기에 직면하게 되었다. 이때 뉴올리언스에 인접한 소도시의 결정은 공리주의 딜레마의 본질을 잘 보여준다. 해당 도시의 공무원은 피해자의 수를 최소한으로 할 것인가 아니면 같은 공동체 구성원이자 정부의 지지자인 소도시 시민의 피해를 막을 것인가를 두고 고민할 수밖에 없다. 공리주의적 입장을 따른다면 당연히 물길을 틀어 자신이 일하는 소도시를 침수시켜야 할 것이다. 하

Box 4.7 공익과 관련된 딜레마 상황

20세기 초반 기록적인 폭우로 미국 루이지애나 주의 뉴올리언스 시가 홍수 피해를 입기 직전이다. 뉴올리언스 일대에는 200만 명 이상이 거주하고 있었다. 그런데 물길을 틀어 다른 소도시를 침수시키면 2만 5천여명이 거주하는 지역이 침수되는데 그 경우 뉴올리언스 시의 피해 규모를 최소화할 수 있다는 분석이 제시되었다. 이 경우 소도시의 시장 또는 담당공무원은 어떻게 하여야 할까?

지만 공동체의 통합성과 정치적 가치를 생각하면 소도시를 지키고 대도시인 뉴올리언스를 침수시키는 대안을 선택해야 할 것이다. 이런 결정의 상황은 긴급하게 딜레마의 형식으로 나타나곤 한다. 공직자가 이런 상황에 대응할 수 있도록 조직의 미션, 비전, 가치를 확정하고 공유하는 것이 중요하다.

(2) 형평성

형평성(equity)은 공정성(fairness)이나 정의(justice)와 유사한 의미로 사용되는 개념이나 행정의 영역에서 더 많이 활용되었다. 일반적으로 형평성은 각자의 몫을 각자에게 합당하게 배분하는 것을 뜻하지만 1960년대 이후 행정학에서 많이 논의된 사회적 형평성은 좀 더 구체적으로 정의된다. 사회적 형평성은 동등한 입장에 처한 시민들에게 동등한 기회를 제공하고 동일한 서비스를 제시하지만 동등하지 않은 시민들에게는 동등하지 않게 처방할 것을 강조하는 가치이다. 형평성의 관점에 따르면 정부는 사회적 약자와 취약계층에 대한 특별한 배려를 위한 정책을 입안하고 서비스를 집행해야 하는 것이다.

유명한 행정학자 조지 프레데릭슨(George Frederickson)은 사회적 형평성의 가치에 대하여 "사회가 실업, 빈곤, 무지 등의 악순환에 사로잡힌 것은 관료제가 공리주의적인 총체적 효용의 개념에 사로잡혀

Box 4.8 월급은 식구 수대로

부산에서 복음병원을 세웠을 때 모든 것이 부족하고 어렵기만 하였다. 특히 병원 직원들의 월급이 문제였다. 모두 가난한 이들을 돕겠다고 스스로 나선 사람들이었지만 최소한 먹고는 살아야 일을 할 게 아닌가. 끼니조차 잇기 힘든 전쟁통에 장기려 박사는 병원 직원들과 그들에게 딸린 부양가족을 합치면 44명이나 되는 이들을 먹여 살릴 고민에 빠졌다. 그런데 그때 하늘에서 도와준 것처럼 미국의 한 선교회가 달마다 500달러를 지원해 주기로 약속한 것이었다. 많지 않은 돈이었지만 병원 식구들은 얼마나 감사하였는지 모른다. 그런데 장기려 박사는 또 고민에 빠졌다. '이 돈을 어떻게 나눠야 할까' 결국 그는 직원들을 모아놓고 말하였다. "월급은 식구 수대로 합시다. 식구 수대로 먹을거리가 있어야 하니까요." 오히려 직원들이 '원장님, 좀 이상하잖습니까?' 하고 쑥스러운 표정을 짓자 그는 "뭐가 이상한가? 난 아들하고 둘밖에 없는데, 돈 쓸 일이 뭐 있나" 하면서 자신의 결정을 밀고 나갔다. 그러니 병원 직원들은 아주 작은 월급이었지만 불만이 있을 턱이 없었고, 그들의 손끝 하나하나에는 환자를 대하는 정성이 가득하였다.

정치경제적으로 소외되어 온 소수집단에 대하여 무관심"(Frederickson, 2005, 31-38)하였기 때문이라고 언급한 바 있다. 공공기관에서 형평성을 중요한 가치로 삼는다는 것은 공리주의적 관점에서 벗어나 빈곤과 실업 등의 문제를 해결하는 데 기여한다는 의미이다. 아울러 사회적 약자가 정치적 · 경제적으로 많이 참여할 수 있도록 포용적 정책을 쓰는 것이 중요하다.

Box 4.8은 한국의 슈바이처라 불리며 가난한 사람들을 위한 무료 진료를 해온 성산(聖山) 장기려(張起呂) 박사의 병원 운영 원칙에 대한 내용이다. 이 사례는 사회적 형평성이 조직 외적으로만 중요한 것이 아니라 조직 내적으로도 중요한 원칙이라는 사실을 보여준다. 물론 개인적 신념과 관점에 따라서 장기려 박사의 정책에 찬성할 수도 반대할 수도 있을 것이다. 중요한 것은 사회적 형평성은 공공조직이 중시해야 할 가치이며 어떤 가치를 선택하더라도 그 가치를 공유하고 확산시키는 것이 매우 중요하다는 설명이다.

(3) 자유

자유(freedom)는 크게 두 가지로 구분할 수 있다. 간섭과 제약이 없는 소극적 자유의 상태와 본인이 원하는 것을 제약 없이 할 수 있는 적극적 자유이다. 자유주의 정치철학자 들은 국가의 기원을 설명할 때 자연 상태(the state of nature)를 가정한다. 원초적인 자연 상태에서 발생하는 공동체 내부의 갈등이나 외세의 침범을 해결하기 위하여 구성원들은 사회계약을 하고 그 결과로 국가가 형성된다는 논리이다. 따라서 이들의 관점에 따르면 정부는 시민들의 권리를 제약해서는 안 되며 그들이 자유롭게 목표를 추구할 수 있도록 보장해야 하는 것이다.

자유주의 정치철학자 가운데 유명한 존 로크(John Locke)는 "합법적 정부는 반드시 합의에 근거해야 한다. 우리는 자유롭고 독립적인 존재이지, 아버지의 권위나 왕의 신권에 종속되는 존재자가 아니기 때문이다. 우리는 선천적으로 자유롭고 평등하고 독립적이며, 어느 누구도 이 상태를 벗어나 자신의 합의 없이 다른 정치 권력에 예속될 수 없다."고 설명한다(정윤석, 2003: 113). 이 설명에 따르면 정부와 공공기관은 개인의 자유를 보장해야 할 책무가 있는 것이며, 나아가서 시민들이 자신의 의지를 실현할 수 있도록 서비스하는 것이 중요하다.

자유에 대하여 철학자 이마누엘 칸트(Immanuel Kant)는 "스스로를 취향과 욕구의 덩어리 이상의 존재로 생각해야 한다. 자유롭다는 것은 자율적이라는 뜻이고 자율적이라는 것은 내가 나에게 부여한 법칙에 지배된다는 뜻이다."(Kant, 2007)라고 자유를 규정한다. 이 개념에 따르면 인간의 본성에서 우러나온 이성은 욕구를 초월할 수 있으며 그 이성이 유도하는 법칙에 따를 때 진정한 자유가 실현된다. 결국 민주주의 사회에서의 공공기관은 시민이 공권력으로부터 자유로울 수 있도록 그리고 개인적 이익과 욕구에서 자유로워질 수 있도록 도덕적으로 성장하는 데 기여하는 것이 바람직하다.

아울러 시민들이 균등한 기회를 갖고 정치적·경제적·사회적 제약 없이 활동할 수 있도록 하는 적극적 자유를 보장하는 것도 중요하다. 그것은 사회적 형평성에서 논의한 것과 같이 시민들이 자신의 잠재적 능력을 충분히 발휘할 수 있도록 보장하고 다양한 필요를 충족시키는 것이 공공기관의 중요한 가치라는 입장과 연결된다. 사회적 계층과 입장의 차이를 넘어서 자신이 가진 잠재력을 충분히 발휘하도록 하는 것이 중요한 가치임을 수용하고, 사회적 약자를 위한 절차적 배려를 강화하고 언론과 결사의 자유를 통하여 자신들의 의견을 표명할 수 있도록 하는 제도를 수용할 필요가 있다. 남아프리카공화국의 넬슨 만델라(Nelson R. Mandela) 전 대통령은 자신의 자서전 『자유를 향한 머나먼 길』(2006)에서 자신의 자유에 대한 열망을 Box 4.9와 같이 설명하고 있다. 정부는 시민을 억압해서는 안 되며 특정 사회계급은 태생적으로 자유를 제약받을 수도 있다는 설명이다.

Box 4.9 넬슨 만델라의 『자유를 향한 머나먼 길』에서

내가 만약 다른 사람의 자유를 빼앗는다면 남에게 나의 자유를 빼앗긴 것과 마찬가지로 나는 진정으로 자유롭지 못하다. 억압하는 사람과 억압받는 사람은 마찬가지로 인간성을 상실하게 된다. 내가 감옥에서 풀려 나왔을 때 억압하는 자와 억압받는 자 둘 다를 해방시키는 것이 나의 사명이었다. …(중략)… 내가 언제부터 정치에 관심을 갖게 되었고 또 언제부터 자유를 위한 투쟁에 일생을 바치겠다고 결심했는지 정확히 기억할 수는 없다. 남아프리카에서 흑인으로 산다는 것은 그들이 태어나는 순간부터 그들의 인식 여부에 상관없이 정치화될 수밖에 없음을 의미한다.

(4) 민주성

위에서 언급된 가치들이 공공조직이 추구하는 궁극적인 목표에 해당하는 본질적 가치라면 민주성(democracy)은 목표를 달성하기 위하여 반드시 충족시켜야 할 수단적 가치에 속한다. 공공조직은 행정민주주의의 맥락에서의 민주성을 중시하여야 한다. 행정민주주의는 대의민주주의 체제에서 의회의 기능이 감소하고 행정부의 역할이 증가하면서 공공기관이 의사 결정하는 과정에서 필요한 대표성과 책임성을 높이기 위한 시도로 논의되기 시작한다.

『이코노미스트』지에 따르면 167개국의 민주주의의 현황을 분석할 때 2012년 현재 대한민국이 19위에 기록되었다. 이 조사는 선거 절차 및 다원주의, 시민의 권리, 정부의 기능, 정치 참여, 정치문화 등의 다섯 가지 영역을 계량화하였고, 완전한 민주주의, 결함 있는 민주주의, 혼합 체제, 권위주의 체제 등으로 구분하였다. 대한민국은 아시아 국가 중에서 가장 민주주의 지수가 높은 나라로 평가되었고, 세계에서 노르웨이가 가장 높은 지수를 기록한 반면 북한은 가장 낮은 점수를 기록하였다.

그림 4-2 **민주주의 지수**

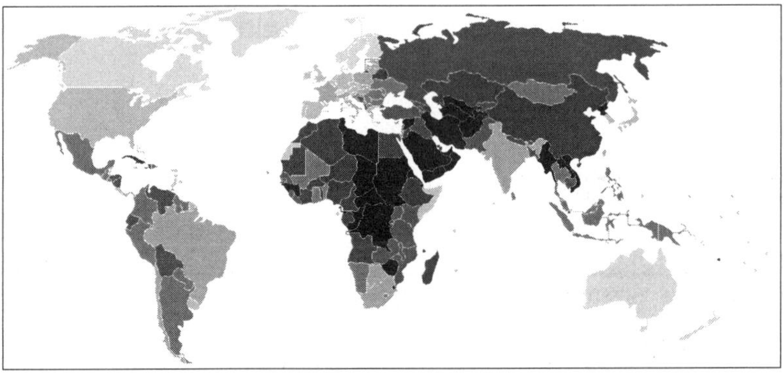

주: 색깔이 짙을수록 민주주의 지수가 낮음을 나타냄.

그러나 슈미터와 오도넬(Schmitter & O'Donnell, 1986) 그리고 안병영(2003)의 관점에 따르면, 민주주의의 개념은 그 전형으로 여겨진 자유민주주의를 넘어서 사회경제적 민주주의까지 나아갈 것을 요구한다. 즉, 진정한 의미에서 민주성을 실현하려면 개인의 재산권과 자유를 수호하기 위하여 형식적·절차적 맥락에서의 공정한 선거와 정치활동에 보장하는 것을 넘어서야 한다는 것이다. 사회경제적 민주성을 달성하려면 높은 수준의 참여, 분권화, 부의 형평성 있는 분배 등과 같은 실질적 의미의 평등을 실현하여야 하는 것이다. 슈미터와 칼(Schmitter & Karl, 1996)은 민주성을 양극단으로 나뉜 요소들을 균형적으로 혼합한 체제라고 설명하였으며, 공공기관에서 민주성을 실현하기 위하여 그 영역을 확대 또는 축소하는 과정이 필요할 것이다. 요약하면 한국의 공공기관에서 민주성을 주요 가치로 수용하기 위하여 개인의 재산권과 자유의 수호, 의사 소통과 협력, 권력과 부의 형평 분배 등의 목적을 균형있게 수행하기 위한 절차적·실체적 제도를 수용하고 국민들에게 그러한 서비스를 집행하는 과정이 필요하다.

민주성의 개념은 비단 공공조직 외부를 위한 것만은 아니다. 조직에 속한 개인과 조직 그 자체에도 민주성은 필요하다. 즉, 조직 외적으로 공공기관이 시민의 의사를 존중하여 시민의 요구를 수렴하고 반영시켜 대응성 있는 행정을 실현하는 것이 중시된다면, 조직 내적으

표 4-1 행정민주주의 구현을 위한 대안들

관점 / 분석 수준	네오베버리언 관점	해석적 관점	비판적 관점
개인	전략적 리더십	멘토링, 일과 삶의 균형	권한위임, 일선관료제 역할 강화
조직	행정개혁과 구조조정	비형식 학습	자율적 팀 역할의 제고/활성화
환경	의회 전문성 강화, 공공기관 협력 체계	유기적 집단화 전략	사회적 경제와의 연계

자료: 한상일·정소윤(2010)

로는 계급과 권한에 구속되지 않은 충분하고 자유로운 의사 전달이 가능하고 행정의 분권화, 자발적 의사 결정의 기회가 증대되고 능력 발전의 기회가 부여되는 것이 중요하다. 민주성의 실현을 위하여는 여러 가지 대안이 있을 수 있으며 대표적인 대안은 다음과 같이 요약될 수 있다.

(5) 책임성

① 책임성에 대한 고전적 설명: 프리드리히와 파이너의 논쟁

책임성(accountability)에 대한 초기의 설명은 칼 프리드리히(Carl J. Friedrich)와 헤르만 파이너(Herman Finer)의 논쟁에서 발견할 수 있다. 이들은 1940년대 초반부터 민주주의 국가에서 공직자들이 책임성을 갖게 하는 가장 좋은 방법이 무엇인지에 대하여 논쟁하였다. 이 논쟁에서 프리드리히는 자율적 책임성의 개념을 설명하면서 전문가로서의 직업 윤리에 입각해서 자발적인 재량을 발휘할 때 구현되는 책임을 강조한다. 즉, 공직자가 내면에서 우러나오는 책임감이라는 규범에 기초하여 국민의 요구를 이해하고 그에 따른 정책대안을 마련하는 것으로 이해한다. 그는 이러한 덕목이 개인적으로 또는 조직 내적으로 형성되는 것으로서 정치인이나 선출직 공무원에 의하여 확보될 수는 없는 것이라고 이해하였다. 그러나 파이너(Finer, 1941)는 객관적으로 확보될 수 있는 교정과 처벌을 위한 제도적 장치가 중요하다고 강조한다. 공직자나 공공조직 그 자체로는 공공선을 실현할 수 없기 때문에 내적 논리에 따라서만 행동하면 부패나 정책실패가 발생하기 쉽다고 주장한다.

이 논쟁은 향후 행정책임성의 개념의 발전에 중요한 지표가 되었다. 프리드리히의 내적 가치와 규범을 중시하는 관점은 개별 공직자의 책

Box 4.10 **책임성에 대한 파이너의 입장**

의무감(sense of duty)이나 책임감(responsibility)을 책임이 발생하는 사실, 즉 입증의 책임(answerability)과 구분하는 것이 매우 중요하다. 나는 주관적인 책임성 개념은 정직함을 지키는 것이건 자신의 신념에 충실한 것이건 혹은 특정 기능의 목표에 충실한 것이건 효율성을 유지하는 데 매우 중요하다는 사실을 다시 한 번 강조하고 싶다. 그러나 우리는 무엇보다도 공공조직을 지켜내기에 그런 종류의 주관적 책임감이 충분한 것인지를 분명히 이해해야 한다. 결국 정치적 책임감이란 공공조직을 감시하는 데 부차적일 수밖에 없다(Finer, 1941: 335).

임성을 계발하는 도덕적 훈련과 학습을 중시하는 이론이나 책임성을 높이기 위한 조직 내적 기준이나 규범의 마련을 중시하는 이론에 반영된다. 예컨대 매킨타이어(MacIntyre, 2007)의 덕의 윤리(virtue ethic)에 기반하여 외부의 유혹을 내적 도덕성의 발현으로 차단하기 위한 도덕적 관행과 교육을 중시하는 관점(Cooper, 2012) 등이 내적 책임성을 강조하는 유형에 속한다. 반면 조직 외적 통제와 제도적 설계를 강조하는 파이너의 관점은 헌정 구조나 법률적 제도 설계를 중시하고 외부 기관의 정치적 영향력을 중시하는 이론으로 발전된다. 미국 정부 관료제에서 근무하는 공직자가 정부에서 나름대로의 양식과 가치를 바탕으로 행동할 수 있는 것은 그들이 헌법적 정당성을 부여받고 헌법이 정한 제도 속에서 근무하기 때문이라고 주장하는 로(Rohr, 1986)의 헌법적 윤리론이 바로 외적 책임성을 강조하는 관점에 연결된다. 그리고 이들의 논쟁은 많은 책임성의 유형 분류의 중요한 기준이 되고 있는 내적·외적 책임성의 구분으로 이어지고 있다는 점에서 중요하다.

결국 행정책임성을 높이기 위하여는 도덕적 관행을 유지시키기 위한 교육 체계도 중요한 반면 헌정 구조나 법률 체계 속에서 제도를 설계하여 외적 통제를 강화하는 것도 중요하다는 사실이다. 즉, 책임성이라는 가치를 확산시키는 데 개인의 노력도 중요하지만 조직이 체계적인 제도적 설계를 하는 것이 필수적이다.

② 책임성에 대한 최근의 설명

최근 한국의 공공기관은 매우 다양한 양식으로 성장하고 있다. 국가가 성장하는 과정에서 정책 집행에 필요한 공기업과 준정부기관들이 증가하였고 정치적 지지를 유도하고 산업별 이익의 취합과 투입을 위한 비영리조직들도 증가하였다. 한국의 공공부문은 그림에 나타난 것과 같은 분화(hive-off)와 밀집화(hive-in) 현상을 보인다. 분화는 정부가 업무를 수행할 때 새로운 조직을 설립하는 현상이다. 정부조

그림 4-3 분화와 밀집화

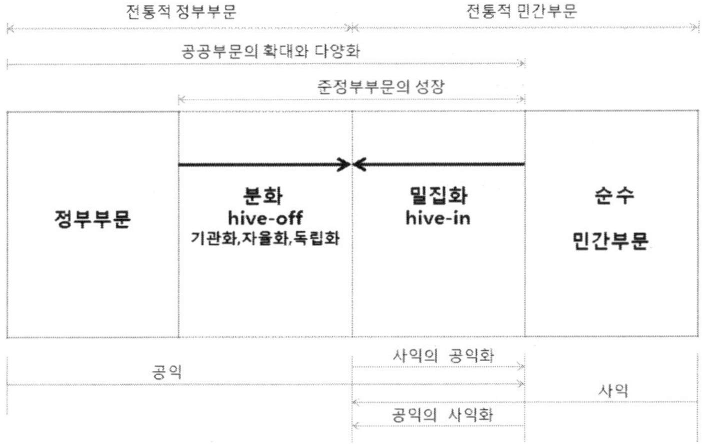

자료: 정무권·한상일(2009: 34).

직이 형성되면서 공기업, 준정부조직 등의 공공기관이 증가한다. 밀집화 현상은 정부가 수행할 업무를 대신 수행하기 위하여 설립된 비영리조직들이나 사회적 기업들이 공공기관의 업무에 참여하는 현상이다. 이러한 현상을 통하여 정부의 일을 다양한 기관들이 동시에 수행하는 현상이 나타나며 이때 중시되는 가치가 책임성이다.

공공기관이 다양해지면 책임성의 영역과 실체가 달라지고 제도적 구성도 달라져야 한다. 따라서 재정적 책임성, 관료제적 책임성, 법적 책임성, 정치적 책임성 등 다양한 유형의 책임성 개념을 평가하여 조직의 가치로 설정하는 것이 중요하다. 다양한 책임성에 따라서 시민들의 이익이 다르게 보장될 수 있으며, 평가 기준도 다양하게 도출될 수 있다.

아울러 협력적 책임성의 개념이 고려되어야 한다. 사회문제에 대하여 공공기관이 공동으로 문제를 인지하고 대안을 탐색하여 대안을 마련한 후 공동으로 책임지는 방식이 된다. 이와 같은 책임성을 강화하기 위하여는 암묵적 규범의 공유와 상호 존중, 호혜성과 공정성에 기반한 내부통제 등이 중요하다(엄석진, 2009). 조직 내, 조직간 상호 학습의 과정이 필수적이며, 특히 비형식 학습(informal learning)에 기반한 상호 이해가 필요하다. 비형식 학습이란 "공식적으로 구조화되거나, 제도적으로 지원받거나, 교실을 중심으로 한 활동 이외의 활동"(Marsick & Watkins, 1990: 6)을 말한다. 협력적 책임성을 확보하는 데 이러한 유형의 활동이 중요한 것은 성찰(reflection)을 통한 상호 이해에 도움이 되기 때문이다. 교실에서 교육자가 피교육자에게 전달하는 교육을 이용하기보다 비형식 학습을 통하여 자신을 돌아보고 새로운 발전의 계기를 발견할 뿐만 아니라 상호 협력을 활성화할 수 있다. 이와 같은 비형식 학습의 개념이 강조된다면 다중 이해관계자 책임성(multi-stakeholder accountability)의 개념에 주목할 필요가 있다. 조직이 운영되는 과정에서 개입하는 다양한 이해관계자들을 나열하고 이들과의 관계를 고려하여 의사 결정에서 이들의 참여와 개입을 보장할 경우 협력적 책임성의 체계는 어떻게 구현할 것인지에 대한 고민이 필요하다.

제 5 절 미션, 비전, 가치 그리고 성과

공공조직이 미션, 비전, 가치를 정하는 것은 성과 기준을 결정하기 위함이다. 조직이 지향하는 비전과 가치를 얼마나 실현하고 있는지가 조직의 목표가 되고 그 목표의 달성 정도에 따라서 성과가 결정된다. 성과는 조직이 달성해야 할 목표를 몇 가지 주요 영역으로 구분하여 정량적·정성적 기준에 따라 평가한다. 성과의 기준은 다음과 같은 몇 가지 기준에 따라서 정해진다.

① 전략적 성과 목표는 가능한 한 명백하고 측정 가능해야 한다.
② 전략적 목표는 도전적이어야 하지만 달성 가능해야 한다
③ 전략적 목표는 성과의 측정 기준과 연계되어야 한다.
④ 전략적 목표는 문서로 기록해야 한다.

위와 같은 네 가지 기준에 따라서 성과 목표가 정해지면 미션, 비전, 가치, 목표를 구체화하여 도표로 제시하고 핵심 성과 기준을 제시할 필요가 있다. 그리고 성과 기준은 모든 조직구성원이 공유할 수 있도

록 문서화하여 배포하고 지속적인 학습과 토론의 과정으로 구체화해야 한다.

제4장의 마무리 사례는 조직의 목표와 현실 사이에서 갈등하는 한 지방공기업의 사례를 설명하고 있다. 최근 지역의 역사, 문화, 생태자원을 체계적으로 개발하여 지역 관광산업의 효율성을 제고하기 위한 목적으로 설립되는 지방공기업이 증가하고 있다. 이러한 지방공기업은 지방자치단체의 지원으로 운영되는 경우가 많지만 최근 정부의 재정적 역량이 줄어들면서 수익사업의 발굴이 매우 중요한 과제가 되었다. 그러나 수익사업을 위하여 다른 기관과 연계하는 과정에서 본연의 목적이나 비전을 훼손하는 경우도 증가하고 있다. 과연 수익사업을 위하여 다른 기관과 연계할 때 조직의 목표의 변화를 감수해야 하는지 아니면 본연의 목표를 지켜야 하는지 토론해 보자.

마무리 사례: B지방관광개발공사

채시은 씨는 구성된 B지방관광개발공사(이하 공사)의 사장으로 근무하고 있다. 그녀는 가장 절친한 친구이자 이사인 정지현에게 전화를 걸어서 진실된 조언을 구하고 있다.

"지현씨, 오늘 메일로 보내준 연간 활동 사항을 같이 좀 봤으면 좋겠는데 말야 좀. 이야기할 수 있을까?"

정지현 씨가 대답한다

"근데. 아직 못 봤어."

"그래. 그래도 얘기 좀 했으면 좋겠어. 지금 통화 좀 할 수 있을까?"

"물론 괜찮지. 문제가 뭔데?"

"활동 사항 1번에 보면 동건씨가 확실하다고 한 9억짜리 보조금 제안서 말인데….”

이동건 씨는 새로 공사의 신사업개발 TF에서 일하고 있는 그 분야에서 존경받는 인물이다. 그는 인근 지역의 한 공기업에서 이직해 왔고 채시은 씨가 직접 뽑았다. 뽑을 때 사업 개발에 유능한 장점이 있는 점이 고려되었다.

“지금 동건씨가 딱 2개월 일하고 보조금 9억 얻어 내는 게 문제라고 생각하는 거야?”

“문제지. 보조금은 강변 길가에 방치되어 있는 가옥 두 채를 복원해서 저소득층을 위한 주택으로 사용하기 위한 거거든.”

“너무 좋다. 우리는 새로운 사업을 하려고 하였고 오래된 가옥도 복원하려고 했잖아.”

시은씨는 답했다.

“아니야, 좋은게 아니지. 그 돈은 전국 지방자치단체들이 저소득층에게 주택을 보급하려고 마련한 기금에서 나오는 건데. 그 사람들은 지금 역사나 관광사업에 대하여 전혀 언급을 안 하고 있거든.”

“그래서?”

“지현씨, 우리는 지금 관광 개발이나 역사 보존을 하고 있는 거라고. 저소득층 지원 일을 하는게 아냐. 우리 조직 이름을 다시 알려줘야 되나?”

“그 보조금이 9억짜리 아냐?”

“그거는 중요한 게 아냐. 우리 조직 목표를 읽어주지: B지역의 역사, 문화, 자연, 생태자원 등을 체계적으로 개발, 홍보하고 지역관광의 효율성을 제고하여 지역경제 활성화에 기여한다.”

“지현씨가 무슨 생각을 하는지 나도 아는데 우리 공사 사장으로서 나도 그렇고 지현씨하고 다른 이사들도 그렇고 우리 공사의 목표를 달성하는 데 책임이 있다는 거지. 돈을 받아서 사업을 하는 것은 아주 지엽적인 거라고. 그렇게 하면서 우리 실제 목표가 엉뚱한 걸로 바뀔 수도 있는 거라고. 보조금 받는 게 최악이 될 수도 있다고 생각해."

"시은씨, 그 보조금을 우리가 안 받으면 저소득층에 대하여 전혀 신경 안 쓰는 보수 꼴통으로 몰릴 텐데… 그리고 동건씨는 그런 일하라고 데려온 거 아냐?"

"나도 알아. 그래서 지금 지현씨하고 이야기하고 있는 거 아냐. 나도 물론 실제로 저소득층 주택 보급에 반대 안 하는데 뭐. 지금 내 주장이 반대하는 걸로 보일 수도 있겠지. 동건씨 하고 다투는 걸로 보일 수도 있고… 근데 그게 우리가 엉뚱한 일을 하게 만들 수도 있을 것 같아서 그래."

1. 정지현 씨의 입장에서 채시은 씨에게 어떤 제안을 할지 체계적으로 설명해 보시오.
2. 채시은 씨의 입장에서 이동건 씨에게 어떤 의사를 어떤 방식으로 전달할지 설명해 보시오.

제4장 요약

1. 전략적 리더십은 환경의 변화 동향을 설득력있게 전파하고 과감하게 권한 위임하면서 높은 비전과 사명을 제시하여 명확한 목표로 성과를 높여가는 리더십이다.

2. 미션은 조직의 존재 이유이며 전략적 기획의 출발점으로서 조직의 목적을 포괄적으로 정의하면서 지속 가능해야 하고 조직의 독특성

을 강조해야 하며, 어떤 일을 하는지를 설명해 줄 수 있어야 한다.

3. 비전은 바람직한 미래의 상태로서 좋은 비전은 조직의 현재와 미래를 연결해 주며, 조직구성원에게 활력을 불어넣고 애착을 갖게 하며, 수월성의 기준을 제시한다.

4. 좋은 비전은 짧을수록 좋고, 구성원에게 도전 의식을 주며, 바람직하고 높은 이상을 나타내고, 구성원과 이해관계자에게 감동을 주며, 지속성이 있고, 전략적 기획의 맥락 속에서 만들어진다.

5. 공공기관이 추구하는 가치는 의사 결정 과정에서의 판단 기준이 되며, 공익, 형평성, 자유, 민주성, 책임성 등으로 구성되는 다차원적 개념이다.

6. 공공기관의 전략적 성과 목표는 가능한 한 명백하고 측정 가능해야 하며, 도전적이어야 하지만 달성 가능해야 하며, 성과의 측정 기준과 연계되어야 하며, 문서로 기록해야 한다.

제 5 장

환경분석

들여다보기: 워크아웃 타운미팅

타운미팅(town meeting)은 영국 식민지 시대 미국 뉴잉글랜드 지방에서 시작된 자발적 참여에 기반한 정치사회적 제도이다. 지역 사람들이 정해진 시기에 한자리에 모두 모여 토론을 하고, 대표를 선출하고, 법과 절차, 정책에 대한 다양한 결정을 내리는 제도이다(김형호·송경재, 2011). 미국의 다국적 기업으로 유명한 제너럴 일렉트릭(General Electric: GE)은 타운미팅을 응용한 워크아웃 타운미팅(work-out town meeting)이라는 프로그램으로 유명하다. 이 모임은 전체 직원들이 일터에서 떨어진 장소에서 2~3일 동안 타운미팅을 하고 허심탄회하게 토의 한 후 이에 대한 구체적이고 획기적인 개선 대책을 협의 결정하여 전략적 기획을 수립하는 과정이다. 즉, 문제 해결을 집단적으로 접근하여 실행에 옮기고 결과를 확인하는 프로그램이다.

GE에서의 이 프로그램은 매우 성공적이었고 그 성공의 요인은 문제에 대한 창의적인 분석과 제안, 구체적인 실행계획, 추진을 위한 조직과 리더의 육성, 공통의 관심사로서 조직 목표, 쾌적하고 편리한 회의 장소 등으로 제시된다. 자세히 설명하면 워크아웃 타운미팅에서는 모든 조직구성원이 모여 자신들의 입장에서 제안과 문제 제기를 하기 때문에 기존 회의에서는 다루어지지 않는 새로운 대안들이 제시된다. 그리고 장기간 논의가 보장되기 때문에 구체적인 실행 계획을 세울 수 있다. 이 과정은 자연스러운 참여와 토론으로 지속되기 때문에 조직에서 리더를 양성하는 좋은 기회가 된다. 마지막으로 GE의 워크아웃 타운미팅이 개최되는 크로톤빌(Crotonville) 연수원, 즉 웰치 리더십개발센터(John F. Welch Leadership Development)는 넓은 공간에 쾌적한 시설을 갖추는 데 아낌없는 투자를 하기에 많은 직원이 자유롭게 새로운 아이디어를 개진할 수 있는 환경이 조성되는 것이다.

이러한 혁신 프로그램을 통하여 조직 내외의 환경 변화에 대한 토론과 평가가 이루어진다. 일반적으로 환경분석은 고난도의 분석기법을 동원하여 전문가 집단이 이루어 내는 것으로 인식된다. 그러나 조직의 비전과 현실, 그리고 미래로의 발전을 위한 전략을 가장 잘 분석해 낼 수 있는 사람은 바로 조직 내외의 이해관계자들이다. 이들이 조직에서 한 발짝 떨어진 상태에서 객관적으로 문제를 분석할 수 있는 기회를 부여받으면 누구보다 정확한 환경분석이 가능하다. 나아가서 환경에서 유발되는 문제를 해결할 대안을 가장 잘 기획하고 발전시킬 수 있는 사람들도 조직 내외의 이해관계자들이다.

타운미팅의 방식은 본디 공공부문에서 개발된 방법으로 버락 오바마(Barack H. Obama) 미국 대통령은 인터넷을 통하여 소통하는 타운홀 미팅(e-townhall meeting)을 진행하여 소통의 도구로 활용하고 있고, 한국에서도 각급 지방자치단체에서 지역 갈등의 해결을 위한 수단으로 활용하고 있다. 이러한 조직 내외의 환경분석과 문제 해결의 기법은 한국의 정부조직뿐만 아니라 공공기관에서도 널리 활용된 바 있다. 워크아웃의 과정을 통하여 다양한 토론을 하고 토론의 장소도 본사뿐만 아니라 지방지사에서도 1박 2일의 절차를 정하여 진행하는 경우가 증가하고 있다. 이 과정에서 주제별로 문제점과 개선 방안을 토론하여 차세대 성장 동력에 대한 많은 아이디어를 얻게 되었고, 주제별 발전 방안을 마련하였다. 이렇게 마련된 방안들은 모두 조직의 목표와 비전과 연계되어 실행 방안으로 도출되었다.

모든 현대 조직은 환경 속에서 작동하며 공공기관도 마찬가지이다. 이 책의 앞부분에서 설명한 전략적 기획의 개념도 변화하는 환경의 맥락에서 다가올 미래에 대비하는 활동을 강조하였다. 외부 환경을 평가하는 것도 중요하지만 내부 환경을 이해하는 것도 중요하다. 따라서 전략적 기획 위원회에서는 다양한 정보를 수집하고 외부 환경과 내부 운영 과정에 대한 정보를 객관적으로 분석할 필요가 있다. 정보를 수집하는 일에는 시간이 필요하지만 문제와 과제들이 나타나고 정확하게 식별될 때 결론으로 넘어가기도 쉬워진다.

제 1 절 환경분석의 목적

환경분석을 하는 이유는 조직이 환경의 어디에 속해 있고 어떤 기능을 하는지를 전반적으로 이해하는 것으로 알려져 있으나 몇 가지 구체적인 목적이 있다. 그 목적들은 다음과 같다.

1. 조직 외부에서 만들어지는 정보의 흐름을 분류하고 정리하기 위하여
2. 조직에 영향을 주는 현재의 중요한 이슈를 밝히고 분석하기 위하여
3. 조직에 영향을 줄 것으로 예상되는 지금 새롭게 등장하는 이슈를 찾고 분석하기 위하여
4. 조직에 중요한 영향을 주는 미래의 이슈를 생각해보기 위하여
5. 조직의 사명, 비전, 가치, 목적, 내적분석, 전략의 발전을 위하여 정보를 조직화하고 제공하기 위하여
6. 조직 전체에 전략적 사고를 확산시키기 위하여

외부 환경에 대한 정보는 많다. 그런데 그 정보가 좀 더 의미 있기 위하여 관리자들이 정보를 잘 수집하고 분류해야 할 뿐만 아니라 그 출처에 대하여도 잘 식별해두어야 한다. 정보가 한번 분류되고 나면 조직에 중요한 영향을 주는 이슈가 무엇인지를 찾아내고 그 맥락을 이해할 수가 있다. 이러한 과정을 통하여 관리자들은 조직의 환경 변화를 나름대로 이해할 수 있게 된다.

현재 조직에 중요한 이슈를 찾아내는 것뿐만 아니라 미래에 중요한 이슈도 미리 이해할 수 있다. 현재는 미약한 신호만 있다고 하더라도 미래에는 중요한 영향을 줄 수가 있고 중요한 도전이 될 수가 있다면 초기에 문제를 찾아내는 것이 중요해진다. 전략적 관리자는 미래에 도래할 업무 영역 전반에서의 변화를 인식하는 것이 중요하다. 이 과정에서 조직의 현재와 미래에 대하여 좀 더 창조적인 사고를 하게 되

면 그러한 사고는 비전을 만들고 전략을 개발하는 데 매우 중요하다. 조직의 고위관리자, 중간관리자, 일선관리자들이 조직과 환경, 혁신 등에 대하여 사고할 때 재화와 서비스의 수준이 높아진다. 조직에서 발생하는 전략적 사고는 환경에 대한 적응성을 높일 수 있다.

제 2 절 환경분석의 한계

환경분석이 매우 중요한 과정인 것은 사실이지만 반드시 성공적으로 이루어진다는 보장은 없다. 실제로는 조직에서 환경의 다양한 요소들을 평가하는 데 많은 어려움이 따른다. 그 어려움은 다음과 같다.

1. 환경분석은 미래를 완전히 예측할 수 없다.
2. 관리자가 모든 것을 관찰해 낼 수 없다.
3. 가끔은 중요하고 절실한 정보를 얻기 어렵다.
4. 외부에서 사안이 발생하는 시점과 관리자들이 그것을 해석하는 데 시차가 있을 수 있다.
5. 가끔은 시급한 문제에 대하여 조직이 충분히 빨리 대응할 수 없을 때가 있다.
6. 관리자의 확고한 신념이 합리적으로 문제를 밝히고 해석하는 것을 제약할 수 있다.

아무리 포괄적이고 잘 조직화된 환경분석이라고 하더라도 모든 변화를 적절하게 이해할 수는 없다. 특히 기존에 잘 나타나지 않았던 현상들은 잘 감지되지 않는 경우가 많다. 환경분석에서 가장 문제시되는 부분은 관리자의 선입견이다. 많은 경우에 이미 관리자들은 중요한 정책 영역이나 특정 기관들, 그리고 사회적 이슈에 대하여 선입견을 갖고 있는 경우가 많고 환경에서 나타나는 신호를 자신의 관점에서 해석하는 경우가 많다. 그들의 신념이 강할수록 그들이 중시하지 않지만 실제로는 중요한 요소들이 배제되는 경우가 많다. 많은 공공조직에 대하여 변화를 요구하는 다양한 징후가 나타남에도 불구하고 실제로 변화를 실현하는 조직이 많지 않은 것은 바로 이러한 이유 때문이다.

제 3 절 환경의 개념과 구성 요소

조직의 환경은 조직의 외부에 있으면서 조직에 영향을 주는 다양한 요소이다. 조직과 환경은 지속적으로 변화한다. 따라서 공공기관은 조직 외부에서 변화하는 환경에 대하여 주의를 기울여야 한다. 공공조직에도 다양한 환경이 있으며, 이러한 환경은 끊임없이 변화한다. 따라서 공공기관은 이러한 환경 변화에 관심을 갖는 것이 중요하다.

공공기관의 환경은 이미 제2장에서 설명한 바 있고 [그림 5-1]에 잘 나타나 있다. 환경은 일반환경과 과업환경으로 구분된다. 일반환경은 기술적 · 법률적 · 정치적 · 경제적 · 문화적 · 생태학적 · 인구학적 환경 등으로 구분되며, 기관의 특성에 따라서 새로운 환경 요소를 추가할 수도 있고 제거할 수도 있다. 각각의 일반환경 영역에 어떤 환경 요소들이 속하는지도 제2장에서 이미 설명하였다. 그리고 특정환경은

그림 5-1 공공기관의 환경

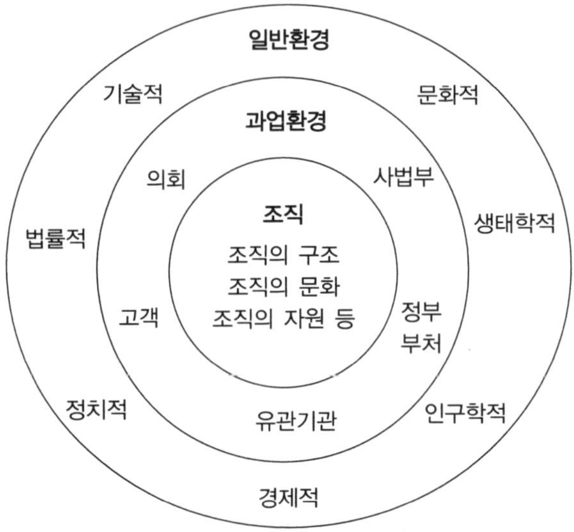

개별 공공기관이 일상적으로 교류하는 다양한 환경 요소들이 속한다. 특정환경 요소도 기관마다 나름대로 결정하는 것이 바람직하다. 일반환경과 특정환경 모두 지속적으로 변화하기 때문에 환경이 어떻게 변화하는지에 대하여 수시로 점검할 필요가 있고, 장기·단기로 구분되는 환경의 변화를 영역별로 진단할 필요가 있다.

제 4 절 환경분석의 과정

환경을 분석하는 기법은 매우 다양하며, 각각의 기법마다 독특한

그림 5-2 환경분석의 과정

1. 환경의 탐색	2. 환경의 관찰	3. 환경의 예측	4. 환경의 평가
• 외부 환경에 존재하는 정보의 검색 • 정보를 원하는 영역별로 조직화 • 중요한 이슈의 선정	• 자료원의 발굴 • 환경 데이터베이스의 구축 • 쟁점에 대한 확인 및 반증 • 쟁점상의 변화 정도의 판단	• 추세, 발전 방향, 딜레마, 발생 빈도의 정리 • 쟁점들 사이의 관계나 환경과 쟁점 간의 관계 설명 • 대안의 개발과 결과 예측	• 예견된 쟁점이 조직에 갖는 의미 평가 • 비전, 미션, 내부 역량분석, 전략적 기획의 형성 과정에 대한 영향력의 분석

자료: Ginter, Swayne, & Duncan(1998: 115).

과정에 따라서 분석이 이루어진다. 그러나 어떤 분석기법을 선택하더라도 환경분석을 위하여는 [그림 5-2]와 같은 네 가지 과정은 반드시 거쳐야 한다: (1) 환경 변화의 징후 탐색, (2) 밝혀진 이슈의 관찰, (3) 미래의 변화에 대한 예측, (4) 변화가 조직에 유발하는 의미의 평가.

(1) 외부 환경의 탐색

환경을 탐색하는 과정은 조직의 창을 통하여 밖을 내다보는 과정에 비유된다. 외부 환경에 있는 정보가 직접 들어오기보다는 대부분의 경우 공공기관의 탐색 과정을 통하여 걸러진 다음에 수용되는 것이다. 이러한 창을 통하여 관리자들은 다음과 같은 세 가지 일을 하게 된다.

- 외부 환경에 있는 정보를 검토하고,
- 외부 환경의 정보를 몇 가지 영역으로 조직화하며,
- 각각의 영역별로 중요한 정보를 배열한다.

그림 5-3 환경 탐색의 개념

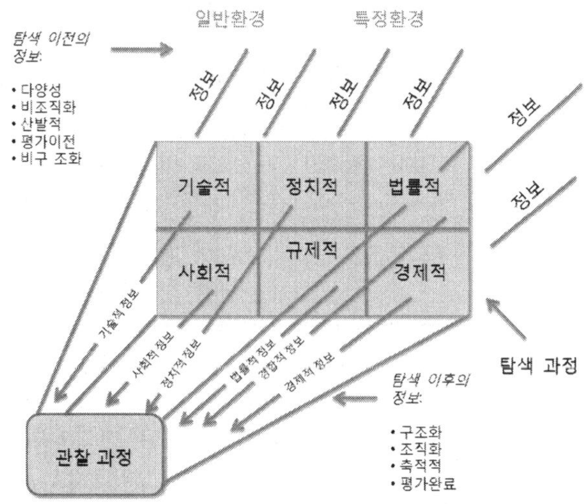

자료: Ginter, Swayne, & Duncan(1998: 115).

환경의 탐색은 [그림 5-3]과 같이 외부 세계에 대한 창문 또는 렌즈로 개념화할 수 있다. 탐색 기능은 현재의 추세 또는 다가오는 중요한 추세에 대하여 렌즈를 옮겨가면서 초점을 맞추는 과정이라고 할 수 있다. 렌즈를 사용하여 다양한 정보를 수집하고 의미있는 영역으로 모을 수 있는 것이다. 따라서 외부 환경에서 만들어진 정보는 탐색 과정을 통하여 조직화된다. 이러한 해석의 과정에 앞서서 정보는 다양하고, 비조직화되며, 산발적이고, 혼합적이기 마련인데, 이러한 정보를 영역별로 모으고 조직화하고 평가하는 것이 바람직하다.

① 정보의 유형

정보를 관찰하고 분석하기 위하여는 논리적인 영역에 따라서 정보를 분류하는 것이 중요하다. 정보를 분류하는 유형을 만들면 정보를 수집하기도 좋고 정보가 조직에 미치는 영향을 사후에 평가하는데도 좋다. 공공기관의 환경분석에서 가장 많이 활용되는 유형 분류 기준은 사회적 · 정치적 · 경제적 · 기술적 · 법률적 환경 등이다. 그러나 조직의 맥락에 적합한 유형을 나름대로 도입하는 것이 바람직하다.

② 정보의 출처

환경에 대한 정보를 제공할 수 있는 출처는 매우 다양하다. 조직이 환경의 변화를 적절하게 이해하기 위하여는 신뢰성 있는 정부원으로부터 자료를 얻는 것이 중요하다. 정보의 출처는 직접적 정보원과 간접적 정보원으로 구분할 수 있는데 일반적으로 직접적 정보원의 신뢰성이 높다. 그리고 정보의 성격에 따라 양적 자료와 질적 자료 수집 방법이 있다. 이 두 가지 정보는 균형되게 수집하는 것이 유용하고 자세한 내용은 다음과 같다.

- 양적 자료(quantitative data) : 양(量)이라는 용어는 영어의 quantity에서 유래한 것이다. 즉, 어떤 사물이나 현상을 측정할 수 있다는 의미에서의 양을 뜻한다. 따라서 양적 분석은 사업의 집행 결과를 수치화해서 수치로 나타난 결과를 비교 평가한다는 것이다. 구체적인 분석 방법은 아래에 설명된 바와 같다.
- 지표 : 인구주택총조사(census) 등과 같은 목적으로 수집된 사회적 · 경제적 수치이다. 정부가 주택 보급 확대정책에 착수하면서 주택보급률을 5%가량 높이는 것을 목표로 정했다면 정책 시행 이후의 주택 관련 지표를 분석하여 성과를 판단할 수 있다. 5% 이상의 증가가 있었으면 목표를 달성한 것이고, 아니면 달성하지 못한 것으로 판단한다. 분석하기 쉬운 자료로 제공되므로 저렴한 비용으로 자료를 수집할 수 있다.

- 서비스 통계 결과: 서비스를 받는 고객에 대하여 조사한 결과이다. 민원서류 발급기를 설치하여 공공기관 방문 필요를 없애는 논스톱 서비스(non-stop)를 제공한 후 공공기관에서 실제로 방문자 수가 줄어들었는지를 판단하려면 방문자 수 통계를 활용할 수 있다. 방문자 수가 확연하게 줄어들고 민원서류 발급기의 이용자가 늘었다면 효과적인 수단이었다고 판단한다.
- 설문조사 결과: 서비스에 대한 만족도 조사를 공공기관에서도 성과평가의 일환으로 실시하는 것이다. 특정 공공기관에서 민원인이 다른 공공기관에도 방문해야 하는 번거로움을 없앨 목적으로 원스톱(one-stop) 서비스를 시행하였다고 가정하자. 그 서비스의 성과를 평가하기 위하여는 실제로 고객들이 편리하게 느끼는지를 설문지를 통하여 묻고 그에 대한 대답으로 성과를 판단할 수가 있는 것이다. 이와 같은 조사를 통하여 서비스를 이용한 고객들의 상태 변화나 의식의 변화 등을 통하여 서비스가 제공되는 패턴도 분석할 수 있다. 그리고 고객들의 변화를 통하여 서비스의 효과성도 판단할 수가 있다.
- 질적 자료(qualitative data): 질적이라는 용어는 영어의 quality에서 유래한 것이다. 단어가 뜻하는 바는 '무엇의 근본적인 속성'을 뜻하는 것으로 질적 연구에 활용될 때 그 용어는 의미, 특징, 개념, 상징, 느낌 등과 같은 특성을 가리킨다. 그런 의미에서 질적 방법은 면접조사, 참여관찰, 전문가의 판단, 그리고 일선관리자의 판단 등으로 구성된다.
- 면접조사 결과: 어떤 주제에 대하여 응답자의 생각이나 느낌을 자유롭게 이야기하게 함으로써 응답자의 내면에 자리 잡고 있는 욕구·태도·감정 등을 발견하는 조사이다. 면접자는 미리 준비

한 면접지침서에 따라 진행하는데, 면접자의 편의에 따라 질문의 순서와 내용을 다소 조정할 수 있어 심도 있는 질문이 가능하다. 공공 서비스의 특성상 사회적 관계나 개인적 감정과 느낌의 발전을 평가해야 한다면 면접조사가 적절하다. 면접조사는 면접자의 면접 능력에 크게 의존하는 방법이므로 숙련된 면접 능력과 분석 능력이 요구된다. 면접 결과는 정해진 양식에 따라서 질문을 던지고 그에 대한 답을 청취하는 표준화 면접조사(standardized interview), 질문을 미리 준비하지만 즉흥적인 질문도 적절하게 묻는 반(半)표준화 면접조사(semistandardized interview), 그리고 매우 자연스러운 분위기에서 미리 준비한 질문을 활용하지 않는 면접 방법인 비표준화 면접조사(unstandardized interview)로 구분된다.

- 전문가의 판단: 해당 분야의 전문가의 견해를 중심으로 평가하는 방법이다. 공공 서비스의 수준과 기관의 효율성을 매우 객관적으로 평가할 수 있는 전문가에게 조직의 성과나 사업의 성과를 문의하는 방식이다. 여기서 전문가의 선정은 매우 중요하다. 해당 분야에 매우 정통해야 하며, 객관적인 관점을 유지할 수 있는 전문가를 활용해야만 정확한 성과측정을 할 수가 있기 때문이다.
- 일선관리자의 판단: 실제 업무를 수행하는 사람에게서 나오는 경우가 많다. 일선관리자의 판단은 주기적으로 일선관리자들의 판단을 묻고 이를 근거로 평가하는 방식이다. 실제 업무를 가장 잘 이해하고 매우 광범위한 분야에서 행정 서비스가 제공되고 있다면 세부 영역의 일선담당자의 견해를 바탕으로 평가하는 것이 매우 유용하다. 그러나 일선관리자들의 개인적인 편견과 성향이 평가에 영향을 미칠 수 있고, 그 평가 수치를 일선관리자들의 성과

를 측정하는 자료로 활용한다면 조사 결과를 의도적으로 왜곡시킬 가능성도 있다.

③ 환경의 유형별 정보의 탐색

[그림 5-3]에서 제시된 각각의 환경은 사회적 · 정치적 · 경제적 · 기술적 · 법률적 · 규제적 환경으로 구분되며, 그 중요성은 다음과 같이 설명할 수 있다.

사회적 환경분석은 변화하는 사회 현상과 가치관이 해당 기관에 미치는 영향을 평가하는 것이다. 저출산 고령화 현상, 가족구조의 다양화, 다문화 현상, 개인주의화 현상 등은 공공기관에도 많은 영향을 준다. 저출산 고령화는 세대 간 인구구조의 차이를 유발하며, 이에 따른 공공기관의 서비스 제공 추세의 전환을 요구한다. 가족구조의 다양화나 다문화 현상은 과거에는 없던 서비스 제공을 요구한다. 이런 현상에 대응하기 위하여 새로운 제품이나 서비스를 만들어야 할 것이며, 이는 조직혁신을 필요로 한다.

정치적 환경분석은 해당 기관에 대한 정치적, 정책적 니즈(needs)를 분석하는 과정이다. 정치적 환경 변화는 공공기관의 가치에도 변화를 가져온다. 민주성과 형평성의 강화와 자유와 효율성의 강화 사이에서 공공기관은 적절한 가치를 수용해야 하며, 가치에 맞는 정책을 형성하고 집행하게 된다. 민간기업과 비교할 때 공공기관은 특히 정치적 환경에 민감하며 정치적 민주화의 진전과 정치 체제의 변화에 대응할 능력을 발휘하는 것이 중요하다.

기술적 환경분석은 조직의 생산성에 영향을 주는 기술 여건과 융복합 기술의 변화를 분석한다. 따라서 국제적 수준에서 조직의 활동과 연관된 최신 기술이 무엇인지 이해하고 만약 기술의 격차가 있다면 격차를 좁히기 위한 전략을 수립하는 것이 중요할 것이다. 최근 기술적 발전은 융복합 분야에서 주도하는 경향이 있다. 관련된 융복합 기술을 발굴하여 신성장 동력으로 발전시키는 것은 조직의 핵심 역량을 제고하고 경쟁 우위를 점하는 중요한 계기가 되기에 중요하다.

경제적 환경분석은 산업과 시장의 구동력이 어디 있는지를 찾는 것이다. 소비자들의 기호가 변화하고 시장의 영역이 변화함에 따라서 공공기관의 역할도 달라진다. 최근 안전과 건강을 중시하는 추세가 강화되고 소득의 증대로 인한 구매 욕구가 증가함에 따라 공공기관이 어떤 역할을 수행할 것인지를 분석하는 것이 중요하다.

법률적·규제적 환경분석은 국가가 정하는 법률 체계의 변화 추세와 규제의 동향을 이해하는 과정이다. 법률적 환경은 다른 환경보다 매우 천천히 변화한다. 그러나 글로벌 환경의 변화에 따라서 다양한 환경 규제와 경제 규제는 법률 체계의 변화를 가져온다. 따라서 공공기관은 국제기구의 정책과 그에 따른 국제사회의 변화를 주도 면밀하게 분석하여 조직의 변화에 반영해야 한다.

(2) 외부 환경의 관찰

환경의 변화를 관찰하는 것은 탐색 과정에서 밝혀진 중요한 추세, 쟁점, 향후 대두될 문제 등을 추적하는 것이다. 관찰에서는 다음 네 가지 기능이 중요하다.

- 탐색 과정에서 나타난 특정한 사안에 대한 추가적인 정보의 출처를 찾고 더 많은 정보를 조사하고,
- 환경에 대한 자료 저장소를 만들고 지속적으로 업데이트하고,

- 중요한 사안들의 추세와 진전, 딜레마, 발생 가능성을 확인하고 반증하며,
- 중요한 사안에 관하여 변화율을 판단한다.

관찰 과정은 탐색 과정에서 취합된 정보의 출처를 탐색하여 조직에 대한 변화를 유발하는 원인을 밝혀나가는 과정이다. 따라서 탐색 과정보다는 더 구체적인 내용에 초점을 맞춘다. 중요한 목표는 자료 저장소의 내용을 충분히 축적하는 것이며, 이 자료들을 토대로 중요 사안의 추세와 진전 등의 내용을 확인하게 된다. 관찰을 치밀하게 할수록 관리자들의 중요 이슈에 대한 이해도가 높아진다. 관리자가 중요 사안을 잘 이해할수록 실제 조직이나 직원들을 유연하게 관리할 수가

표 5-1 환경, 이슈, 주요 내용

환경 유형	이슈	주요 내용
사회적 환경 (사회 니즈 변화)	저출산 고령화	
	녹색성장	
	유기농 수요 증가	
정치적 환경 (정책적 니즈)	정치 성향 변화	
	개발협력 분야 성장	
	북한의 체제 변화	
기술적 환경 (기술 여건 변화)	기술 격차	
	융복합 기술 대두	
경제적 환경 (성장동력 변화)	글로벌 경제 형성	
	경기 침체 장기화	
법률/규제환경 (제약 요인 변화)	국제규제 강화	
	안전규제 강화	

있다. 그리고 환경 자체가 비구조화되어 있거나 막연하고 복잡하면 환경을 분석하는 데 많은 정보를 취합해야 한다. 취합된 정보는 〈표 5-1〉과 같이 정리한다. 정리 과정에서 주요 이슈와 동향을 분석하고 상호 관계를 찾아 연계한다.

환경에서 정보를 취합하기 위하여 일반적으로 내부 이해관계자와 외부 이해관계자들을 소집하여 브레인스토밍(brain-storning)과 스노카드(snow card) 기법을 활용하여 정리하는 방식이 널리 활용된다(박홍윤, 2014: 292-295). 브레인스토밍은 새로운 아이디어를 취합하기 위한 수단으로 널리 활용된 고전적인 회의 기법이다. 브레인스토밍의 진행자는 구성원들이 최대한 자유롭게 의사 소통하도록 배려하면서 본인의 생각을 기탄없이 말하도록 유도해야 한다. 하나의 주제에 대하여 다양한 아이디어가 제시되면 그것을 취합하여 일목요연하게 기록하는 것이 중요하다. 스노카드 기법은 특정 이슈에 대한 해결책을 나름대로 생각하여 여러 장의 쪽지에 기록한 후 모든 참여자의 쪽지를 한데 모아 주제별로 분류하는 방식이다. 주제별로 분류된 아이디어들은 다시 중요도에 따라서 우선순위별로 구분한다.

(3) 환경의 변화를 예측

환경의 변화를 예측하는 것은 조직이 관찰하는 이슈의 추세와 발전 과정, 딜레마 등을 확대 해석하는 절차이다. 예측의 기능은 다음과 같은 질문에 답하는 것이다: "만일 이러한 추세가 계속된다면 혹은 현재보다 더 가속화된다면, 예상되는 상황이 실제로 도래한다면 미래에 우리 조직은 어떻게 될까?" 그리고 환경 변화의 예측은 (1) 추세와 전개, 발생 정도를 감안하면서, (2) 발생할 사안이 어떤 환경 영역에 속하는지를 밝히고, (3) 가능한 예상 대안을 개발하는 절차로 구성된다.

그림 5-4 **변화의 동인과 환경 변화 예측**

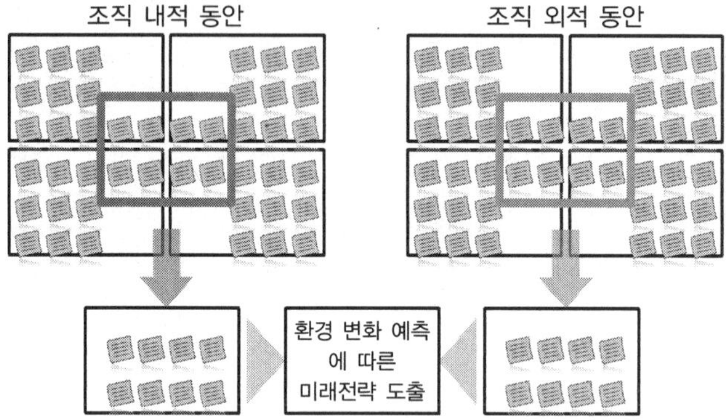

그리고 변화를 예측하는 방법은 다양하다. 회귀분석, 시계열분석, 델파이분석, 시나리오 기법 등 다양한 기법이 있으며, 이들 기법의 경우 대체로 계량분석 및 미래예측 전문가를 초청하여 진행하는 것이 효과적이다. 조직 내에서 변화에 대한 예견을 위하여는 현재 변화의 동인이 되는 요인을 살펴보고, 그 요인들을 내부적 요인과 외부적 요인으로 구분하는 것이 중요하다. 동인들을 추출하여 그 요인들을 적절하게 조합한 전략을 설계하는 과정을 필요로 한다. 그 과정은 [그림 5-4]와 같이 제시될 수 있다.

(4) 환경 변화의 평가

환경의 변화를 평가하는 과정은 조직에 대하여 변화를 유발할 것으로 예견되는 문제의 중요성을 평가하고 비전, 미션, 내부 역량분석, 전략적 기획안의 수립의 과정에서 고려되어야 하는 사항인지를 밝히는 것이다. 환경 변화를 평가하는 과정에서 계량화가 가능한 부분은 환경평가의 기법을 활용할 수 있으나 계량화가 어려운 부분에 대하여는 관련된 관리자들의 합의가 중요하다. 동일한 현재의 상황에 대하여 자신이 직면하는 직무의 성격에 따라서 관리자는 각각 다르게 해석하는 경우가 많기 때문이다.

따라서 환경 변화에 대한 예측과 평가가 이루어진 다음에는 조직 안팎의 이해관계자들로부터 평가를 받는 것이 중요하다. 조직의 이사진과 직원들은 조직의 장단점과 위기 요인에 대하여 많은 정보를 갖고 있다. 이들은 환경분석에서 누구보다 정확한 의견을 표명할 수 있다. 전략적 기획을 위한 위원회가 구성되면 가능한 한 많은 직원과 이사들을 참여시켜 평가를 요청하는 것이 바람직하다. 자료를 수집하는 과정에서 많은 인터뷰와 조사를 할 수 있지만 자료를 조합하여 예견한 미래에 대하여 전체를 조망하는 시각에서 의견을 구할 때 새로운 아이디어가 제시될 수도 있다.

조직 외부에 있는 이해관계자들로부터 의견을 청취하는 것도 중요하다. 내부 이해관계자들이 제시하는 의견이 좀 더 정확한 상황 판단을 위한 것이라면, 외부 이해관계자들로부터의 의견은 미처 이해하지 못한 새로운 시각을 제시하는 데 의미가 있다. 외부 이해관계자들로부터의 의견 청취에는 두 가지 목적이 존재한다.

첫째 목적은 정보의 수집이다. 이해관계자들은 조직에 영향을 줄 만한 새로운 기회와 위협 요인에 대한 정보를 제공할 가능성이 높다. 그뿐만 아니라 조직의 장단점에 대한 다양한 외부의 시각을 듣고 전해 줄 수도 있다. 그리고 외부에서 기대하는 바는 무엇이며 그런 관점에서 볼 때 바람직한 전략이 무엇인지에 대한 관점을 얻을 수 있는 것이다. 두 번째 목적은 관계의 형성이다. 조직 외부의 이해관계자와 환경의 변화에 대해 논의하는 과정에서 상호 협력과 관계의 발전에 대

표 5-2 환경 변화 예측에 대한 이해관계자의 의견 수렴

유형	이해관계자	환경 영역	의견
내부	이해관계자 A	사회적 환경	
		정치적 환경	
		경제적 환경	
		기술적 환경	
		법률/규제적 환경	
	이해관계자 B	사회적 환경	
		정치적 환경	
		경제적 한경	
		기술적 환경	
		법률/규제적 환경	
외부	이해관계자 C	사회적 환경	
		정치적 환경	
		경제적 환경	
		기술적 환경	
		법률/규제적 환경	

하여 논의할 수 있다. 상호 역할에 대하여도 명확한 이해를 할 수 있으며, 이 과정에서 좀 더 굳건한 관계 형성을 할 수 있다.

이해관계자들의 의견은 〈표 5-2〉와 다음과 같이 정리할 수 있다. 먼저 이해관계자의 유형을 내부와 외부로 구분하고 이들이 다양한 환경 변화 예측에 대하여 제시한 의견을 요약한다. 이 과정에서 치명적인 예측 오류가 발생하거나 전략적 대안의 초점에 오류가 있음이 확인되면 분석의 과정을 반복하여 새로운 예측 결과를 제시하는 것이 바람직하다.

공공조직을 둘러싼 환경은 좋아지기도 하지만 나빠지기도 한다. 환경이 나빠질 때 제공되던 서비스를 축소할 수 있지만 이해관계자들과의 관계 속에서 서비스의 축소가 어려운 경우가 많다. 이런 딜레마 상황에서 조직관리자는 새로운 대안을 모색해야 하며 그 대안은 주도면밀한 환경분석이 이루어진 이후에 가능하다. 마무리 사례는 지역에 입지한 공공병원의 사례이다. 여러 가지 원인으로 병원의 환경이 악화되면서 발생한 결과를 극복할 수 있는 방안을 체계적으로 제시해 보자.

마무리 사례: C도립병원

지난 30년 동안 42병상 규모의 C도립병원은 인구 42,000명의 C군 시민들을 위하여 열심히 봉사했고 C시 인근에서도 진료를 받기 위하여 많은 도민이 병원을 찾았다. 그러나 몇 년 전 C시 근처로 고속도로가 났고 70킬로미터 떨어진 곳에 있던 또 다른 도립 종합병원인 D병원이 리노베이션을 마치고 125병상 규모로 새롭게 개원한 이후 C병원에 어려움이 닥쳐오기 시작한다.

도청의 도립병원 책임자인 이희수 씨는 여러 차례 이러한 상황을 도청에 알렸으며 지금은 C군에서 열리는 지역회의에 참석하여 이 문제를 알리고 있다.

"C병원은 더 이상 그 옛날의 병원이 아닙니다. 이 지역에 많은 변화가 발생했거든요. 먼저 인구가 지난 5년 동안 계속 감소하고 있습니다. 현재 병상 운영률은 48퍼센트밖에 안 됩니다. 그리고 간호사와 직원들 구하기도 점점 더 어려워지고 있습니다. 구해도 비용이 많이 들고요. 그래서 3년 연속 병원 재정은 적자 상태입니다. 수지를 맞추려고 기물을 팔기도 했습니다. 그리고 제일 중요한 건 상황을 반전시킬 방법이 보이지 않는다는 거예요. 여기서 가장 가까운 종합병원인 D병원 관계자들과 몇 마디 나누어 봤는데 그쪽에서는 합병을 하고 C병원을 장기적으로 흡수해나가는 데 동의했습니다."

합병을 한다는 데 대하여 C지역 사람들이 술렁이기 시작했다. 오랜동안 C병원에 지원을 해왔던 박종철 씨가 흥분하여 말했다.

"저 젊은 여직원이 지금 C병원을 D병원에 팔아넘긴답니다. 우리는 절대로 막아야 합니다."

사실 지난 주 C지역에서 발행되는 지역신문 사설에 다음과 같은 기사가 실린 바 있다.

"만일 도청, 특히 도립병원 책임자 이희수 씨가 계속 그 정책을 고수한다면 우리 C군 사람들이 아플 때 건강은 절대로 안전할 수가 없다. 이희수 씨 당신이 C군에 거주한다고 생각해 보라. 만일 당신이나 당신 남편이 심장마비에 걸렸다면 D병원까지 가야 할 것이고, D병원에서 그 지역 사람들을 먼저 돌보느라 당신이 줄을 서서 기다리는 동안 안전할 것이라고 생각하는가?"

C군의 군수 최성호 씨는 더욱 화가 난 상태이다.

"여기 C군에 훌륭한 시민들은 자신들이 편리하게 이용할 병원 정도 가질 권리는 있다고 봅니다. 사실 병원이 있어서 잘 지낼 수 있었고요. 앞으로도 계속 개원하기를 바랍니다. 우리 군에 소방서가 있는 것처럼, 경찰서가 있는 것처럼, 도서관이 있는 것처럼, 교회가 있는 것처럼, 병원도 있어야 하는게 아닐까요?"

더 강적이 남아 있었다. 병원에서 그리고 C군에서 시골의사 정박사님이라고 잘 알려진 의사 정준호 씨이다.

그는 "우리 병원이 이 지역에 주는 의미는 매우 큰 겁니다. 여기서 많은 아이들이 태어났고요. 앞으로도 그러겠죠. 여기서 태어난 아이들의 아이들도 여기서 태어나고 있어요. 나는 여기서 맹장수술부터 팔다리 부러진 사람들 수술까지 갖은 수술을 했어요. 이 지역에는 병원이 필요해요."라고 주장하고 있다.

사실 C지역회의에 참석하기 2주 전에 사무실에 앉아서 이 회의 발표 자료를 준비하면서 이희수 씨는 이렇게 생각했다.

"모든 사실과 논리로 볼 때 내가 옳아. 병원장도 내게 찬성한다고 했고 … 겉으로 말하지는 못해도 많은 직원이 동의할 거야. 이대로 가다가는 2년 내에 파산할 수밖에 없고 우리 부서 성과지표도 최하로 추락할 수밖에 없어 …."

1. C병원이 직면한 어려움을 극복하기 위해 현재의 환경에 대한 분석을 하고 이희수 씨가 활용할 수 있는 전략을 세워보시오.
2. 이희수 씨가 활용할 전략을 시간에 따라 장기와 단기로 구분하여 제시하시오.

제5장 요약

1. 전략적 기획에서 환경분석은 조직 외부에서 만들어지는 정보의 흐름을 분류하고 정리하며, 현재의 중요한 이슈를 밝히고 분석하며, 새롭게 등장하는 이슈를 찾아 분석하고, 미래의 이슈를 생각해 보며, 조직의 사명, 비전, 가치, 목적, 내적 분석, 전략의 발전을 위하여 정보를 조직화하여 제공하고, 조직 전체에 전략적 사고를 확산시키기 위하여 필요하다.

2. 환경분석을 통하여 미래를 완전히 예측할 수 없으며, 관리자가 모

든 것을 관찰해 낼 수도 없고, 중요하고 절실한 정보를 얻기 어려운 경우도 있고, 중요한 사안을 해석하는 데 시간이 소요될 수 있으며, 시급한 문제에 대하여 조직이 충분히 빨리 대응할 수 없을 수도 있고, 관리자의 신념이 확고하여 합리적으로 문제를 밝히고 해석하는 것을 제약하는 등의 어려움이 있을 수 있다.

3. 환경분석의 과정은 탐색, 분석, 관찰, 평가로 이루어진다.

4. 환경을 탐색하는 과정에서 양적 자료와 질적 자료를 얻을 수 있는데 양적 자료는 지표분석, 서비스통계분석, 설문조사 분석 등을 통하여 얻을 수 있고, 질적 자료는 면접조사, 전문가의 판단, 일선관리자의 판단 등으로 얻을 수 있다.

5. 환경을 관찰하는 과정에서는 탐색 과정에서 나타난 특정한 사안에 대한 추가적인 정보의 출처를 찾고 더 많은 정보를 조사하며, 자료 저장소를 만들고 지속적으로 업데이트하고, 중요한 사안들의 추세와 진전, 딜레마, 발생가능성을 확인하고 반증하며, 중요한 사안에 관하여 변화율을 판단하는 것이 중요하다.

6. 환경 변화의 예측은 변화의 추세와 전개, 발생 정도를 감안하면서, 발생할 사안이 어떤 환경 영역에 속하는지를 밝히고, 가능한 예상 대안을 개발하는 절차로 구성되며 회귀분석, 시계열분석, 델파이분석, 시나리오 기법 등 다양한 기법을 활용할 수 있다.

7. 환경의 변화를 평가할 때는 이해관계자들로부터 충분한 의견을 청취하여 정리하는 과정이 중요하다.

제 6 장

우선순위의 결정

들여다보기: 정부도 파산할 수 있을까?

오렌지 카운티는 미국 캘리포니아 남부 로스앤젤레스 카운티와 샌디에이고 카운티 사이에 있는 중산층 거주지역이다. 오렌지 카운티의 면적은 캘리포니아에서 가장 작지만, 그 인구는 2010년 센서스 기준으로 약 300만 명으로 캘리포니아에서 세 번째, 그리고 미국 전체에서 여섯 번째로 인구가 많은 카운티이다. 이 사례에서 다룰 예정인 파산이 발생한 1990년대 초반 1인당 국민소득은 5만 달러에 달할 정도로 캘리포니아뿐만 아니라 미국 전체에서도 부유한 지역으로 손꼽힌다.

그러나 오렌지 카운티는 1990년대 초반 지나치게 공격적인 자금 투자로 인하여 16억 달러에 달하는 손실액이 발생하였다. 1994년 12월 6일 파산을 선언하였고 법원으로부터 승인받았다. 카운티의 회계 담당자였던 보브 시트론(Bob Citron)은 단기차입으로 낮은 금리에 자금을 빌려 장기 채권에 투자하여 높은 장기 금리로 이익을 기록하고 있었다. 그러나 1993년 말부터 금리가 급격하게 인상되면서 재정적 파산에 이르게 되었다.

오렌지 카운티는 연방정부에 파산 신청을 하였고 연방 파산법 9장의 절차에 따라서 사후 추리가 진행되었다. 채권자 위원회가 설치되어 매각 및 채무 조정이 진행되었고, 이 내용을 총괄하는 포괄협정이 체결되어 파산법원의 승인을 받았다. 파산절차에 따라서 오렌지 카운티는 채권자에게 2억 3천 2백만 달러의 공채를 발행하는 등의 조건으로 채무 조정에 돌입하였다. 공채의 발행과 변제는 오렌지 카운티 법으로 부과되었기 때문에 이는 향후 재정 운용에 큰 부담이 되었다(정성호 · 정창훈, 2011).

한국과 달리 미국에서는 오렌지 카운티와 같이 지나치게 공격적이거나 방만한 재정 운용뿐만 아니라 공채 발행 및 누적 적자, 지역경제의 위축 등으로 다양한 지방자치단체가 파산한 전례를 볼 수 있다. 1973년 석유파동이 미국 경제 전체를 위축시켰던 시절 뉴욕 주와 뉴욕 시의 지역경제에 재정 위기가 도래하면서 장기적 재정 위기를 경험했다. 미국 자동차산업의 경쟁력 상실과 그로 인한 지역경제의 위축으로 미시간 주의 디트로이트 시의 누적 적자로 이어졌고, 결국 재정 파산을 유발하였다. 그 밖에도 미국의 시카고, 피츠버그, 보스턴, 워싱턴 DC, 첼시, 브리지포트 등의 다양한 도시에서 재정 위기를 경험한 바 있다.

한국과 가까운 일본의 유바리(夕張) 시에서도 관광객의 수가 지속적으로 감소하고 누적 적자가 증가하고 있음에도 불구하고 기존 시설을 그대로 유지하며 재정 파탄을 초래하였다. 유바리 시 발전의 원동력이었던 탄광지역이 1980년대 이후 쇠락하면서 노동조합은 약화되고 지역 상공업자의 영향력이 증가하면서 지역산업을 관광산업 중심으로 재편하였다. 그러나 관관산업 역시 침체기로 접어들었고 중앙정부의 재정 지원도 감소하면서 만성적인 자금 부족 사태에 빠졌으며 일시 차입금의 규모가 눈덩이처럼 증가하였다.

지방정부가 재정 위기를 경험하고 파산하는 주요 원인은 환경의 변화를 적절하게 인식하지 못하였기 때문이기도 하지만 또 다른 원인은 우선순위를 적절하게 설정하지 못한 데 있다. 지방정부의 운영에서 재정은 우선순위가 가장 높은 영역으로 자치단체의 다양한 사업을 진행할 때 재정적 지속가능성을 반드시 점검하고 우선순위를 부여해야 한다. 미국과 일본의 지방자치단체뿐만 아니라 한국의 지방자치단체에서도 재정적 지속가능성보다 외형적 성장을 과시하기 위한 전시성 사업들에 우선순위를 부여하는 사례가 속속 나타나고 있다. 전략적 기획에서도 본격적인 기획에 앞서서 재정 상황을 점검하는 절차가 중요하며, 이는 우선순위의 결정과 밀접한 관련이 있다.

제 1 절 우선순위의 결정

비전의 결정과 환경의 탐색이 미래를 보고 큰 그림을 그리는 것이라면 우선순위의 결정은 현실의 세계에서 당면한 문제를 다루는 것이다. 무엇을 선택할 수 있으며 어떤 경로를 통하여 문제를 해결할 것인가를 정하는 과정이 우선순위의 결정이다. 지방재정을 운영할 때 재정적 안정성과 지속가능성이 우선순위가 되어야 함은 당연하다. 특히 오렌지 카운티 사례의 경우 재정적 리스크 관리에 실패한 사례에 해당하는 것으로 재정적 수익성을 노리고 안정성을 희생한 결과로 발생하였다. 글로벌 경제 위기가 발생하는 주기가 짧아지고 경기의 부침이 심해짐에 따라 재정적 예측가능성이 낮아졌다. 그럴수록 지방재정 운용의 우선순위는 안정성에 맞추어져야 할 것이고, 리스크 관리의 중요도가 높아진다. 그렇지 않을 경우 〈표 6-1〉에 나타난 일본 유바리 시의 경우와 같이 지방자치단체가 제공하는 서비스의 질이 크게 하락할 수밖에 없다. 즉, 잘못된 우선순위의 결정이 주민들의 부담을 급격히 증가시키고 서비스의 질도 하락하게 만들었으며, 그 결과 주민들의 만족도도 크게 하락하는 등 다양한 후유증을 낳게 된 것이다.

전략적 기획은 조직이 직면한 문제를 밝힐 뿐만 아니라 선택을 해나가는 과정이기 때문에 장기적·단기적 우선순위를 결정하는 것이 매우 중요하다. 우선순위가 정해진 다음으로는 그것을 달성하기 위한 지름길이 무엇인지 찾아야 할 것이다. 그리고 조직을 운영할 때 우선순위에 해당하는 것은 단지 재정적 지속가능성뿐만이 아니다. 지방정

표 6-1 일본 유바리 시의 주민 부담 증가와 서비스 질의 하락

주민 부담의 증가	공공 서비스 질 하락
• 경자동차세 50% 인상 • 주민세 각각 8%, 16% 인상 • 공민관, 커뮤니티센터, 스포츠센터 등 시설이용료 50% 인상 • 하수도 사용료 66% 인상 • 화장장 사용료 50% 인상 • 각종 교부 수수료 및 검진료 인상	• 초등학교 7개소를 1개소로 통폐합 • 중학교 4개소를 1개소로 통폐합 • 시립병원 의사 4명 중 3명 해고 • 대중교통 경로우대 제도 폐지 • 공중화장실 7개소 중 5개 폐쇄 • 통원 교통비, 스포츠교실, 각종 위원회 등에 대한 보조금 폐지

부나 비영리조직은 민간조직과는 다른 가치를 추구한다. 따라서 사회적 약자에 대한 배려, 지역사회 환경에 대한 고려, 지역사회 구성원에 대한 일자리 제공의 의무, 지역의 사회적 자본 확충에 대한 고려 등 재정적 성과 이외에도 많은 목표를 추구해야 할 것이며, 그것이 우선순위의 중요한 고려 대상이 된다. 그리고 현재 진행 중인 사업들이 잘못된 우선순위 결정에 따라 착수된 것이라면 사업의 신속한 수정이 필요하며, 그에 따른 새로운 전략적 기획을 필요로 할 것이다.

제 2 절 우선순위의 결정을 위하여 거쳐야 할 단계

우선순위를 결정하기 위하여는 다음의 단계를 거쳐야 한다.

(1) 자료를 이해한 후 향후 진행 과정에 대한 동의를 얻을 것

전략은 조직 내외의 여건과 부합해야 한다. 조직이 직면한 다양한 환경과 내부 상황에 따라서 인적 자원과 재정자원의 운용이 달라진다. 따라서 전략적 기획의 우선순위를 결정하기 위하여는 다양한 정보를 취합하는 것이 중요하다. 그러나 전략적 기획을 진행하는 실무자가 자연스럽게 갖는 질문은 "과연 현재 갖고 있는 정보의 내용이 정확한가?"일 것이다. 현대 조직이 직면한 환경은 항상 역동적으로 변화하기 마련이며 기존 정보의 정확도는 시간이 흐름에 따라 하락하는 경우가 많다. 이 경우 여러 가지 상황을 가정하면서 다양한 대안을 개발하여 상황에 맞는 대응을 하는 것도 바람직하다. 이때 활용할 수 있는 대안이 TOWS 매트릭스이다. TOWS 매트릭스는 SWOT분석의 결과

표 6-2 TOWS 매트릭스 작성 과정

<table>
<tr><td colspan="4">1단계. 조직의 기본 정보 나열: (1) 사업 영역, (2) 지리적 위치, (3) 현재 활동 영역의 상황, (4) 고위관리자들이 지향하는 방향</td></tr>
<tr><td></td><td colspan="3">4단계. 장단점 분석: (1) 조직의 관리 방식, (2) 운영 방식,
(3) 재정구조, (4) 대외 관계, (5) 기타</td></tr>
<tr><td>내부 요인
외부 요인</td><td>5단계. 대안의 개발
6단계. 전략적 선택
1-6단계. 일관성의 확인. 위기 시 대응 방안 마련
(7단계)</td><td>내부 장점 요인 (S)</td><td>내부 약점 요인 (W)</td></tr>
<tr><td rowspan="2">2단계. 경제적, 사회적, 정치적, 인구학적 환경, 다른 기관과의 관계
3단계. 미래에 대한 예측</td><td>외부 기회 요인 (O)</td><td>SO: Maxi-Maxi 전략
(미래 주도 전략)</td><td>WO: Mini-Maxi전략
(내부 수정전략)</td></tr>
<tr><td>외부 위협 요인 (T)</td><td>ST: Maxi-Mini 전략
(외부 수정전략)</td><td>WT: Mini-Mini 전략
(생존전략)</td></tr>
</table>

를 활용하여 다양한 대안을 개발하는 데 활용된다.

환경분석을 통하여 외부 환경과 내부 환경에서 다양한 정보를 얻는다. 그 정보는 SWOT분석의 구조에 따라서 재배치할 수 있으며 그 과정에서 다양한 전략을 개발할 수 있다. 〈표 6-2〉에 제시된 일곱 가지 단계를 거치면서 대안을 개발한다. 첫 번째 단계는 조직의 기본 정보를 나열하는 것이다. 역점적으로 수행하는 사업 영역, 지리적 위치, 현재 활동 영역의 상황, 고위관리자들의 지향점 등을 먼저 밝히는 절차가 필요하다. 이 과정을 통하여 조직 대내외적 환경을 가늠할 수 있을 것이다. 두 번째, 세 번째 단계로 진입하면 현재와 미래의 상황을 외부 환경의 여건에 따라서 나열하게 된다. 경제적·사회적·정치적・인구학적 환경, 그리고 다른 기관과의 관계 등을 나열하고 향후 미래의 모습을 예견하고 평가하는 과정이 필요하다.

이 과정이 끝나면 네 번째로 장점과 단점을 분석하게 되며 여기서 조직의 관리 방식, 운영 방식, 재정구조, 대외적 관계 등과 연관하여 설명하는 것이 필요하다. 다섯 번째와 여섯 번째 단계가 실제로 대안을 개발하는 과정이다. 전략과 전술, 그리고 구체적인 행동 방책을 나열하게 되며, 이것은 다른 중요한 결정 내용과 일관성 있게 제시되어야 한다.

마지막으로 위기 상황에 대한 대응책을 마련해야 하는데 최근 공공기관의 환경도 매우 역동적으로 변화하고 있기 때문에 반드시 필요한 과정이다. 이미 SWOT 분석에서 논의한 것처럼 분석의 결과는 전략의 형성으로 이어진다. TOWS 분석으로 만들어지는 전략적 대안은 다음의 네 가지 유형으로 구분된다.

① 생존전략

오른쪽 아래의 생존전략은 내적으로 취약하고 환경의 위협이 큰 어려운 상황에서 도출할 수 있는 전략이다. 약점과 위협 요인을 최소화하기 위하여 축소 지향적 조직 운영과 투자의 축소, 서비스의 축소 등과 관련된 대안을 마련하는 것이 일반적이다.

② 내부 수정전략

왼쪽 위의 내부 수정전략은 기회를 이용하여 내부의 약점을 보완하는 전략이다. 여기서는 두 가지 전략이 함께 고려되어야 한다. 먼저 현재 조직에서 문제를 유발하는 요인들에 대하여 축소 지향적 조직 운영을 하여야 한다. 조직의 약점을 최소화하는 전략이다. 반면 새로운 기회가 분명 존재하기에 새로운 서비스와 시장을 개척하여 조직의 평판을 개선하고 수익성을 높이는 것이 중요하다.

③ 외부 수정전략

왼쪽 아래의 외부 수정전략은 조직이 가진 장점을 강조하지만 환경에 존재하는 위협을 방어하는 전략이 고려된다. 새로운 시장을 개발하고 새로운 영역으로 진출하는 전략과 함께 현재의 서비스는 현상유지하는 전략을 활용하게 된다.

④ 미래 주도전략

미래를 낙관하고 조직의 장점을 극대화하는 전략은 미래 주도전략에서 찾을 수 있다. 조직이 제공하는 서비스의 다양화, 다른 기관과의 협력 관계 모색, 새로운 수요의 창출, 현재 제공하는 서비스의 수혜 대상자 확대 등을 위한 전략이 활용된다. 1990년대 이후 대부분의 공공기관에서 비용 절감을 위한 조직 규모 축소 전략이 널리 활용되었지만 새로운 수요가 발생하고 조직의 자원이 확보될 때 과감한 서비스 확대 전략들이 활용될 수 있다.

이 분석은 시간의 흐름에 따라서 지속적으로 수정되어야 한다. 대내외적인 여건은 시간에 따라서 역동적으로 변화하게 마련인데 어떤 요소는 빨리 변화하는 반면 어떤 요소는 변화하지 않는다. 결국 SWOT 결과에 따라서 가능한 대안들을 모색하는 TOWS 분석은 시간의 흐름에 따라서 반복되는 과정으로 인식해야 한다. 즉, [그림 6-1]과 같이 시간에 따라 변화하는 환경에 따라 지속적으로 새로운 대안을 모색해야 하는 것이다.

그림 6-1 시간에 따른 TOWS 분석의 변화

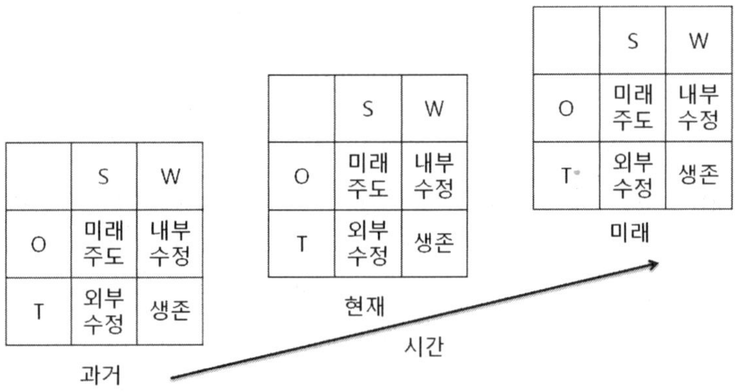

(2) 활용 가능한 자원에 대하여 평가하고 향후 활용할 자원이 무엇인지 개발할 것

조직의 현재 상황과 그에 부합하는 대안을 모색하였다면 각각의 대안은 어떤 자원을 필요로 하며 재정적인 지속가능성이 확보되는지 평가할 필요가 있다. 특히 공공기관과 비영리조직에서 재정적인 지속가능성은 중요하다. 진행하는 사업에서 스스로 창출할 수 있는 수익과 부가적으로 필요한 재정 지원이 얼마인지 평가하는 과정이 진행되어야 하는 것이다.

이 분석에 적절한 방법은 프로그램 포트폴리오(program portfolio) 분석 또는 DBL(Dual Bottom Line) 매트릭스 분석이다. 이 방법은 조직에서 현재 진행하거나 향후 진행할 사업이 조직의 목표를 달성하는 데 얼마나 중요한지와 재정적으로 얼마나 지속될 수 있는지를 평가하는 것이다. 즉, 미션에 대한 효과와 재정적 지속가능성이 두 가지 중요한 기준이 되며, 이 기준을 토대로 매트릭스를 그려 효과성을 평가한다.

여기서 미션에 대한 효과를 평가하기 위하여는 조직의 미션을 우선순위별로 나열하고 가중치를 부과하여 각각의 사업이 기여하는 정도를 평가하여 가중치를 고려한 결과를 도출할 수 있다. 사업별로 조직의 미션에 대한 효과성을 기록하고 효과성에 중요 미션의 가중치를 곱하여 사업이 전체 미션에 대하여 기여하는 정도를 계산할 수 있다. 즉, 〈표 6-3〉에서 사업과 미션이 만나는 빈칸에 각 사업이 미션에 기여하는 정도를 기록하고 효과성과 가중치를 곱한 수치를 합하여 마지막 칼럼의 기여도에 기록한다. 결국 각 사업별 기여도의 평균값을 도출하고 평균값을 중심으로 미션에 대한 효과가 높은 사업과 낮은 사업으로 구분할 수 있다.

반면 재정적 지속가능성에 대한 평가는 프로그램 포트폴리오 분석을 토대로 진행한다. 포트폴리오 분석은 보스턴 컨설팅 그룹(Boston Consulting Group)이 비영리조직의 재정 지속가능성 분석에 활용하면서 유명해진 방법이다. 원래 포트폴리오 분석은 상대적 시장점유율과

표 6-3 미션에 대한 기여도 평가

미션 / 사업	미션(1) 가중치	미션(2) 가중치	미션(3) 가중치	미션(4) 가중치	미션(5) 가중치	기여도
사업(1)						
사업(2)						
사업(3)						
사업(4)						
사업(5)						
사업(6)						

시장성장률을 두 개의 축으로 평가하는 방식이다. 그러나 공공부문에서는 두 가지 지표를 수정할 필요가 있다. 상대적 시장점유율은 총 투자 액수 가운데 자체 수입의 비중으로 판단할 수 있다. 사업을 진행할 때 해당 사업의 활동으로 얻을 수 있는 수입이 높을수록 재정 지속가능성을 높이는 데 기여하는 것으로 판단할 수 있는 것이다. 시장성장률은 서비스 수요의 증가 추세로 판단할 수 있다. 해당 기관에 방문하는 시민 또는 고객 중에서 해당 사업을 위하여 방문하는 사람의 비중을 계산할 수 있고 그 증가 추세를 계산하면 서비스 수요 증가율을 도출할 수 있다. 또는 고객을 대상으로 한 설문조사를 실시하여 향후 원하는 서비스를 측정하고 측정 결과의 변화 추세를 계산할 수 있다.

Box 6.1 공공기관의 포트폴리오 분석지표: 투자 액수 중 자체 수입 비중과 서비스 수요 증가율

- 투자 액수 중 자체 수입 비중
  - 개념: 개별 사업에 투자되는 액수 중 사업 진행 시 얻을 수 있는 수입의 비중
  - 측정: 사업으로 유발되는 수입/총 투입 예산
- 수요 증가율
  - 개념: 사업을 통하여 제공되는 서비스 수요의 증가 추세
  - 측정: 총 방문 고객 중 해당 서비스를 위하여 방문하는 사람의 비중 또는 설문조사

이 두 가지 개념을 중심으로 재정적인 지속가능성을 평가하는 매트릭스를 그릴 수 있다. 두 가지 지표가 모두 높은 경우 재정적인 지속가능성이 높지만 두 지표 모두 낮은 경우 재정적 지속가능성이 낮은 것으로 평가한다. 재정적 지속가능성 평가 결과에 따른 조직 차원의 대응은 다음과 같다.

① 재정적 지속가능성 높은 경우

투자 액수 중 자체 수입의 비중이 높고 수요 증가율도 높은 경우이다. 이 경우 조직에서는 새로운 수요를 지속적으로 발굴하고 서비스의 영역을 확대하기 위한 노력을 하여야 하며 이를 위하여 행정적으로 지원해야 한다.

② 재정적 지속가능성이 보통인 경우

자체 수입의 비중은 높지만 수요 증가율이 하락하고 있는 경우에는 새로운 수요를 창출하여 서비스를 지속할지 아니면 중단할지에 대한 판단이 필요하다. 이 경우 서비스 수요의 하락을 되돌릴 수 있는 것인지 아닌지에 대한 거시적인 안목에서의 평가가 중요하다.

자체 수입 비중은 낮지만 수요가 증가하는 경우에도 새로운 서비스와 연계하여 서비스를 지속할지 아니면 축소/중단할지를 결정해야 한다. 이 경우 미래에 수요가 어느 정도로 확산될지, 언제 본격적으로 증가할지에 대한 분석이 수반되어야 한다.

③ 재정적 지속가능성이 낮은 경우

두 가지 지표 모두 낮은 경우에는 진행하는 사업을 축소하거나 폐지하는 것이 적절하지만 현재 수혜 대상자와 지속적으로 서비스받아야 할 대상들에 대한 배려를 위한 다양한 행정적인 지원이 필요할 것이다.

미션에 대한 효과와 재정적 지속가능성에 대한 평가가 마무리되면 DBL 매트릭스를 그릴 수 있다. 네 가지 영역에 따라서 조직은 우선순위를 결정하게 된다. 미션에 대한 기여도가 높고 재정적 지속가능성도 크다면 높은 우선순위를 부여할 수 있다. 투자 금액을 늘리고 조직

그림 6-2 재정적 지속가능성 평가를 위한 포트폴리오 분석 매트릭스

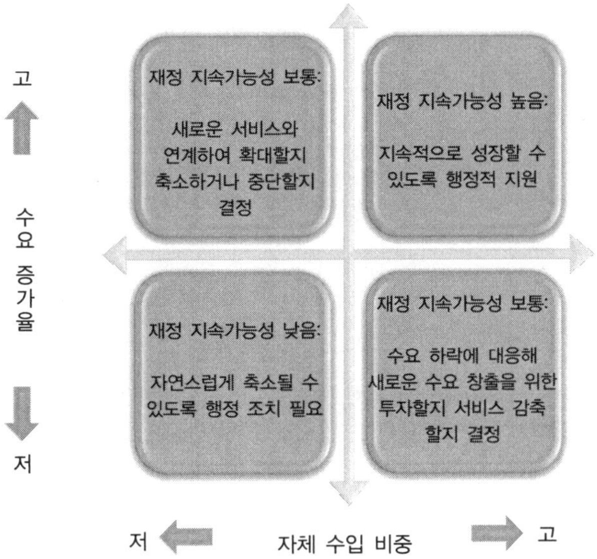

구성원들이 우선적으로 이 사업을 고려할 수 있도록 힘을 실어줄 필요가 있다. 그뿐만 아니라 조직 내외의 이해관계자들과 이 사업과의 관계를 제도화시키면서 발전시켜야 한다. 인적 자원의 운용에서도 유능한 임원을 충원하여 사업의 진행을 돕고 대외적으로 발행되는 문서를 통하여 이 사업의 중요성을 부각시키는 것도 중요하다. 반면 미션에 효과가 낮은 대신 재정적 지속가능성은 높다면 미션에 대한 효과를 향상시킬 수 있는 전략을 수립하여 미션과 연관된 요소를 가미하거나 사업의 병합을 하는 등의 조치가 필요하다. 미션에 대한 효과는 높은 반면 재정적 지속가능성이 낮다면 비용을 절감하기 위한 다각적인 노력이 진행되어야 할 것이다. 미션에 대한 효과도 낮고 재정적 지

그림 6-3 Dual Bottom Line 매트릭스

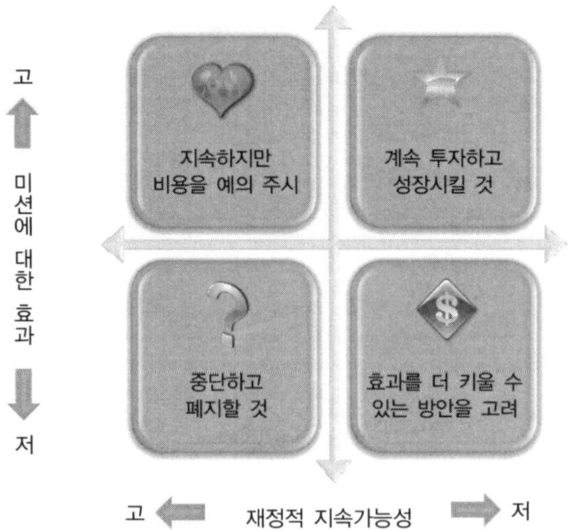

속가능성도 낮다면 사업을 중단하는 것이 바람직할 것이다.

DBL 매트릭스는 현재의 사업을 분석하여 각각의 사분면에 위치시키고 그 효과성을 분석하여 우선순위를 정하는 관리기법이다. 분석의 과정에서 명백하게 수치화할 수 있는 계량적 분석지표가 있고 논란이 없다면 손쉽게 우선순위를 정할 수 있을 것이다. 그러나 그렇지 못한 경우 조직구성원의 합의를 통한 질적 분석을 통하여 우선순위를 정하는 방법도 가능하다. 어떤 방법을 활용하더라도 각 사업의 미션에 대한 효과성과 재정적 지속가능성을 평가하는 것은 중요한 절차이므로 우선순위 평가의 과정을 거치는 것은 큰 의미가 있다.

DBL 매트릭스도 시간의 흐름에 따라서 지속 진행되어야 한다. 재정적 지속가능성도 미션에 대한 기여도도 시간의 흐름에 따라서 변화하게 마련이다. 따라서 조직환경의 변화에 따라 이 두 가지 지표가 어떻게 변화하였고 어떻게 변화할지에 대하여 평가하는 과정이 수반되면 좀 더 입체적인 관점에서 우선순위를 결정할 수 있는 것이다. [그림 6-4]는 시간의 흐름에 따라 사업의 우선순위를 결정하기 위한 확장 DBL 매트릭스를 나타내고 있다. 이 매트릭스에서 향후 다가올 미래의 재정적 지속가능성을 예견해 봄으로써 좀 더 장기적인 시관(時觀)에서 사업의 진행 여부를 판단해 볼 수 있는 것이다.

그림 6-4 확장 DBL 매트릭스

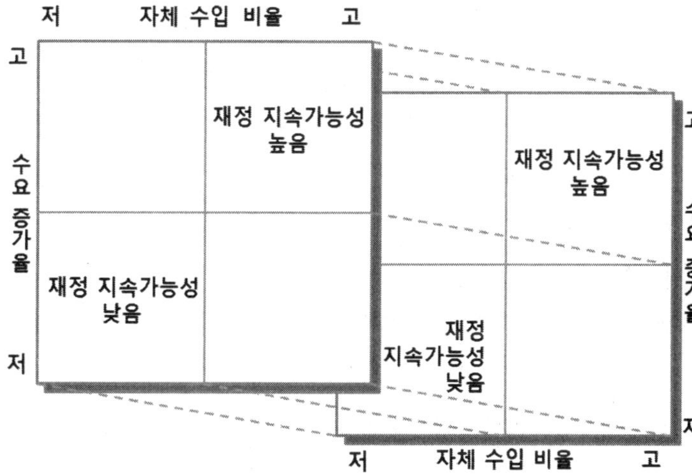

(3) 우선순위에 대한 동의를 얻을 것

우선순위가 결정되면 그에 대한 동의를 얻어야 한다. 조직의 미래에 대한 결정은 조직구성원 모두에게 영향을 주기 때문에 전략적 기획에 참여한 사람들뿐만 아니라 모든 구성원이 동의하는 것이 중요하다. 동의를 얻기 위하여 현재 진행하는 사업과 미래에 진행될 사업의 목록을 작성하고 각각의 향후 전망과 계획을 제시하여야 한다. 그리고 사업의 범위와 규모에 대하여 간략한 요약을 제공하면서 어떤 맥락에서 그러한 변화가 발생할지에 대한 설명을 제시하는 것이 중요하다. 그리고 새로운 사업을 진척시키면서 누가 참여하고 주도할 것인지에 대한 설명도 제시되어야 한다.

동의를 얻기 위하여 시나리오 기획을 제시하는 것도 유용하다. 불확실성이 높을수록 조직이 직면하게 될 환경에 변화를 유발할 중요한 요인들을 추출하여 가능성을 토대로 미래의 모습을 묘사하는 것은 현재의 대응책을 논의하는 중요한 계기가 될 수 있다. 시나리오 기획에서는 두 가지 불확실한 상황을 선택하여 두 개의 축을 교차시킨 후 각각의 상황에서 발생할 두 가지 결과를 배열하여 네 가지 상황을 도출한다. 네 가지 상황 중에서 최소한 두 가지 이상의 상황에 대하여 상세한 묘사를 통하여 아래와 같은 시나리오 기회 매트릭스를 도출할 수 있다.

이렇게 도출된 미래 변화에 대한 목록과 시나리오를 토대로 조직에서 동의를 얻는 절차가 필요하다. 재정관리의 측면에서, 인력, 마케팅, 정보통신 시스템, 이사회와 자문위원회 등의 구성에서 발생하게 될 변화에 대하여 분야별로 동의를 얻는 절차가 필요한 것이다. 변화의 범위와 규모에 따라서 조직 전체 구성원이 모이는 타운미팅이나 기획위원회가 주도하는 분야별 워크숍 등을 통하여 조직 전체적으로 동의를 얻을 수 있을 것이다. 타운미팅의 경우 부서와 기능별로 변화에 대한 입장을 개진하고 기획위원회와의 의견 교환과 조율을 통하여 최우선순위를 확정하는 것이 바람직하다.

조직에서 우선순위를 정하고 확인하는 것은 향후 수립될 전략적 기획안의 바탕이 되는 매우 중요한 과정이다. 마무리 사례에는 한국의 중앙정부에 직면할 수 있는 상황을 가정하여 제시하였다. 공공기관은 다양한 가치를 지향하기 때문에 가치의 갈등이 발생할 수 있고 그때마다 우선순위의 결정이 필요하다. 이 사례는 같은 재료를 다른 목적에 사용하기 위한 두 부처 간의 갈등 상황이 묘사되어 있다. 두 팀으로 나누어 각각 보건복지부 김박사와 국방부 이박사의 입장을 통하여 토론을 진행해 보자.

마무리 사례: 매화마름 쟁탈전(보건복지부 김박사)

당신은 김박사이며 보건복지부 산하 식품의약품안전청에서 일하고 있는 연구직 공무원이다. 당신은 최근 발병한 EBL이란 질병을 치료하고 예방하는 데 효과가 있는 화학 물질을 개발하였다. EBL은 임신한 여성들이 걸리는 질병으로 임신 후 첫 4주 안에 치료가 되지 않을 경우 태아에게 심각한 뇌, 눈, 귀의 손상을 입힐 수 있다. 최근 대한민국 ○○시에 EBL이 창궐하였고 3,000명의 임산부가 감염되었다. 당신은 자원 환자들을 통하여 최근에 개발된 혈청이 EBL을 초기 단계에서 치료한다는 것을 알았다. 하지만 불행하게도 혈청은 아주 희귀한 식물인 매화마름* 즙에서 만들어진다. 올해는 대략 4,000수 정도만이 생산되었다. 내년까지 더 이상 매화마름은 생산되지 않을 것이고, 그때까지 기다리면 현재의 감염자들을 치료하기에는 너무 늦게 된다.

당신은 혈청이 임신한 여성에게 무해하다는 것을 증명하였다. 부작

* 매화마름(Ranunculus kazusensis)은 미나리아재비과의 여러해살이 또는 한해살이 수생식물로, 환경부에서는 1998년 2월 멸종위기 야생식물로 지정하였다.

용도 없다. 식품의약청은 EBL의 치료제로서 당신의 혈청의 생산과 유통을 이미 허가하였다. 하지만 지금의 창궐은 전혀 예상치 못하였기 때문에 어떤 제약회사도 혈청을 만들어 내지 못하였다. 혈청의 특허권을 갖고 있는 대학교에서 혈청을 제작하기 위하여는 대량의 매화마름이 필요한 상황이다.

당신은 최근 ○○수목원에 좋은 상태의 매화마름 3,000수가 있다는 것을 전해 들었고, 그 3,000수의 매화마름을 모두 얻게 되면 ○○시의 현재 감염자는 물론이고 남은 임산부들에게도 충분한 예방 접종을 시켜줄 수 있다.

당신은 최근에 국방부 소속의 이박사가 매화마름을 찾고 있으며 또한 ○○수목원이 갖고 있는 3,000수의 매화마름에 대하여도 알고 있다는 것을 알게 되었다. 이박사는 경쟁 부처의 직원이고 그는 지난 몇 년간 생화학 전쟁무기 개발을 위하여 일하였다. 지난 몇 년 간 국방부와 복지부는 서로 예산 문제로 심각한 다툼을 벌여왔다. 그뿐만 아니라 서로 장관에 대한 음해성 투서를 청와대에 접수시켜 감정적으로 매우 악화된 상태에 있다.

당신은 복지부 장관으로부터 ○○수목원이 갖고 있는 3,000수의 매화마름에 대한 협상의 전권을 위임받았고, 수목원은 가장 높은 입찰가를 제시한 쪽에게 그것을 판다고 선언했다. 복지부는 당신에게 3,000수의 매화마름에 대하여 3억 원까지 입찰할 권리를 주었다.

1. 당신은 어떤 전략을 사용할 것이며 매화마름을 구입한다면 얼마의 가격을 제시할 것인가?
2. 예산 제약 하에서 최대한의 매화마름을 구입하기 위한 협상전략에 제시될 판단 근거는 무엇인가?

마무리 사례: 매화마름 쟁탈전(국방부 이박사)

당신은 국방부 산하연구소에서 일하고 있는 이박사이다. 당신이 일하고 있는 연구소는 생화학 전쟁에서 활용될 무기에 대하여 연구하고 있다. 최근 실험용 신경가스폭탄을 수송하던 중 가스 누출이 발생하였다. 수송에 관여한 공무원은 이 가스가 2주 내에 주변 지역으로 침투할 것으로 판단하고 있다. 가스가 대기 중에 퍼지고 주변 섬 지역으로 확산된다고 확신할 뿐만 아니라 막을 방법도 없다고 생각하고 있다. 그렇게 된다면 수천 명의 사람들이 심각한 뇌손상을 입거나 죽을 위기에 처하게 된다.

당신은 이 신경가스가 새어나가기 전에 폭탄 수송 장비에 주입하면 확산을 막을 수 있는 합성 기체를 이미 개발하였다. 그 합성 가스는 매우 구하기 어려운 매화마름 추출물로 만들 수 있으며 불행하게도 한 해에 얻을 수 있는 매화마름은 4,000여 수밖에 안 된다.

당신은 ○○수목원이 매화마름 3,000수를 보유하고 있다는 사실을 알게 되었다. 3,000수의 매화마름 추출물은 가스 중화에 효과적으로 사용될 수 있다. 당신은 이 매화마름을 좋은 조건으로 살 수 있음을 알게 되었다.

그리고 당신은 김박사도 매화마름을 급하게 구하고 있다는 사실도 알게 되었다. 김박사는 경쟁 부처 복지부의 직원이고 그는 지난 몇 년간 신약 개발을 위하여 일하였다. 지난 몇 년 간 국방부와 복지부는 서로 예산 문제로 심각한 다툼을 벌여왔다. 그뿐만 아니라 서로 장관에 대한 음해성 투서를 청와대에 접수시켜 감정적으로 매우 악화된 상태에 있다.

청와대는 상호 협력을 요청하였다. 당신은 수목원에 접근하여 매화마름 3,000수를 구매할 업무를 책임지게 되었다. 수목원 측은 가장 높은 가격을 제시하는 사람에게 팔겠노라고 이미 선언하였다. 국방부를 총 3억 원을 쓸 수 있게 허가하였다. 박사장과 거래하기 전에 이박사를 먼저 만나기로 하였고 매화마름을 구매하지 못하도록 할 예정이다.

1. 당신은 어떤 전략을 사용할 것이며 만일 매화마름을 구입한다면 얼마의 가격을 제시할 것인가?
2. 예산 제약 하에서 최대한의 매화마름을 구입하기 위한 협상전략에 제시될 판단 근거는 무엇인가?

제6장 요약

1. 우선순위의 결정은 현실의 세계에서 당면한 문제를 다루는 것이며, 무엇을 선택할 수 있고 어떤 경로를 통하여 문제를 해결할 것인가를 정하는 과정이 우선순위의 결정이다.

2. 주어진 자료를 잘 이해하기 위하여 TOWS 매트릭스를 이용할 수 있으며, TOWS 매트릭스를 통하여 SWOT분석의 결과를 활용하여 생존전략, 내부 수정전략, 외부 수정전략, 미래 주도전략 등으로 구분하여 전략을 개발할 수 있다.

3. 프로그램 포트폴리오 분석 또는 DBL(Dual Bottom Line) 매트릭스 분석을 통하여 현재 진행하거나 향후 진행할 사업이 조직의 목표를 달성하는 데 얼마나 중요한지와 재정적으로 얼마나 지속될 수 있는지를 평가해야 한다.

4. 재정적 지속가능성이 높은 경우에는 새로운 수요를 지속적으로 발

굴하고 서비스의 영역을 확대하기 위한 노력을 하여야 하며 이를 위해 행정적으로 지원해야 하지만 지속가능성이 낮은 경우에는 프로그램의 원활한 축소나 폐지를 위하여 지원해야 한다.

5. 우선순위가 결정된 다음에는 향후 전략의 기획을 위하여 조직 구성원들에게 동의를 구해야 하며 동의를 얻기 위해 시나리오 작성 기법 등을 활용하는 것이 바람직하다.

제 7 장

미래 전략의 개발

들여다보기: 한국의 전자정부를 위한 전략적 기획

국제연합(UN)에서 발간하는 e-Government Survey에 따르면 2001년 15위였던 대한민국의 전자정부 발전지수는 2010년에 1위가 되었고, 온라인 참여지수도 2003년 12위에서 2010년 1위로 상승하였다. 대한민국의 순위는 2014년에도 지속되어 두 지수 모두 1위를 차지하고 있다(United Nations, 2014). 전자정부지수는 웹측정지수, 정보통신 인프라지수, 인적자본지수 등으로 구성되는 측정지표로 통합적인 정보화 지수라는 점에서 순위의 상승에 큰 의미를 부여할 수 있다. 실제로 1990년대 이후 한국의 인터넷 이용률과 이용자 수는 급상승하였으며 인터넷을 이용한 의사 소통과 경제활동 양식에서도 많은 발전이 있었다.

한국이 정보통신 인프라를 구축하기 시작하였던 1990년대 초반 한국 정부만이 유일하게 정보통신 기반 확충에 투자한 것은 아니었다. 당시 선진국과 개발도상국가를 망라한 많은 국가들이 정보화 경쟁 체제로 진입하였다. 각국 정부는 정보통신기술을 미래 성장 잠재력이 가장 큰 분야로 인식하고 많은 투자를 시작하였다. 실제로 미국은 국가정보화인프라(National Information Infrastructure: NII) 건설, 일본은 신사회자본 건설계획, 싱가포르는 IT2000계획 등을 수립하고 막대한 금액의 투자를 시작하였다.

당시 대한민국 정부도 정보통신 인프라를 구축하기 위한 범정부적 투자를 진행하였고, 현재의 성공 요인이 된 밑거름은 포괄적인 기획과 체계적인 집행에서 찾을 수 있다. 정부는 먼저 초고속정보통신 기반구축 종합계획(1995~2015)을 비롯한 다양한 전략을 수립하고, 사업을 단계적으로 추진하였다. 단계적 추진계획을 바탕으로 국가기간전산망이 1995년에, 초고속국가망이 2005년에 조기 구축되는 성과를 거두었으며, 국가전산망 사업을 모태로 행정정보의 전산화가 이루어졌고 다양한 업무의 전산화가 이루어졌다. 이러한 기반이 경제의 투명성 제고와 사회의 선진화에 큰 기여를 하였다. 그런 가운데 한국의 전자정부는 주요 국정과제가 되었고, 그 성과는 전자민원 통합 창구, 나라장터, 전자문서 처리, 지식공유 시스템으로 확산되어 다양한 국제기구로부터 높은 평가를 받게 되었다.

한국의 전자정부 및 초고속통신망사업의 성공 요인으로 분석되는 주요 요인은 "효율적인 추진 체계 확립, 정부의 선도적 투자를 통한 민간 참여 유발, 통신사업자 간 시장경쟁 환경 조성, 정보화를 통한 수요 창출, 문화환경적 요인이 제시되거나 대통령의 적극적 지원과 관심, 위원장의 리더십과 위원의 전문성, 국회 및 정부출연기관의 협력, 탁월한 사업관리 기법, 참여자의 헌신적 노력"(송희준 · 조택, 2007, 23) 등으로 지적된다. 대통령을 중심으로 한 정치적 집행부의 강력한 의지와 리더십이 전체 공공조직에 목표 제시를 해 주었고, 체계적이고 일관된 지원을 제공한 것이다. 즉, 의제 형성과 자원의 배분이 집권적, 하향적 방법으로 이루어졌다. 그런데 정부 관료제 내부에서의 업무 조정과 협력 체계의 형성은 부처 간 경쟁이 심화되는 가운데 분권적 상향적 특성을 보인다(박정은 · 송희준, 2006). 전체 전략의 제시는 하향식으로 이루어진 반면 집행 과정에서는 분권적으로 진행되는 통합적 모형이 정보통신 기술 활용의 고도화를 가져온 것으로 판단할 수 있다.

아울러 한국의 초고속통신망은 초기에 효율성과 생산성이라는 가치를 지향하였지만 시간이 흐름에 따라 서비스, 양방향 민주주의를 강조하면서 투명성, 책임성, 거버넌스의 관점으로 발전하는 양상을 보였다. 대통령을 비롯한 정치적 집행부의 우선순위는 항상 정보화와 전자정부 사업에 있었지만 우선적으로 추구하는 가치는 시대적 요청에 따라서 달랐다. 앞으로는 좀 더 투명하고 참여적인 대민 서비스를 제공하고, 범정부적 통합 시스템을 완성하여 공공기관의 자원 공유와 유기적인 서비스 제공이 가능하도록 발전시킬 과제가 남아 있다.

한국 중앙정부에서 정보통신 기반구조를 확충하고 전자정부 시스템을 고도화한 것은 미래에 다가올 환경 변화를 인식하고 적극적으로 새로운 영역에 투자하고 진입하여 성과를 거둔 사례이다. 그 과정에서 전략적 방향 제시가 있었고, 환경에 체계적으로 반응하는 적응전략과 진입전략이 수립되었다. 그리고 앞으로 효율적인 운영을 위한 전략 수립을 과제로 남겨두고 있다. 전자정부 사업에 진입하고 진행하는 가운데 대한민국 정부는 수많은 백서와 정보화 추진전략에 대한 연구를 하였다.

실제로 정보통신부, 행정자치부, 한국정보사회진흥원, 전자정부특별위원회 등에서 다양한 제안과 전략적 기획을 작성한 결과 많은 어려움을 극복하고 성과를 극대화할 수 있었다. 이처럼 공공기관의 과제와 사업이 도전적이고 경쟁이 치열할수록 체계적인 전략적 기획과 리더십, 효율적인 업무 분담의 중요성은 높아진다.

제 1 절 전략적 대안의 개발

전략을 개발하는 것은 조직이 목적을 달성하기 위하여 노력하는 가운데 다가올 미래의 위협에 대응하거나 직면한 문제를 해결하기 위하여 필요한 대안을 선택하고 나열하는 과정이다. 따라서 전략을 개발하는 것은 목적을 달성하는 가운데 도출되는 것이며, 대안을 선택하는 연속적인 과정으로 구성된다.

제4장에서 다룬 것과 같이 공공조직은 공공가치의 실현을 목적으로 하며, 그 과정은 필연적으로 정치적 과정과 연계된다. 일련의 과정은 각각의 행동 방안을 필요로 한다. 전략의 유형을 통하여 그러한 행동 방안에는 무엇이 있는지 살펴본다.

긴터 외(Ginter et al., 1995)에 따르면 전략적 대안을 작성할 때는 전략적 방향 제시(directional strategy), 적응 전략(adaptive strategy), 진입 전략(entry strategy), 포지셔닝 전략(positioning strategy), 운영 전략(operational strategy)으로 나누어 생각하는 것이 바람직하다. 각 전략의 단계는 〈표 7-1〉과 같이 정리할 수 있다.

표 7-1 전략의 단계와 유형

전략 유형	개념
전략적 방향 제시	조직이 나아갈 방향을 제시하는 단계로 조직의 미션과 비전을 정한다. 이 전략을 통하여 조직이 가진 철학과 가치를 이해할 수 있고 성공을 위하여 어떤 대상을 벤치마킹할지가 정해진다.
적응 전략	조직의 비전을 달성하기 위한 방법이 무엇이지를 정하는 단계이다. 여기서 조직이 운영하고 있는 사업을 확장할 것인지, 축소할 것인지, 아니면 현재의 상황을 안정화시킬 것인지를 결정한다.
진입 전략	협력이나 발전을 통하여 현재 진행하는 사업을 확장하거나 안정화해나가는 단계이다. 이 전략을 통하여 새로운 영역으로 진입할지를 결정하게 된다. 만일 축소 전략을 선택한다면 이 전략은 필요하지 않다.
포지셔닝 전략	조직이 다른 조직과 어떤 관계를 맺고 어떤 입지를 차지할 것인가와 연관된 결정을 하는 단계이다. 이 전략은 동일한 업무를 수행하는 기관과의 경쟁전략과도 연관되며 전체 환경의 관점에서 이해하는 것이 바람직하다.
운영 전략	조직의 개별 분야별로 개발하는 전략이다. 조직 전체의 전략을 수립하면서 형성할 문화, 시설관리, 사회적 책임 등의 과업과도 연관된다. 마케팅, 재정, 정보통신 체계의 형성, 인적자원관리 등의 문제를 포괄적으로 다루는 단계이다.

제 2 절 전략적 방향의 제시

전략적 방향의 제시는 미션, 비전, 가치, 목표 등을 정하는 과정이다. 이러한 방향의 설정과 연계하여 적응전략, 포지셔닝 등이 이루어지기 때문에 방향 제시가 중요하고 가장 먼저 이루어져야 한다. 전략적 방향은 반드시 성과의 측정으로 이어져야 하며 그것은 조직의 전략적 목표와 연계된다. [그림 7-1]에 나타난 것처럼 앞에서 논의한 미션, 비전, 가치 등을 정하고 나면 성과지표를 개발하고 조직구성원들

그림 7-1 전략적 방향을 결정하는 미션, 비전, 가치

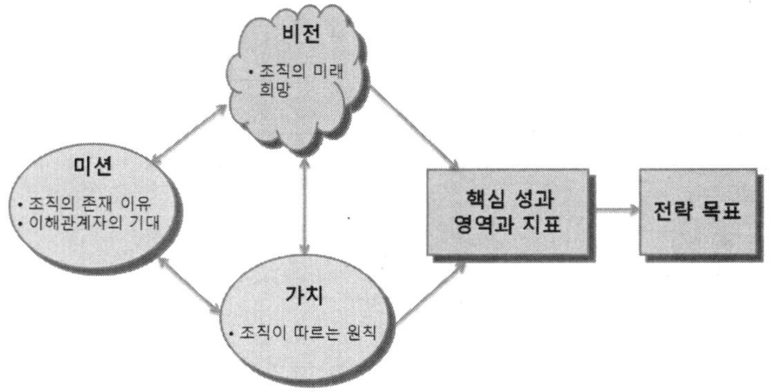

에게 동의를 얻는 절차가 필요한 것이다.

공공기관에서의 비전과 가치는 공공성을 강조한다. 따라서 성과 영역과 지표도 사업효과성에 대한 지표와 공공 성과의 지표로 구성되는 것이 바람직하다. 다차원적 공공 성과는 투입, 과정, 산출의 과정을 따라서 설명할 수 있으며, 크게 관리적 성과, 사업효과성 성과, 공공성 성과로 나누어서 설명할 수 있다. 관리적 성과에는 재정적 건전성을 측정하는 재정 성과와 직원들의 성장과 발전을 측정하는 지식 성과, 인력의 원활한 수급과 배치 전환, 동기 유발과 연관된 인적 자원 성과가 있다. 그리고 진행하는 사업들의 효과성을 평가하는 사업효과성 평가와 공공성 성과가 결과적 측면의 성과로 나타난다. 공공성 성과는 실체적 공공성과 과정적 공공성으로 나누어서 측정할 수 있다. 실체적 공공성은 민주적 가치로서의 기본권과 배분적 정의, 인간다운 삶에 대한 보장 등의 실현정도와 연관되는 반면 과정적 공공성은 공공조직이 프로그램을 설계하고 집행하는 과정에서 공권력을 가진 행

위자들의 행위 과정이나 절차가 민주적 가치들을 이행하고 있는가를 평가하는 차원의 공공성이다. 이상의 지표들은 매우 다양한 방식으로 측정될 수 있으며 그 구체적인 내용은 정무권(2010)에 제시되어 있다.

그림 7-2 다차원적 공공 성과(pubic performance) 모형

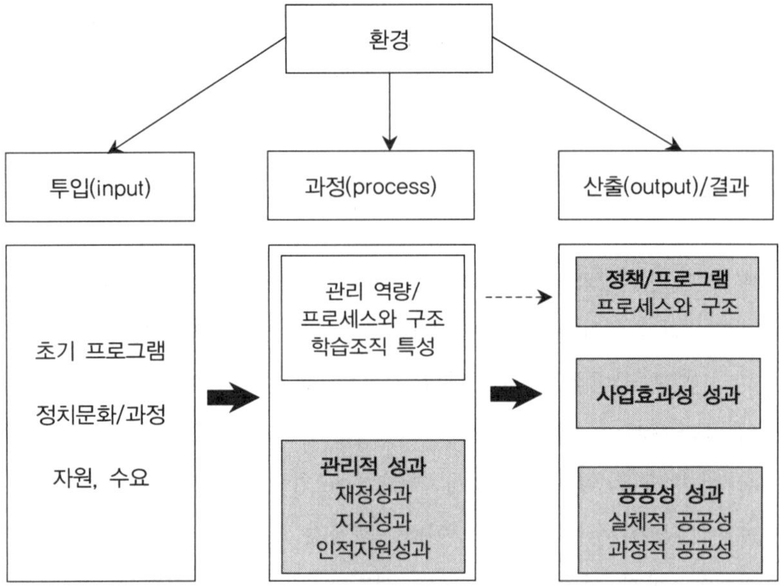

자료: 정무권(2010: 349).

제 3 절 적응 전략

조직의 미래를 결정할 전략을 세울 때 가장 먼저 조직을 확장할 것인지, 축소할 것인지 아니면 안정된 상태를 유지할 것인지를 결정하여야 한다.

먼저 확장 전략은 사업 분야의 다양화(diversification), 수직적 통합(vertical integration), 시장 개발(market development), 제품 개발(product development), 침투 전략(penetration) 등으로 나뉜다.

(1) 확장 전략

① 다양화 전략

다양화 전략은 현재 조직이 역점적으로 수행하는 일이 아닌 새로운 환경에서 상당한 발전 가능성이 있는 경우에 활용하는 전략으로 공공조직에서는 새로운 사회경제적 수요가 발생할 때 새로운 사업을 통하여 새로운 서비스를 충족시키는 것이다. 이 전략은 조직이 기존에 하지 않던 그래서 익숙하지 않던 일을 새롭게 시작하는 것이기 때문에 높은 위험 부담을 감수해야 한다. 다양화 전략은 두 가지로 나뉘며, 현재와 유사한 운영을 하면서 새로운 환경에 진입하는 것을 관련 다양화(related diversification)라고 하며, 현재와는 다른 운영을 하면서 새로운 환경에 진입하는 것을 비관련 다양화(unrelated diversification)라고 한다.

[그림 7-3]에서 나타난 것과 같이 지역 공중보건기관에서 새로운 보건교육, 지역 순회진료, 의료기기 판매, 장기요양 서비스, 알코올 중독 치유 등의 분야에 새롭게 진입한다면 관련 다양화 활동으로 조직의 영역을 확대하는 전략이 될 것이다. 반면 유휴공간을 임대한다거나 식당을 운영하면서 수익을 창출한다면 비관련 다양화 활동을 통하여 훨씬 더 새로운 환경에 진입하는 것이 될 것이다. 이러한 다양화는

그림 7-3 **사업 다양화의 유형**

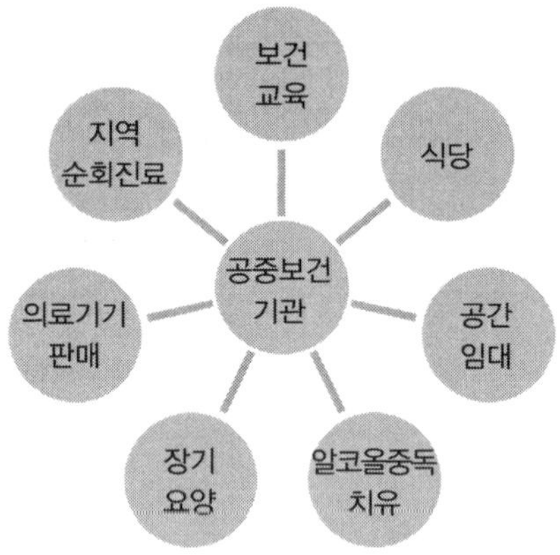

조직에 큰 기회를 줄 수도 있지만 위협 요인이 될 수도 있기에 주의 깊게 대응해야 한다. 이미 앞에서 살펴본 일본 유바리 시의 경우 탄광 개발과 관련성이 낮은 관광산업을 새롭게 개발하기 위한 사업에 진입

그림 7-4 **수직적 통합: 건축 관련 공기업의 경우**

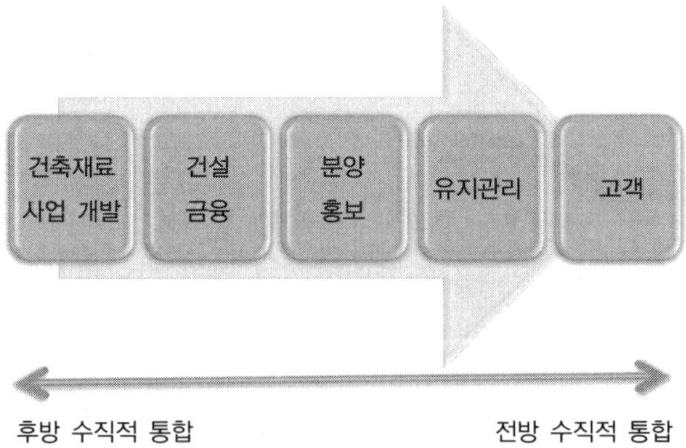

하였으나 재정적으로 큰 적자를 유발하였고, 행정 서비스 제공에도 많은 어려움을 유발하게 되었다.

② 수직적 통합

두 번째 확장전략은 수직적 통합이다. 수직적 통합은 핵심 역량과 연관된 기능을 중심으로 성장을 도모하는 전략이다. 수직적 통합에는 두 가지가 있다. 첫째, 전방 수직적 통합은 고객이나 시민들에게 가까운 서비스를 제공하는 방식으로 성장해 나가는 전략이다. 반면 후방 수직적 통합은 고객에게 직접 서비스를 제공하기보다 핵심 역량을 지원하는 데 연관된 기능을 찾아가는 방식으로 성장하는 전략이다. 지역주민들에게 공공 주택을 보급하기 위한 건설사업을 주된 기능으로 하는 지방공기업의 수직적 통합을 가정해 보자. [그림 7-4]에 나타난 것과 같이 건설사업을 진행하면서 각종 분양/홍보・건축물 유지관리, 고객과의 관계 관리 등의 영역으로 사업을 확장할 때 전방 수직적 통합으로 정의할 수 있다. 반면 금융, 건축재료 개발 및 판매, 사업 개발 등의 업무를 중심으로 성장한다면 후방 수직적 통합으로 정의할 수 있다. 일반적으로 이 전략은 민간기업에서 성장을 도모할 때 활용하는 전략이다. 컴퓨터 완제품을 생산, 판매하던 기업이 부품을 제조하거나 원재료를 구매, 판매하는 산업으로 발전해 간다면 후방 수직적 통합이 되고, 원활한 판매를 위하여 온라인 쇼핑몰 등을 운영한다면 전방 수직적 통합이 되는 것이다.

수직적 통합을 하는 이유는 무엇보다도 비용 절감의 효과가 있고 품질관리에 용이하며 일정관리에도 용이하기 때문이다. 기존 사업과 연관된 사업을 진행할 때 규모의 경제가 발생할 가능성이 크며 다양한 거래비용도 줄일 수 있다. 기존 업종과 크게 다르지 않은 사업을

Box 7.1 민간기업에서의 다양화: 인텔(Intel)의 경우

1980년대 이후 일반 PC의 대중화와 함께 모든 PC에 반드시 필요한 부품이었던 마이크로프로세서를 제조하는 인텔(INTEL)은 독점적 공급자의 지위를 견고히 해왔다. 그러나 1990년 PC시장이 점차 포화 상태가 되어갔고 인터넷의 영향력이 커지면서, 새로운 성장 동력을 필요로 하던 상황에 직면하였다. 이러한 환경에 직면한 인텔은 커뮤니케이션 칩(communication chip) 분야로 사업을 다양화하기 시작한다. 신기술을 개발하는 대신 기존 기업을 인수하여 해당 분야의 강자인 루슨트 테크놀로지(Lucent Technology), 모토롤라(Motorola), 텍사스 인스트루먼트(Texax Instrument) 등의 뒤를 쫓는 위치까지 성장한다. 그러나 2000년대 중반 이후 인터넷 환경에서 고품질의 음악을 청취하고 영화를 시청하며 영상통화, 텔레콘퍼런스(teleconference) 등을 시도하는 등 환경이 변화하면서 빠른 속도와 함께 대용량 정보 처리 능력을 갖춘 칩(chip)에 대한 수요가 급증한다. 이러한 칩에 대한 경쟁력을 충분히 축적하지 못한 인텔은 다시 마이크로프로세서 시장으로 회귀하였고 듀얼코어, 쿼드코어 등을 선제적으로 생산하면서 경쟁력을 회복한다. 1990년대 인텔의 사업 다양화는 장기적으로 볼 때 실패로 판명되었고 신중한 접근이 중요함을 알려주는 사례이다.

진행할 때 품질관리 면에서도 기존 직원과 지식을 활용할 수 있기 때문에 비용을 줄일 수 있다. 반면 수직적 통합의 경우 급격한 기술 변화가 도래할 때 대응이 어려울 수 있으며 예측 불가능한 수요에 대한 대응이 어려울 수도 있다.

Box 7.1에서 나타난 것과 같이 인텔의 경우 커뮤니케이션 칩에 대한 급격한 수요 증가가 나타났을 때 기회로 포착하기보다 위협에 직면하게 되었다. 고용량 자료 처리를 위한 기술 변화를 따라잡지 못하였고 수요의 증가 자체를 예측하지 못하였다. [그림 7-5]에 나타난 소니는 다양한 혁신과 마케팅 능력을 통하여 성장한 대표적인 전자제품

제조 기업이다. 20세기 후반 분권적 의사 결정 구조를 바탕으로 다양한 혁신 역량을 발전시켰고 다양한 제품을 개발하여 2000년대 초반까지도 시장에서 강한 지배력을 갖고 있었다. 소비자 전자기기 업계를 중심으로 발전하던 소니는 컴퓨터 산업으로의 관련 다양화와 플레이스테이션 분야로의 비관련 다양화를 진행하였고 영화 및 음악 제작 분야로의 전방 수직적 통합뿐만 아니라 전자부품 생산에도 개입하여 후방 수직적 통합을 시도하였다. 즉, 다양한 분야로의 사업 확장을 시도한 것이다. 그러나 소니의 분권적 의사 결정 구조는 많은 관리비용을 유발하였고 급속한 환경 변화 속도를 따라잡지 못하게 되었다. 결국 시장에서 필요로 하는 혁신을 뒷받침하지 못하는 결과를 낳았고 일부 분야에서는 다른 기업에 따라잡히거나 훨씬 뒤지는 결과를 초래하게 된다. 기존의 산업과 연관된 분야로의 진출을 모색하고 점차 사

그림 7-5 소니의 다양화와 수직적 통합

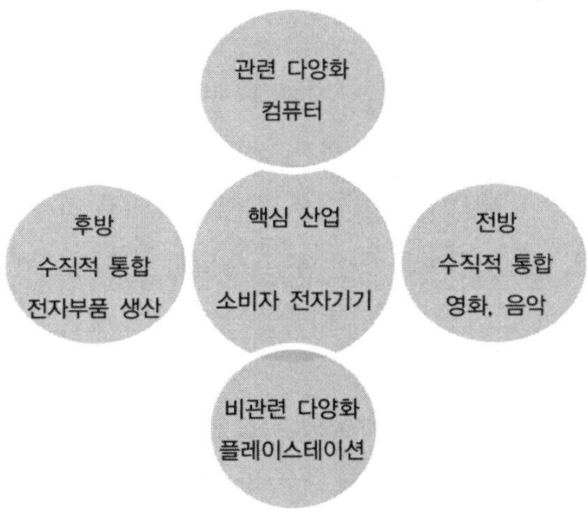

업 영역을 확대하는 것은 공공기관이나 민간기업 모두에게 큰 기회가 될 수 있다. 그러나 성공적인 다양화와 수직적 통합을 이루어 내기 위하여 환경에서의 변화를 예의 주시하고 새로운 제품과 서비스를 제공하기 위한 혁신 역량을 효율적이고 주도면밀하게 지원할 수 있는 체계를 갖추는 것이 중요하다.

③ 시장 개발, 제품 개발, 침투 전략

시장 개발 전략은 기존의 서비스를 다른 고객집단에게 제공하는 것을 말한다. 즉, 새로운 지역으로 서비스를 확대하거나 기존 서비스 지역 중에서 서비스를 받지 않던 사람들까지 포괄하여 서비스를 제공하는 것이다. 공공주택을 공급하던 지방공기업에서 새로운 지역에 공공주택을 제공하거나 새로운 소득계층에게 공공주택을 제공하기 시작하는 것은 시장 개발 전략에 속한다. 제품 개발 전략은 새로운 서비스를 기존 고객집단에게 제공하는 전략이다. 관련 다양화 전략은 과거에는 없던 새로운 제품이나 서비스 영역에 속하는 것을 제공하는 반면 제품 개발 전략은 기존 제품의 성능을 개선하거나 보완하여 새로운 형태의 서비스로 제공하는 것이다. 공공주택 제공의 방식을 개편하여 새로운 임대 형식을 도입하는 것은 제품 개발 전략에 속한다. 침투 전략은 기존 제품이나 서비스를 기존 시장에서 점유율을 높이도록 하는 것이다. 기존 서비스 지역에서 동일한 유형의 공공임대주택을 더 많이 공급하여 공공주택의 비율을 높여가는 것은 침투 전략에 속한다.

지금까지 논의된 확장 전략들의 특징을 리스크의 정도와 유용한 상황으로 구분하여 정리하면 〈표 7-2〉와 같다.

표 7-2 확장 전략의 특징과 유용한 상황

전략	리스크	유용한 상황
관련 다양화	중간	• 높은 성장률을 필요로 할 때 • 기존 목표의 추구가 어려울 때 • 새로운 사업에서 시너지를 창출할 수 있을 때 • 계절적 · 주기적 영향을 줄일 수 있을 때
비관련 다양화	높음	• 높은 성장률을 추구할 때 • 현재 목표를 추구하기 어려울 때 • 기존 환경이 쇠퇴해가는 추세일 때 • 조직에 활용 가능한 현금자산이 많을 때
후방 수직적 통합	높음	• 원료나 핵심 재료의 공급이 원활하지 않을 때 • 전달 체계의 신뢰성이 떨어질 때 • 기존 재료나 서비스의 가격과 품질이 가변적일 때 • 환경이 오랜 기간 동안 우호적일 것으로 예상될 때
전방 수직적 통합	높음	• 신속한 서비스를 필요로 하는 경우 • 단계별로 원활한 조정이 필요한 경우 • 환경이 오랜 기간 동안 우호적일 것으로 예상될 때
시장 개발	중간	• 기존 제품 · 서비스에 대한 새로운 시장이 있을 때 • 새로운 시장에서 효율성을 담보할 수 있을 때 • 기대수익이 높을 때 • 조직이 비용적 측면에서 우위에 있을 때 • 조직의 제품이 충분히 차별화되어 있을 때 • 기존 시장이 성장하고 있을 때
제품 개발	중간	• 고객들의 취향이 변할 때 • 생산기술이 변할 때 • 현재 환경은 우호적인데 제품이나 서비스가 취약할 때 • 차별화를 통한 우위를 유지하거나 창출할 수 있을 때
침투	중간	• 현재 환경이 우호적으로 변화하고 있을 때 • 기대수익이 높을 때 • 조직이 비용적 측면에서 우위에 있을 때 • 조직의 제품이 충분히 차별화되어 있을 때 • 혁신을 통하여 환경의 생애주기를 연장할 수 있을 때

(2) 안정화 전략

안정화 전략은 기존 전략이 적절하고 큰 변화가 필요 없을 경우 활용하는 전략으로 조직이 점진적으로 발전할 수 있도록 유도하는 전략이다. 안정화 전략은 역량 개발과 현상 유지 전략으로 나눌 수 있다.

① 역량 개발

역량 개발은 비전과 목표를 향하여 나아가는 과정에서 더 효과적으로 목표를 달성할 수 있도록 능력을 키우는 활동을 말한다. 비용 절감을 위한 다양한 학습조직 프로그램이나 TQM과 같은 품질관리 프로그램의 도입 등을 활용할 수 있다. 현대 사회가 지식기반 사회로 재편되기 시작한 만큼 효과적인 지식관리와 상호작용을 통한 학습(learning-by-interaction)이 필수적이다. 학습조직은 타율적으로 진행하는 훈련이나 교육이 아닌 자율적 · 참여적 · 민주적으로 구성된 상호작용의 장에서 지식의 습득을 통한 환경에의 적응과 새로운 지식의 창조로 특징지을 수 있다. 즉, 학습조직은 조직 전체가 학습하면서 새로운 지식을 습득하는 생성적(generative) 특성을 갖추어야 하고 이를 통한 혁신과 변혁을 추구하여야 한다.

마식과 왓킨스(Marsick & Watkins, 1993)는 학습조직의 특징을 다음과 같이 정의하고 있다. 지속적인 학습 기회의 창출, 대화와 연구의 활성화, 협력과 팀학습에 대한 격려, 공통의 비전을 향한 임파워먼트(empowerment)는 개인과 팀 수준의 학습활동이라면, 조직의 외부 환경과의 연계, 학습을 찾아내고 공유하는 시스템, 학습을 위한 전략적 리더십은 조직 차원에서 발생하는 학습활동이다.

• 지속적인 학습 기회의 창출: 일하는 동안 직원의 문제, 도전과 실

수로부터 배울 수 있도록 하는 작업의 계획과 학습 기회 그리고 다양한 공식적·비공식적 학습을 지원하는 인센티브 등 기회의 제공

- 대화와 연구의 활성화: 자신의 생각이나 아이디어를 타인에게 분명히 전달하는 능력을 향상시키고 표면적으로 드러난 현상의 근본 원인에 대한 탐구 능력을 향상하는 다양한 기제가 마련된 정도
- 협력과 팀학습에 대한 격려: 기능별 조직의 구분을 넘어서 정보를 공유하고 가치를 창조하는 활동
- 공통의 비전을 향한 임파워먼트: 개인과 조직에 동기를 부여하고 다양한 구성원을 융합시키는 비전을 형성하여 그 비전을 실천에 옮기도록 권한을 부여하는 것
- 조직의 외부 환경과의 연계: 조직을 둘러싼 환경을 정확히 인지, 해석하고 이를 바탕으로 한 역할의 인식 그리고 직원들이 자신의 작업이 조직과 환경에 어떤 영향을 미치는지를 확인하도록 하는 시스템
- 학습을 찾아내고 공유하는 시스템: 다양한 기술을 체계화하여 그 기술을 학습할 수 있는 기회를 제공하고 그 결과를 조직의 지식으로 흡수하여 업무에 적용시키는 시스템
- 학습을 위한 전략적 리더십: 조직 전체적으로 학습의 우수 사례를 발견하고 전파하여 바람직한 변화를 유발하고 지원할 수 있는 역할의 정도, 즉 학습의 지도자로서의 리더의 지원자와 학습 유발자로서의 역할

Box 7.2 TQM

전사적 품질관리(Total Quality Management: TQM)는 제품이나 서비스의 품질뿐만 아니라 업무, 환경, 조직구성원의 자질까지 품질의 개념에 포함시켜 총체적으로 관리해야 한다는 관점을 반영한 관리 방식이다. TQM은 미국과 유럽에서 1920년대부터 개발되어 활용되기 시작하였다. 이 제도는 1960~70년대 이후 일본 자동차 업계와 가전제품 업계의 급속한 성장세에 위기에 봉착한 미국 기업들 중심으로 활성화되었다. TQM에서 강조하는 요소는 고객만족도, 전원 참여, 지속적인 품질관리의 원칙이다. 고객만족도를 높이기 위한 품질관리 활동을 품질관리 책임자뿐만 아니라 마케팅, 엔지니어링, 인사관리 등 모든 분야에서 진행한다. 그리고 조직의 모든 구성원이 품질관리 활동의 실천자가 될 것을 강조한다. 그리고 품질관리 활동을 하나의 조직문화로 정착시켜 지속가능성을 높이고 조직구성원의 의식을 개혁하여 궁극적으로 경쟁력을 높일 수 있다고 강조한다. 한국에서는 1990년대부터 정부에서 TQM을 강조하여 많은 기업에 확산되었고, 정부에서도 고객지향성, 학습조직 등에 대한 다양한 노력을 진행한 바 있다.

② 현상 유지 전략

현상 유지 전략은 충분히 조직 역량이 갖추어졌고 향후 효과성도 높을 것으로 예상되는 경우에 현재의 서비스를 그대로 유지하면서 가능한 한 현재의 생애주기를 연장할 수 있도록 하는 방법이다. 현상 유지 전략은 현재의 사업활동을 유지해야 할 필요가 있는 경우와 서비스의 생애주기가 성숙한 단계인 경우에 활용되며 전략의 리스크는 매우 낮은 경우에 해당한다.

서비스의 생애주기는 그림에 나타난 것처럼 주로 네 단계로 구성된다. 현상 유지전략은 주로 성장 단계나 성숙 단계에서 나타나는 현상이다. 성장 단계에서 급속한 성장세를 이어가거나 성숙 단계에서 완만한 성장세를 이어가면서 지속가능성을 높여가는 전략을 활용할 수 있다. 성장 단계에서는 이해관계자들에게 가장 호평을 받는 서비스를 브랜드화하고 재정 여력이 허용하는 범위 내에서 서비스 대상과 영역을 확산해 나감으로써 급속한 성장세를 이어갈 수 있다. 성숙 단계에서는 서비스를 안정화하고 지속 가능하도록 인적 자원의 역량을 개발하고 제도적 보완을 해나가는 것이 중요하다. 따라서 이 전략은 현재 조직이 생애주기의 어떤 국면에 진입해 있으며, 가장 역점이 되는 서비스의 특성에 대하여 이해하고 지속가능성을 높일 수 있는 방안을 모색하는 것이 중요하다.

그림 7-6 조직의 생애주기와 성과

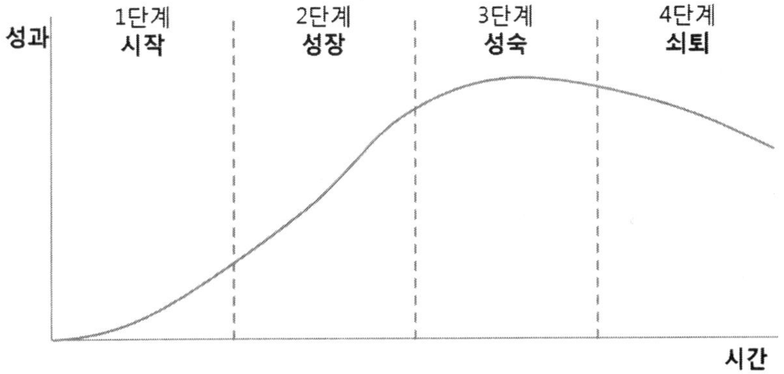

(3) 축소 전략

조직의 원활한 운영이 어렵고 새로운 대안을 모색해야 하는 상황에서 기존의 서비스를 정리하는 절차를 밟기도 한다. 이 전략은 철수, 정리, 수확, 비용 절감 등으로 나눌 수 있다. 먼저 철수 전략은 현재의 환경 속에서 사업의 지속가능성이 없다고 판단될 때 조직을 매각하거나 청산하는 절차로 돌입하는 것이다. 장기적으로 사회적 중요성이 더 높은 사업에 투자하기 위하여 사회적으로 필요성이 낮은 서비스에 대하여 적절한 절차를 밟아서 분리하여 폐지하거나 아웃소싱하는 방안을 활용할 수 있다. 정리 절차는 조직이 보유하고 있는 자산을 매각하는 것으로 일부 시설, 설비, 자산 등을 매각하여 필요한 사업에 집중할 수 있다. 수확을 극대화하는 전략은 현재 많은 서비스가 이루어질 필요가 있으나 장기적으로는 필요성이 급감할 것이 예상되는 경우 현재의 서비스에 최대한의 효율성을 추구하여 그 성과를 높이는 방안이다. 비용 절감 전략은 사업 진행을 위한 비용이 증가하는 반면 수익이 감소하는데 환경의 여건은 호전되는 경우에 서비스의 대상을 변경하거나 각종 비용을 감축함으로써 사업의 효과성 제고를 도모하는 전략이다. 이러한 축소 전략이 갖는 리스크와 상황 요건은 〈표 7-3〉과

표 7-3 축소 전략의 특징과 유용한 상황

전략	리스크	유용한 상황
철수	낮음	• 장기적으로 환경이 우호적이지 않을 때 • 새로운 유망한 서비스를 위한 투자가 필요한 경우 • 핵심 분야와 시너지 효과가 형성되지 않는 경우 • 새로운 사업 개발에 많은 투자를 하여야 할 때
정리	낮음	• 조직을 더 이상 운영하기 어려운 경우 • 자산을 매각해야 하는 경우 • 새로운 서비스 방식으로 인하여 더 이상 사업이 유용하지 않을 때
수확	낮음	• 단기적으로 자금이 필요한 경우 • 사업의 생애주기가 침체기로 접어든 경우
비용 절감	중간	• 인건비가 지나치게 많이 지출되는 경우 • 제공되는 서비스의 유형이 너무 많은 경우 • 생산성이 저하되는 경우 • 서비스의 대상이 지리적으로 너무 확대되어 있을 때

같이 요약할 수 있다.

제 4 절 진입 전략

진입 전략은 조직이 그 영역을 확대하고 새로운 사업에 진입하는 경우 새로운 자원을 얻고 동의와 지지를 구하기 위하여 활용하는 전략이다. 새로운 일을 시작하는 것은 많은 자원을 필요로 하기 때문에 다양한 기관들의 협력과 상호 투자가 중요하다. 진입 전략이 활용되어 새로운 사업을 시작하는 경우에도 앞에서 논의한 적응 전략은 중요한 대안이 된다. 따라서 성공적인 진입 전략을 위하여는 다양한 전략의 조합도 중요하다.

(1) 협력 전략

① 합병

최근 공공부문에서도 두 개 이상의 서로 다른 조직이 새로운 조직으로 다시 태어나는 합병을 경험하는 경우가 많아졌다. 조직이 합병되면 새로운 조직이 만들어질 뿐만 아니라 새로운 이름을 갖고 새로운 정체성을 발전시키게 된다. 합병을 시도하는 이유는 규모의 경제를 실현하여 효율성을 높이거나 서비스의 중복을 피하고 좀 더 다양한 고객과 지역을 대상으로 서비스를 제공할 수 있으며, 한 기관에서 다양한 서비스를 동시에 제공함으로써 재정적 성과를 높이는 것을 목표로 한다. 한국 공공기관의 경우 1990년대 후반부터 지속적으로 논의되어 왔던 한국토지공사와 대한주택공사의 2009년 합병을 통한 한국토지주택공사의 출범이 있었다. 정보통신 콘텐츠 분야에서 12개 기관의 합병을 통하여 한국인터넷진흥원, 정보통신산업진흥원, 한국정보화진흥원, 한국콘텐츠진흥원 등 4개 기관이 출범하였다. 이 경우 모두 효율성을 강조하는 환경의 요구가 있었고, 이에 대한 다양한 법제적·문화적 제도의 조정을 거쳐 합병에 이르게 된다.

② 전략적 제휴

이미 존재하는 다수의 조직이 장기적으로 전략적 목표를 달성하기 위하여 서로 연계하는 활동이 전략적 제휴이다. 이 방안은 기존 조직의 독립성을 그대로 유지하면서 경쟁력을 높이는 방안으로 활용되기 때문에 많은 조직이 선호하는 방식이다. 전략적 제휴는 다양한 방식이 있다. 기관 간 장기 계약을 통하여 자원을 공유하거나 아웃소싱을 통하여 특정 업무를 위임할 수 있다. 공동의 프로젝트를 다양한 기관들이 참여하여 함께 진행할 수 있으며, 좀 더 광역적인 지역에 포괄적이고 광범위한 서비스를 제공하기 위하여 다양한 지방자치단체가 협력 관계를 형성할 수도 있다.

전략적 제휴 관계가 형성된 이후에도 다양한 조직이 제도적·문화적으로 갈등을 빚을 가능성이 많기 때문에 지속 가능한 관계 형성을 위한 노력이 중요하다. 이러한 관계를 제도화하기 위하여 최근 강조되는 개념이 협력적 거버넌스(collaborative governance)이다. 협력적 거버넌스 개념에서는 공공기관 외부에 존재하는 비정부조직(NGO), 기업, 개인과의 협력 관계를 통하여 서비스를 제공하고 시민과 공동체를 협력의 대상으로 인식할 것을 강조한다. 이러한 추세는 앞으로 지속될 것으로 예상되며 더 많은 공공기관의 서비스와 프로그램이 파트너십 관계에 의하여 제공될 것으로 예상된다.

(2) 개발 전략

개발 전략은 내부의 자원을 활용하여 새로운 영역에 진입하는 방식을 말한다. 기존의 조직구조, 인사, 재정 등을 활용하여 새로운 서비스를 창출해 내는 방식 또는 조직 내에 독립된 부서를 새롭게 만들어서 필요한 서비스를 생산하는 방식을 활용할 수도 있다. 공공기관에 대한 새로운 수요는 항상 존재하고 그 수요를 충족시키기 위한 노력은 계속되어야 한다. 이러한 노력이 전체 조직 차원에서 이루어질 수도 있지만 특정한 부서나 새로운 부서에서 이루어질 수 있는 것이다.

새로운 서비스를 개발하기 위한 부서별, 팀별 활동을 장려하기 위하여 다양한 지원 프로그램을 만드는 것은 중요한 동기 유발 수단이 된다. 특정한 주제를 중심으로 동호회나 연구회의 구성을 활성화할 수 있으며 이러한 집단을 중심으로 새로운 아이디어를 사업으로 구상하고 입안하여 집행한다면 새로운 서비스를 원활하게 개발할 수 있다. 여기서 중요한 것은 공식적인 체계를 통하여 이루어지는 훈련이나 교육보다 비공식적 경로를 따라서 발생하는 비형식 학습이다. 비형식 학습은 구조화되거나 제도적으로 지원받거나, 교실에서 이루어지는 활동 이외의 학습을 말한다. 여기서 중요한 것은 경험을 통하여 배우는 적극성, 창의성, 비판적 성찰의 과정이다. 이러한 과정을 통하여 활발한 학습공동체가 형성될 수 있고 협력학습 체제도 마련될 수 있으며 끊임없이 새로운 아이디어가 제시될 수 있다. 따라서 개인과 팀, 전체 조직이 항상 학습하고 상호작용할 수 있는 학습조직 시스템을 형성하는 것은 내부 역량을 극대화하여 새로운 서비스를 개발하는 데 기여할 것이다.

제 5 절 포지셔닝 전략

공공기관에서 새롭게 사업을 시작하거나 그 성격을 재정의할 때, 다른 기관과의 관계 속에서 어떤 입장을 취할 것인가를 결정하는 것이 중요하다. 포지셔닝 전략이 다양한 서비스를 폭넓게 제공할 것인지 아니면 특정한 서비스에 대한 전문성을 키워갈 것인지를 결정하는 것이다. 포지셔닝 전략에는 일반적인 분야에 대하여 광범위한 서비스를 제공하는 전략인 일반화 전략과 특정한 업무 중심으로 사업을 전개하는 영역 분할 전략이 있다.

이 장의 시작과 함께 소개한 사례에 제시된 바와 같이 정보통신기술이라는 거시적 환경 변화가 명확히 다가올 때 다른 국가보다 우선적으로 환경에 진입하여 전자정부를 비롯한 다양한 사업을 일반적으로 확충하여 제공하는 전략이 바람직할 수 있다. 당시 대통령이 주재하는 위원회뿐만 아니라 정보통신부와 행정자치부, 그리고 각종 국책연구기관 등에서 나름대로의 전략적 기획을 마련하고 정보통신기술의 발전과 관련된 대부분의 영역에서 새로운 사업을 진행하였다. 환경 변화 추세에 대한 분석이 정확하고 사업 착수의 시점도 적절한 경우 장기간에 걸친 편익을 얻을 수 있다. 이 과정에서 중요한 것은 다양한 기관의 파트너십을 잘 활용하는 것이 필요하다. 서비스의 범위가 넓은 만큼 다양한 기관들이 개입하게 될 가능성이 크기 때문에 그 기관들 사이의 연결망을 어떻게 형성하는 가가 중요한 이슈이다.

그러나 이미 환경 변화가 성숙기에 접어들었고 공공기관의 참여를 통하여 큰 변혁을 가져오기 힘든 경우 작은 수요에 대한 충족을 목표로 접근하는 것이 바람직하다. 민간기업이나 비영리조직이 제공하기 어렵지만 반드시 제공되어야 할 분야에 대한 시민들의 니즈를 분석하여 정부의 재원으로 서비스를 제공하는 경우 시장 분할 전략이 적합하다. 빠른 시간 내에 정확한 시민들의 수요를 찾고 가장 절실하게 원하는 집단을 대상으로 프로그램을 설계해야 하는 것이다. 그 집단을 중심으로 기존에는 존재하지 않던 새로운 사업을 체계적으로 제시하여 안정화시키는 것이 중요한 과업이 된다. 1990년대 후반 금융위기를 경험한 후 증가한 실업률에 대응하기 위하여 사회적 일자리 사업을 2년간 운영한 후 이를 사회적 기업 지원정책으로 확장하여 진행한 노동부의 정책 사례는 초기에 작은 사업으로 시작한 시장 분할 전략에 해당한다(한상일, 2013). 특히 이러한 사업의 경우 규모가 큰 다른 기관이 착수하기에 부적절한 경우에 적절하기 때문에 해당 분야에서 주도적인 역할을 수행하는 기관과의 협조를 통하여 축적된 전문성을 바탕으로 소수의 집단을 대상으로 한 사업을 설계하는 경우 경쟁 우위를 가질 수 있다.

미래 전략의 형성은 환경의 변화를 이해하고 그 변화에 부응하는 적절한 전략을 다각도로 강구하는 과정을 필요로 한다. 따라서 환경을 분석하고 우선순위를 결정한 다음 바람직한 미래상을 토대로 구체적인 전략을 설계하는 과정이다. 이 과정에서 미래를 대비한 전략이 구체화된다는 점이 중요하다. 다음 마무리 사례는 두 조직의 합병으로 탄생한 공기업의 향후 미래 전략에 대한 내용을 담고 있다. 이 조직의 경우 변화하는 환경에 대비하여 어떤 전략을 활용해야 할 것인지 생각해 보자.

마무리 사례: H메트로

H시의 황금노선을 달리는 H메트로는 심각한 재정적자 상황에 빠졌다. 이 적자는 상당 기간 지속적으로 이어지고 있다는 사실이 심각하다. 오상철 씨는 H메트로 사장에 취임하면서 일반직원, 노동조합 소속 직원, 협력업체, H시 시장 등을 계속 만나서 H메트로의 실체에 대하여 그리고 장단점에 대하여 알아나가기 시작했다. 그리고 과거에 부실한 지방공기업을 회생시켰던 경험을 통하여 자신이 원하는 변화를 조직에 강요하거나 지시하면 실패할 것이라는 사실도 잘 알고 있었다. 공식 취임한 즉시 오상철 씨는 조직 내 협력 체계 강화를 위하여 전략적 기획 팀을 만들고 이들을 중심으로 재정적자를 완화하기 위한 대응 방안을 논의하기 시작하였다. 이러한 팀은 H메트로에 새롭게 도입된 제도였으며 기존 조직구조에서는 활용되지 않고 있었다. 이 팀에서 공기업 운영 과정에서 발생하는 다양한 문제점을 밝혀내고 그 해결책을 오상철 씨와 고위관리자들에게 건의하였다. 몇 가지 중요한 문제가 밝혀졌으며 그 문제들은 초기에 오상철 씨가 직접 알아냈던 문제들과 맞아떨어졌다. 재정적자는 일부 노선의 저조한 탑승률과 과도한 비용이 유발한 결과였고, 취약한 관리 운영 체제로 인하여 그 문제를 해결하지 못하고 있었다. 일관된 전략, 이윤 추구를 위한 동기, 고객에 대한 자세 등이 모두 부족한 상태였다. 부서 간 협력 체계도 작동하지 않았고 위기 의식도 없었다.

비용이 증가한 이유는 사용 가능한 시설이나 장비의 50%가량만이 활용되고 있었기 때문이다. 그런데 비용을 절감하기 위하여 인건비의 절감도 절실한 입장이었다. 그래서 오상철 씨는 직원의 자연 감소분보다 채용 인력을 줄이는 방식을 활용할 계획을 세웠다. 이러한 조치를 결행에 옮길 시점에는 근로자들에게 그러한 조치가 왜 필요하며 어떤 영향이 있을 것인지를 명확하게 확인시켜 주는 작업을 추진할 예정이다. 향후 발생할 여러 가지 혁신에 대하여 설명함으로써 불확실성을 줄이고 다른 업무에서의 시간제 근로 기회를 제공하면서 직원들에 대한 불이익을 최소화하려고 한다.

조직 운영에 필요한 구매비용의 비중도 너무 높았다. 지금까지 소수의 공급자에게 대량의 구매를 하지 않고 다양한 공급자에게 소량의 구매 오더를 내고 있었다. 그런데 구매하는 부품이나 장비의 가격 자체가 매우 높아서 비용 절감이 쉽지 않아 보이는 상황에 있었다. 고객들의 만족도도 감소하고 있었다. 창의적이고 혁신적인 서비스를 위하여 다양한 노력을 했지만 이제 새로운 브랜드 전략과 마케팅 패러다임을 필요로 하는 시점이 되었다. 아울러 전통적으로 공공부문에서 활용해 왔던 선임자 우선의 승진 체계와 같은 인적자원 관리 체계의 변화도 필요하였다. 종합적으로 볼 때 직원들의 불만을 유발하지 않고, 사기도 떨어뜨리지 않으면서 조직의 문화와 관행을 변화시키는 어려운 과업이 남아 있다. 즉, 선임자에게 큰 보상을 해주지 않고, 성과급 임금 체계를 만들고 책임 소재와 성과 기준도 명확하게 만들어서 조직과 개인의 목표와 성과를 측정 가능하게 만드는 것이 필요하게 되었다.

이런 상황에서 오상철 씨는 H메트로의 도약을 위한 계획안을 발표할 예정이다. 현재 직면하고 있는 여러 가지 조직 내적 문제를 극복하고 글로벌 경제 위기, 사회문화적 변화, 지구 환경에 대한 새로운 규제, 과학기술의 발전 등의 환경 변화에 적응하기 위하여 어떤 발전 방안을 제시해야 할까?

제7장 요약

1. 전략적 대안을 작성할 때는 전략적 방향 제시(directional strategy), 적응 전략(adaptive strategy), 진입 전략(entry strategy), 포지셔닝 전략(positioning strategy), 운영 전략(operational strategy)으로 나누어 생각해야 한다.

2. 전략적 방향 제시 단계에서는 조직이 나아갈 방향을 제시하며, 조직의 미션과 비전을 정한다. 이 전략을 통하여 조직이 가진 철학과 가치를 이해할 수 있고 성공을 위하여 어떤 대상을 벤치마킹할지가 정해진다.

3. 적응 전략은 조직의 비전을 달성하기 위한 방법이 무엇이지를 정하는 단계이다. 여기서 조직이 운영하고 있는 사업을 확장할 것인지, 축소할 것인지, 아니면 현재의 상황을 안정화시킬 것인지를 결정한다.

4. 진입 전략은 협력이나 발전을 통하여 현재 진행하는 사업을 확장하거나 안정화해 나가는 단계이다. 이 전략을 통하여 새로운 영역으로 진입할지를 결정하게 된다. 만일 축소 전략을 선택한다면 이 전략은 필요하지 않다.

5. 포지셔닝 전략은 조직이 다른 조직과 어떤 관계를 맺고 어떤 입지를 차지할 것인가와 연관된 결정을 하는 단계이다. 이 전략은 동일한 업무를 수행하는 기관과의 경쟁 전략과도 연관되며 전체 환경의 관점에서 이해하는 것이 바람직하다.

6. 운영 전략은 조직의 개별 분야별로 개발하는 전략이다. 조직 전체의 전략을 수립하면서 형성할 문화, 시설관리, 사회적 책임 등의 과업과도 연관된다. 마케팅, 재정, 정보통신 체계의 형성, 인적 자원관리 등의 문제를 포괄적으로 다루는 단계이다.

제 8 장

운영 전략의 개발

들여다보기: 지역사회가 환경 변화에 대응하는 방법

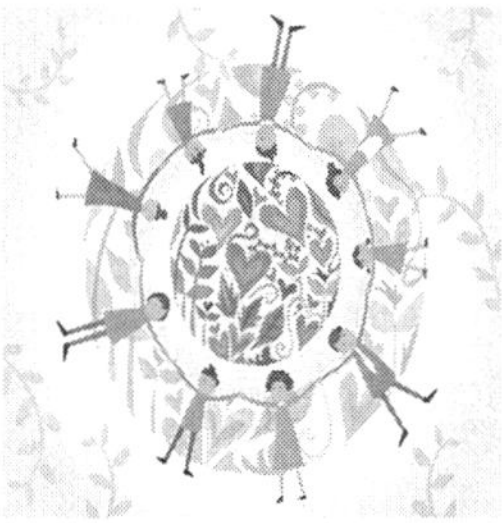

과거에는 공공기관이 제공하던 사회 서비스 영역에 사회적 기업이 참여하는 사례가 최근 들어 증가하고 있다. 사회적 기업은 기업의 형태를 갖추고 경제적 수익을 추구하지만 그 수익을 사회적 목적 달성을 위하여 활용하는 두 가지 상반된 목표(double bottom-line)를 동시에 추구하는 조직이다. 사회적 기업이 증가하는 추세는 글로벌 경제 위기가 반복되면서 새로운 형태의 사회적 수요가 증가함에 따라 정부의 재정 부담이 커져가고 있는 상황에서 새로운 대안이 필요하였기 때문이다. 이러한 사회적 기업들이 지역사회에서 정부나 기업과 협력 체계를 형성하여 지역문제 해결을 위하여 형성한 생태계를 사회적 경제라고 한다.

사회적 경제는 주로 경제 위기에 취약한 계층에 대한 서비스를 제공하기 때문에 환경 변화에 대응해야 하고 전략적인 사고를 필요로 한다. 한국의 사회적 경제 중에서 신용협동조합, 의료생활협동조합, 소비자생활협동조합, 노인생활협동조합 등의 협동조합과 사회적 기업이 네트워크를 구성하고 공동의 문제에 대응하는 대표적인 사례가 원주 사회적 경제이다. 원주의 사회적 경제는 역사적 발전 과정에 따라 다양한 집단화 전략을 활용한다. 집단화 전략은 다양한 조직이 서로 협력하는 전략을 말한다(Lee, Han, & Chung, 2014).

초창기 원주시 사회적 경제는 두 명의 사회적 기업가에 의하여 발전한다. 지학순 주교와 장일순 선생이 지역 주민들을 위하여 신용협동조합을 만들어 재정 지원을 시작하였고, 생활협동조합을 만들어 소비재를 저렴한 가격에 공급하였다. 이런 전통은 의료생협, 원주생협, 한살림 등 다양한 협동조합의 탄생으로 이어졌다. 새로운 사회적 수요가 생길 때마다 그 문제를 해결하기 위한 다양한 유형의 사회적 기업과 협동조합을 만들면서 서로 공동 투자하고 공동으로 마케팅 활동을 전개하는 활발한 협력 체계를 구성하였다. 현재는 사회적 경제 네트워크를 형성하여 지역사회 공동의 문제를 사회적 경제 조직들이 협력하여 해결하는 공식적 연결망을 제도화하였다.

원주시와 같은 사회적 경제의 발전은 스페인의 몬드라곤(Mondragon) 협동조합과 이탈리아의 트렌토(Trento) 등의 사례에서 발견되고 있으며, 현재 동아시아 국가에서도 사회문제를 위한 새로운 대안으로 주목하고 있다. 이와 같은 사회적 경제의 성공 비결은 사회적 기업가의 헌신적인 노력과 주민들의 적극적인 참여에서도 찾을 수 있지만, 운영 과정이 얼마나 투명하고 효율적인가에서도 찾을 수 있다. 원주시의 경우 다양한 사회적 기업들이 공동으로 마케팅을 하면서 많은 주민의 참여를 유도하였고, 이들이 회원으로 적극적으로 활동하면서 그 외연이 확장되었다. 가장 중요한 것은 태동기에 카리타스 인터내셔널(Caritas International) 등의 국제기구에서 수여한 원조자금을 신용협동조합의 형태로 운영하면서 주체적이면서도 전략적인 재정 운용이 가능하였다는 것이다. 그뿐만 아니라 대한민국의 민주화 시기에 조직화 역량을 발전시켰던 학생운동가와 시민운동가들이 지역사회 발전을 위하여 참여하면서 유능한 인적 자원의 활용이 가능하였다. 이러한 재정 역량과 인적 자원 역량이 전체 사회적 경제의 발전에 크게 기여한 것이다.

사회적 경제뿐만 아니라 다양한 공공기관도 새로운 사회적 수요에 직면하기 위하여 새로운 서비스를 제공해야 한다. 새로운 수요를 발굴하고 새로운 영역으로 진입할 때 거시적 미래 전략을 수립하는 것도 중요하지만, 마케팅, 재정 운용, 인적자원관리, 성과관리 등을 포괄하는 운영 전략을 수립하는 것도 중요하다. 공공부문과 지역사회는 지속 가능한 서비스를 제공해야 하기 때문에 다양한 개인과 기관이 참여하면서 협력 관계를 강화해 나가면서 지속가능성을 높이는 전략이 필요하며, 결국 운영 전략에서의 효과성이 중요하다.

제1절 운영 전략의 중요성

운영 전략은 전략적 기획안을 어떻게 실행에 옮길까에 대한 내용이다. 전략적 기획이 만들어지고 미래 전략이 수립되면 구체적인 실행 전략이 수립되어야 한다. 운영 전략은 크게 마케팅, 재정관리, 인적자원관리, 구조관리, 문화관리, 성과관리 등으로 구성된다. 이러한 전략들은 각각의 영역이 독자적인 학문 분과로 발전할 만큼 학문적·실무적 발전이 있었던 분야이다.

운영 전략이 중요한 첫 번째 이유는 전략적 기획이 실제로 집행되는 과정과 연관되기 때문이다. 그 과정에서 공공기관은 시민들과 접촉하게 되며 비로소 상호작용이 발생한다. 이를 통하여 기획안과 관련된 국민들이 정책의 대상이 되며 서비스의 수혜자가 아닌 지분과 소유권을 가진 이해관계자로서 행동하기 시작한다. 따라서 성과에 관심이 있고 기획에 의하여 자신의 삶에 영향을 받는 시민들이 참여하게 되는 것이다. 과거에는 정부가 일방적으로 선정하였던 국가 기반시설의 입지를 최근에는 시민들 또는 지역사회와의 긴밀한 타협과 협력에 의하여 선정하게 된다. 즉, 전략적 기획의 집행 과정에서 시민들과 상호작용이 발생하고 운영 전략을 수립할 때 바로 그런 측면을 적극적으로 고려해야 한다.

두 번째 이유는 운영 전략을 통하여 사회적 가치가 형성되기 때문이다. 기획이 운영 전략을 통하여 집행되면 다양한 사회적 가치가 배분된다. 공공기관의 책임성을 측정할 때 그 사회의 구성원들이 중요하게 여기는 가치와 공공기관이 집행하는 가치가 부합하는지의 여부가 중요하며 그것은 운영 전략의 집행 과정에서 판단될 수 있다. 따라서 사회적 수요를 정확하게 인지하고 그에 부합하는 운영 전략을 수립할 때 조직 전체의 성과와 책임성이 높아질 수 있는 것이다. 그런 의미에서 전략적 기획의 운영을 위한 마케팅, 재정관리, 인적자원관리, 문화관리, 성과관리 등의 전략이 매우 중요하다.

제 2 절 전략적 마케팅

(1) 공공기관에서 전략적 마케팅의 개념

마케팅은 특정한 기관이 제공하는 서비스에 대하여 고객과 소통하는 과정을 말하는 것이며, 그 과정에는 서비스의 설계에서 전달에 이르기까지 해당 기관이 취하는 입장이 반영된다. 마케팅은 공공조직이나 비영리조직에서는 중요하지 않은 개념으로 인식되었지만 최근에는 정책과 사업의 실현가능성을 높이기 위하여 매우 중요한 개념으로 인식되고 있다. 특히 시민을 이해관계자로 인식하고 관계관리가 중요해지면서 다양한 철학과 기법이 응용되고 있다.

(2) 공공기관에서 전략적 마케팅의 중요성

특히 공공기관은 무형의 서비스를 제공하는 경우가 많고 시민들이 그것을 체험한 이후에 평가할 수 있지만 사전에 평가할 수 있는 기회는 갖기가 어렵다. 따라서 시민들이 기대한 것과 실제 서비스가 다른 경우가 많이 발생한다. 그뿐만 아니라 공공기관의 경우 정책 수혜자의 수가 많고 유형도 다양하기 때문에 서비스의 유형도 다양해진다. 서비스의 유형이 다양해지면 제공하는 서비스의 품질에도 편차가 생길 수밖에 없다. 결국 마케팅은 다양한 고객집단과의 충분한 교류를 통하여 서비스의 유형과 품질에 대하여 널리 알리는 효과가 있다. 그뿐만 아니라 공공 서비스는 경우에 따라서 수요를 정확하게 파악하기 어렵다. 마케팅 과정에서는 시민들이 특정한 서비스를 얼마나 원하는

지 가늠할 수 있기에 향후 서비스 제공 과정에서 많은 도움을 줄 수 있다. 그리고 최근의 마케팅에서는 개별 시민이나 유관기관과의 관계를 전반적으로 관리하는 관계관리(relationship management)에 관심을 두고 있으며, 이 과정에서 고객의 충성도를 높이는 데 기여할 수 있다.

(3) 공공기관의 전략적 마케팅을 위한 마케팅 믹스

전략적 마케팅에는 이른바 4P 또는 4C의 전략이 많이 활용된다. [그림 8-1]과 같이 4P는 Product, Price, Place, Promotion 등으로 구성되고, 4C는 Commodity, Cost, Channel, Communication 등으로 구성된다. 이 전략은 민간기업에서 널리 활용되는 마케팅 방식이며 마케팅 활동을 전개하는 구성 요소의 조합으로 관리자가 개별 서비스에 대하여 재량을 갖고 조정하면서 시민과 사업에 적합한 방식으로 변경해 나가는 것이다. 즉, 각각의 전략적 대안에 따라서 제품, 가격, 서비스 전달 채널, 홍보와 의사 소통의 전략을 수립할 수 있다. 즉, 어떤 시민의 요구를 만족시킬까에 따라서 서비스의 종류와 브랜드, 비용, 광고와 미디어의 유형, 전문인력 고용 여부, 새로운 시설 설립 여부

그림 8-1 마케팅 믹스

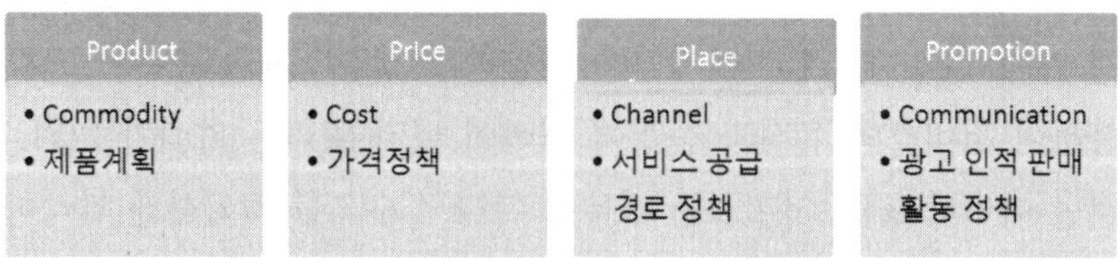

등을 결정하게 된다.

(4) 공공기관에서 전략적 마케팅을 위한 조건

서비스 수혜 대상의 폭이 넓고 서비스의 유형이 다양한 공공부문에서 원활한 마케팅을 위하여 필요한 조건은 다음 세 가지로 요약된다.

① 고객 데이터의 확보

마케팅을 위하여는 고객과의 관계 분석이 중요하며 고객의 성향, 유형 등에 대한 자료를 총체적으로 관리하는 것이 중요하다. 민감한 개인 정보를 침해하지 않는 범위 내에서 시민들의 다른 필요와 요구를 추론할 수 있는 자료원의 구축이 중요하다. 그리고 이 자료는 실시간으로 업데이트되고 접근 가능할 때 효과가 극대화될 것이다.

② 프로그램 개발 역량

자료가 구축되면 구축된 자료를 바탕으로 맞춤형 서비스를 제공할 수 있는 프로그램 개발 역량이 있어야 할 것이다. 이러한 능력을 갖추기 위해는 통계분석 도구, 데이터 마이닝 도구 등이 원활하게 갖추어져야 하며, 이러한 시스템을 통하여 고객을 유형화하고 고객군에 적합한 서비스를 연계할 수 있는 고객 지향적 의사 결정 시스템이 필요하다.

③ 시민을 존중하는 상호작용 과정

마지막으로 그리고 가장 중요한 것은 동시다발적으로 발생하는 시민과의 상호작용에서 시민으로서의 고객을 잘 이해하고 잘 대우해 주는 자세이다. 상호작용 관계가 발생하는 곳은 어디든지 시민에 대한 배려가 우선시되고 원활한 부서 간 협력을 통하여 불편함을 해소해 주는 자세가 중요하다. 나아가서 개별 기관의 이익이나 공직자 자신의 권력보다 시민과의 관계 개선이 중요하다는 사실을 절감하고 좀 더 우호적인 관계 형성이 서비스를 제공하는 기관의 이익과도 직결된다는 사실을 내면화하는 것이 필요하다.

제 3 절 전략적 재정 시스템

환경에 부합하는 미래 전략이 수립되고 우선순위가 결정되면 재원을 확보하는 과정이 필요하다. [그림 8-2]는 미래 전략에 따른 재정 운영 방안을 나열하고 있다. 확장 전략을 활용하는 경우 장기 예산이 필요하기 때문에 그에 대한 운영 방안을 구체적으로 수립하여야 한다. 재정 지원을 받거나, 공채 발행, 차입금 조달, 기부금의 획기적인 증대 등이 필요하다. 부족한 부분은 기존 재원을 활용하고 협력적 네트워크를 통하여 지원받을 수 있을 것이다.

축소 전략을 활용하는 경우 기존 재원을 전략적으로 활용하거나 새로운 재원을 얻는 방안이 고려되어야 한다. 기존 재원의 투자 방향을 전환하면서 새로운 중요한 서비스 영역이 발굴되는 경우 전략적 방향 전환을 할 필요가 있다. 안정화 전략은 확장 전략과 축소 전략에서 활용하는 방안을 동시에 고려해야 할 것이다. 기존 재정자원의 전략적 관리와 장기 예산 확보를 위한 방안을 동시에 활용해야 한다.

대규모의 정책이나 사업을 장기간에 걸쳐서 진행하는 경우 많은 예

그림 8-2 전략적 재정 시스템

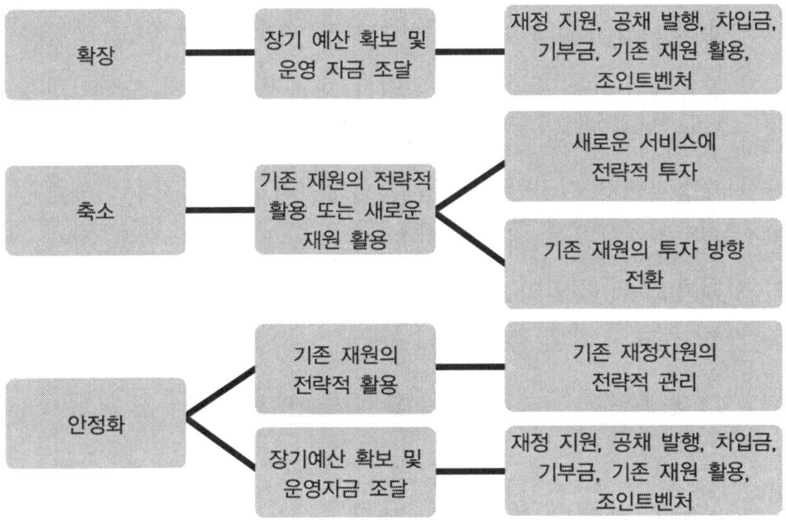

산을 필요로 하게 된다. 이 경우 재원 조달에 대한 리스크가 증가하고 다른 영역에 투자할 수 있는 여력도 줄어들기 때문에 조직이 활용할 수 있는 대안이 줄어든다. 따라서 장기예산을 배정할 때는 시급한 사회적 이슈가 대두되거나 고위 의사결정자들의 결정이 있을 때 가능하며 이 경우에도 안정적으로 예산의 공급이 이루어지고 향후 편리하게 예산을 활용할 수 있도록 제도적인 장치를 마련하는 것이 바람직하다.

최근 주기적인 경제 위기와 함께 많은 국가에서 정부의 재정이 악화되었다. 특히 지방정부와 공기업의 재정이 악화되는 반면 지역에서 개최되는 다양한 이벤트성 사업과 공공사업의 지출이 증가하면서 차입금이나 지방채의 비중이 커지고 있다. 2014년 아시안게임을 개최한 인천시의 경우 채무액은 3조 원을 넘어섰으며, 매년 5,000~6,000억

원에 달하는 자금을 채무 상환에 조달하는 상황에 직면하고 있다. 재정난으로 유명한 일본의 유바리(夕張) 시의 경우 각종 차입금, 지방채 발행의 규제가 완화되면서 부채를 새로운 부채로 막는 위험한 방법이 활용되었을 뿐만 아니라 위법한 채권 발행 등의 분식회계가 행해진 것에 대한 의혹도 받게 되었다. 이러한 재정실패의 배경에는 전략적 재정기획과 건전한 재정관리 시스템의 부재, 그리고 사업의 우선순위를 결정하면서 재정적 지속가능성을 고려하지 않은 정책 결정의 실패가 주된 원인이었다. 그런 의미에서 전략적 재정기획 시스템을 갖추는 것은 매우 중요하다.

제 4 절 전략적 인력관리 체계

공공기관의 인적 자원은 매우 다양한 역량과 기술을 필요로 하지만 그 충원 방식은 일반행정가를 채용하는 방식을 중심으로 구성되어 있다. 기관의 특성에 따라서 유능한 기술을 갖춘 인력을 상시적으로 채용할 수 있는 충원 체계를 형성하는 것이 중요하고 동시에 이들의 역량을 개발할 수 있는 교육훈련 체계를 갖추는 것도 중요하다. 무엇보다도 공무원으로서 중시되는 공직 가치를 갖출 수 있도록 동기 유발하기 위한 시스템을 갖추는 것도 중요하다.

[그림 8-3]은 인력관리에서 학습, 계획, 사회화, 성과평가 등의 중요성을 강조하고 있다. 조직의 인적자원 관리 체계는 전략적 기획안에서 시작한다. 현재 인적 자원의 역량과 비전을 비교하여 부족한 부분을 인적자원 관리 체계에서 키워나가는 것이 중요하다. 인적자원

그림 8-3 **전략적 인적자원 관리**

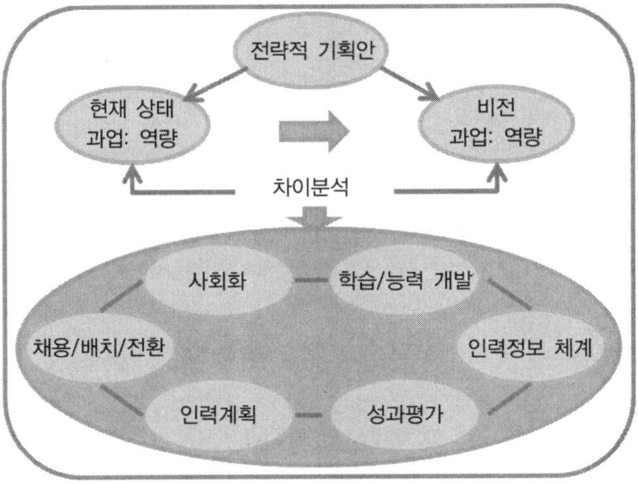

관리를 위하여는 학습과 능력 개발을 위한 프로그램이 발전되어 있어야 하고, 그들의 다양한 정보를 체계적으로 정리한 인력정보 체계가 있어야 하며, 그 체계는 상시적으로 업데이트된 최신 정보로 채워져야 한다. 직원들에 대한 엄밀한 성과평가가 이루어져야 하며, 성과지표는 전략적 목표와 긴밀하게 연계되어야 한다. 전략적 기획안을 바탕으로 결정된 역점 사업 분야를 고려한 인적 자원계획이 수립되면 그에 따른 채용, 배치, 전환이 이루어져야 하고, 직원들이 새로운 조직문화에 적응할 수 있도록 사회화의 기회를 마련해야 한다.

미국에서 유명한 철강회사 뉴코(Nucor)의 경우 채용 과정에서 그들이 강조하는 인재상(人材像)을 제시하고 그 인재상에 부합하는 자기 주도적이고 목표 지향적인 직원을 선발하여 성과에 기반한 보상체계를 구축하여 목표 지향적 리더십을 발휘할 수 있도록 배려하고 있다. 조직의 전략적 목표를 달성하기 위하여는 이처럼 채용, 인력 배치 및 운용, 사회화의 과정이 하나의 목표에 유기적으로 연계되도록 구성하는 것이 중요하다.

제 5 절 전략적 문화 형성 전략

조직의 문화는 조직구성원들의 행동에 영향을 미치는 그들의 의식에 내재된 명시적 · 묵시적인 가정, 가치관, 규범 등을 말한다. 이러한 문화는 학습되고 공유되어 널리 확산될 가능성이 높으며 주관적이기도 하지만 객관적인 특성을 갖고 있다. 최근에는 공공기관에서 효율성과 효과성의 가치가 중시되고 고객들의 만족도가 강조되는 분위기에서 다양한 조직의 목표를 달성하는 것은 매우 중요하며, 조직의 목표 달성을 위한 문화적 역량 개발이 매우 중요하다. 특히 전략적 목표를 수립하고 실행에 옮기기 위하여 문화가 중요하다. 특히 문화는 조직이 선택한 전략적 목표를 달성하는 데 긍정적인 기여를 할 수도 있지만 저항하는 역할도 할 수 있기에 성과를 높이는 방향으로 조성하는 것이 매우 중요하다.

문화에는 다양한 유형이 있지만 변화하는 환경에 적절하게 대응하기 위하여 적응적 문화를 형성하는 것이 중요하다. 적응적 문화는 실패할 것을 용인하면서 신뢰하고 합리적으로 위험을 감수하는 모든 구성원이 리더십을 발휘하면서 도전하는 문화를 의미한다. 모범이 될 만한 조직을 벤치마킹하면서 지속적으로 새로운 기회를 창출할 때 조직의 성공 가능성이 높아진다.

그림 8-4 전략적 리더십

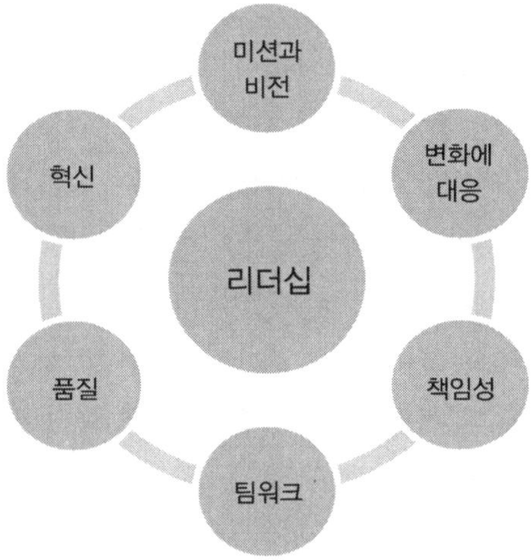

적응적 문화를 형성하기 위하여 [그림 8-4]에 제시된 여섯 가지 요소를 갖추는 것이 중요하다. 먼저 미션과 비전이 확립되어야 한다. 조직에서 새롭게 이루고자 하는 것들과 조직이 나아가는 방향이 조직 내외에 명백하게 제시되어야 하는 것이다. 그리고 미션과 비전을 뒷받침하기 위하여는 리더십이 중요하다. 전략적 선택에 부합하도록 업무가 충분히 잘 진행되고 마무리되고 있는지를 조직의 리더가 적절하게 확인하고 동기부여하는 것이 중요하다. 리더는 경우에 따라서 조직구성원들이 바라볼 수 있는 관점을 형성하는 틀(framing)과 변화를 유발할 수 있는 레토릭(rhetoric)을 적절하게 활용할 필요가 있다. 요약하면 조직을 이끌어갈 리더는 환경의 변화를 정확히 인식하고 그것을 조직의 목표로 명확히 제시하여 구성원에게 나아갈 방향을 제시하는 리더십을 발휘해야 한다. 공공부문에서 책임성은 매우 중요하다.

책임성은 과거의 행위를 설명하고 책임지는 것도 중요하지만 다가올 미래에 대하여 대비하는 것도 중요하다. 미래의 변화를 인식하고 그 미래를 자기 주도적으로 대비하는 역량도 책임성의 중요한 영역에 속한다. 최근 조직의 많은 업무가 팀의 주도로 진행된다. 팀은 특정 업무를 개인에게 할당하는 것이 아니라 일단의 직원들이 집단을 형성하여 함께 수행하고 함께 해결하는 방식의 업무 처리 양식이다. 팀워크를 발휘하기 위하여는 팀을 형성하고 규범을 확립하는 과정이 필요하다. 팀은 조직구성원들이 함께 일하기 시작하면서 형성된다. 경험 많은 직원과 경험이 부족한 직원이 같은 팀에 속하여 업무를 공유함으로써 팀은 형성되기 시작한다. 팀이 형성되면 다양한 상호작용이 발생하고 자연스럽게 갈등도 발생한다. 여기서 갈등을 어떻게 해소하는가가 중요하고 그 방식이 조직의 효과성을 결정하는 규범으로 발전되는 경우가 많다. 그러한 상호작용과 갈등 해소의 방식이 반복되면 그 규칙이 규범으로 자리 잡는다. 그 규범이 효과적일 경우 조직의 성과는 높아지는 경우가 많다. 따라서 조직에서는 협력을 활성화하는 규범이 생겨날 수 있도록 시간을 갖고 기다리는 역할이 중요하며 리더는 전략적 방향 제시를 하는 것이 중요하다. 무엇보다도 전략적 목표를 달성하는 데는 혁신이 중요한 요소가 된다. 고성과 조직은 항상 창의적이고 혁신적인 방식으로 일한다. 혁신을 장려하기 위하여는 다양성을 용인하고 조직을 개방하는 것이 중요하다. 조직의 관성을 타파하고 모험적인 시도를 용인하고 장려하여 새로운 서비스를 지속적으로 시도해 보는 문화가 필요하다. 고성과 조직은 지속적인 품질 향상을 도모한다. 올해보다는 내년에 더 나은 성과를 도출하는 것이 중요하고 모든 구성원이 자신의 업무에서 높은 품질의 결과를 도출하는 것을 목표로 삼는 것이 중요하다. 따라서 모든 직원이 품질에 대한 인식을 하고 지속적으로 노력하는 것이 중요하다.

제 6 절 전략적 성과관리

1980년대 후반부터 전 세계적으로 확산된 정부개혁의 핵심은 성과중심적 관리 체계를 형성하는 것이었다. 전략적 기획의 과정에서 조직의 비전과 미션이 정해지면 그에 상응하는 성과관리도 이루어져야 한다. 전략적 기획안의 작성 과정에서 미션과 비전이 확립되면 그에 적합한 인력·재정·문화를 수립할 수 있고, 효과적인 성과측정지표와 방식이 정해진다. 효과적인 성과측정을 위하여는 전체 조직에 성과관리가 필요하다는 공감대가 확산되어야 하며, 성과측정을 통하여 개별 구성원과 팀에 대하여 문제를 밝히고 발전 방안을 논의하는 코칭 과정으로 연결되어야 한다.

(1) 균형성과표

2000년대 초반 한국의 공공기관에서 널리 활용했던 균형성과표(Balanced Scorecard) 방식에 따르면 재무, 고객, 프로세스, 학습 및 성장의 관점에서 성과관리를 진행한다. 〈표 8-1〉의 내용과 같이 균형성과표는 재정적 지속가능성뿐만 아니라 업무 프로세스와 직원들의 성장과 발전에 대하여도 관심을 두기 때문에 장기적인 전략의 수립에 도움이 된다. 각각의 지표는 조직의 특성에 따라서 다르게 도입될 수 있으며, 새로운 관점을 추가하여 유연하게 운영하는 것도 가능하다.

표 8-1 한국 공기업과 지방자치단체의 균형성과표 사례

관점	지방자치단체의 구성 요소	공기업의 구성 요소
재무 관점	재정 지원에 대한 안정성, 예산 운영 절차의 합리성, 예산과 전략계획의 연계성, 성과지향적 예산 시스템	EVA, 공통비용관리, 각 부서의 경영 목표 달성도
고객 관점	상시적 고객서비스 관리 체계, 의견 반영 제도/절차에 대한 만족도, 최종 서비스 산출물에 대한 만족도, 서비스 처리 과정에 대한 만족도	고객만족도: 내부 고객만족도와 외부 고객만족도
프로세스	조직에 대한 몰입, 상관에 대한 몰입, 동료에 대한 몰입, 효율적 조직구조, 내부통제 방식	업무 프로세스 단축을 통한 효율성 증대 및 혁신 프로세스 도입 정도를 각 부서 상황에 맞게 지표화
학습/성장	상관에 대한 신뢰, 동료에 대한 신뢰, 조직에 대한 신뢰, 혁신적 조직문화 교육훈련, 파트너십	직원 가치 향상률, 지식정보 공유 및 활용도, R&D 투자, 인력 운용의 효율성, 평가 결과의 피드백

(2) 성과관리의 공공성과 지표

공공조직의 미션과 목표는 민간기업과 다르다. 그러나 공공조직에서 중시하는 공공성의 가치는 여러 가지 이유로 측정하기 어렵다. 공공성의 측정이 어려운 가장 중요한 이유는 공공성이 다차원적으로 나타난다는 점이다. 그리고 이러한 다차원적 공공성은 상호 관계가 있다는 점에서 더 설명하기 어렵다. 그럼에도 불구하고 행정학계에서는 공공성, 공공 성과, 민주적 책임성, 민주적 거버넌스 등의 측정을 위한 다양한 시도가 있었다.

앞에서 살펴본 공공성과의 개념은 재정 성과, 지식 성과, 인적자원 성과, 사업효과성 성과, 공공성 성과 등으로 구성된다. 이 중 공공성 성과의 개념을 유형화하기 어려우며 따라서 하나의 통일된 정의를 내리기도 어렵다. 그러나 공공성을 민주주의의 관점에서 이해할 때, 공정하고 형평성 있는 절차로서의 행정 과정의 공공성과 실제로 자유, 평등, 보편성, 권리와 같은 내용의 실현으로서 실체적 공공성의 개념으로 구분하여 이해할 수 있다. 결국 실체적 공공성의 관점에서는 형평성과 보편성이 강조되는 반면 절차적 공공성에서는 투명성, 참여, 대응성, 책임성 등의 개념이 강조된다. 이러한 성과의 개념 구성과 구조는 〈표 8-2〉와 같이 제시될 수 있고, 이들 지표를 조직의 특성과 전

표 8-2 공공 성과의 구성과 구조

<table>
<tr><th colspan="2">주요 성과 영역</th><th>주요 성과 차원</th><th colspan="2">세부 측정 항목</th></tr>
<tr><td rowspan="3">관리 차원 성과</td><td rowspan="3">관리적 성과</td><td>재정 성과</td><td colspan="2">기술적 효율성, 업무생산성, 품질 대비 효율성, 비용효과성</td></tr>
<tr><td>지식 성과</td><td colspan="2">채택된 제안 수, 새로운 제품/서비스 개발, 기술 및 정보 처리 투자</td></tr>
<tr><td>인적자원 성과</td><td colspan="2">직무 능력 향상, 업무만족도, 업무몰입도, 생산적 노사관계</td></tr>
<tr><td rowspan="7">프로 그램 차원 성과</td><td>사업효과성 성과</td><td>사업목표 달성도</td><td colspan="2">부서의 사업 목표 달성, 기관의 목표 달성 기여, 기관 목표 설정의 적절성, 고객만족도</td></tr>
<tr><td rowspan="6">공공성 성과</td><td rowspan="2">실체적 공공성</td><td>형평성</td><td>고객에 대한 형평성, 직원에 대한 공평성, 사회적 약자에 대한 투자, 사회적 약자에 대한 절차적 제도</td></tr>
<tr><td>보편성</td><td>법률에 규정된 고객 권리</td></tr>
<tr><td rowspan="4">절차적 공공성</td><td>투명성</td><td>사업정보의 공개, 정보 공개에 대한 충실한 대응</td></tr>
<tr><td>참여</td><td>외부 이해관계자 참여</td></tr>
<tr><td>대응성</td><td>고객 요구에 대한 적극적 대처, 잠재적 수요에 대한 선제적 대처, 신속한 민원 처리</td></tr>
<tr><td>관료제적 책임성</td><td>주무부처 정책 방향에 부합</td></tr>
</table>

자료: 정무권(2010: 368).

략적 기획의 역점 분야에 맞도록 이해관계자의 합의에 따라 모색할 수 있을 것이다.

전략적 기획안을 수립하는 것과 별개로 운영을 위한 전략을 세우는 것도 매우 중요한 과업이다. 다양한 상황을 예견하며 조직의 비전과 가치에 부합하는 집행 전략을 구체화하는 작업을 통하여 조직의 성과와 책임성이 결정되기 때문이다. 이러한 과정에서 조직의 공공 성과가 구체화되며 시민들의 만족도도 결정된다. 마무리 사례는 합병을 결정하여 진행 중인 두 공기업의 경우를 보여준다. 조직의 합병이라는 전략적 결정을 내린 후 실제로 합병을 진행하는 과정에서 다양한 운영의 묘미가 발휘되어야 한다. 사례의 조직은 합병 후 다양한 어려움에 직면해 있으며, 이 문제를 어떻게 해결할 수 있을지 두 팀으로 나뉘어 각 조직의 입장에서 서로 협상에 임해 보도록 하자.

마무리 사례: ○○은행과 □□공사의 합병

• □□공사의 입장

201×년 5월 금융공기업 ○○은행과 □□공사가 합병하였다. 이 합병을 통하여 한국에서 가장 큰 금융공기업이 탄생하였다. 정부에서는 향후 금융 분야의 전개에 대하여 평가한 결과 □□공사가 담당하는 정책금융의 영역이 여러 기관에 분산되어 있고 현재의 체제로는 한정된 역할을 할 수밖에 없다는 결론을 내렸다. 현재 많은 자산과 부채를 보유하고 있지만 현 체제로 앞으로 적절한 역할을 수행할 수 있을지에 대하여는 의문을 갖게 되었다. □□공사는 금융위기 시대에 많은 역할을 수행하였으나 다른 기관과의 시너지 효과나 새로운 영역으로의 활동 영역 확장을 도모하기 위하여는 긴밀한 협력을 위한 파트너

를 찾아 변화를 시도할 수밖에 없는 상황이었다. 이 상황에서 ○○은행과의 협력은 조직이 새로운 방향을 모색하는 데 긍정적으로 작용할 것으로 판단되었다. 인적자원과 영업망을 충분히 얻을 수 있을 뿐만 아니라 ○○은행의 재정 역량도 활용 가능할 것으로 예상하였기 때문이다.

2010년대 중반 글로벌 경제는 치열한 경쟁이 가속화된다. 최근 금융기관의 인수합병을 통한 자산 규모 팽창을 위한 경쟁이 치열해지면서 약 2년 전 두 기관은 협상을 시작하였고 먼저 특정 업무 영역에서의 조인트 벤처를 시도하였지만 실패하였다. 두 번째 협상이 시작되었다. 하지만 협상이 시작되자마자 △△은행이 □□공사에 협력을 타진하였다. △△은행도 □□공사와 함께 조인트 벤처부터 시작하길 원하였지만 △△은행은 조인트 벤처에서조차 너무 많은 경영권을 원하였기 때문에 협상이 좌초되었다. 201×년 11월 국회에서 ○○은행법이 통과됨으로써 ○○은행과 □□공사의 합병이 발표되었다. 이 발표에서 각 기관의 대표였던 ○○은행의 박현주와 □□공사의 장홍수가 공동은행장으로 발표되었고 동일한 경영권을 갖는 것으로 확정되었다.

금융가의 평은 매우 좋았다. 서비스의 라인업도, 영업망의 배분도, 재정적인 구성도 합병으로 더 나아졌기 때문이다. 그러나 문화적 차이에 대한 우려가 많았다. □□공사는 ○○은행의 주 시장인 기업금융 이외의 정책금융 분야가 주력이었다. 정책금융 중 일부 기능에서 중복된 부분이 있었다. 두 회사는 서로 부족한 부분을 채워줄 수 있는 조합을 갖고 있었기 때문에 이를 바탕으로 새로운 사업 영역을 창출할 가능성이 있는 것으로 예견되었다. 하지만 문화적 차이는 상당히 우려되는 상황이었다. 조직적으로 ○○은행은 저비용구조의 유연한 조직 운영 방식을 갖고 있는 반면 □□공사는 고성과를 지향하면서도 관료제의 전통적 원칙을 중시하는 운영 방식을 갖고 있었다. 예를 들어 ○○은행은 회의를 1시간을 넘기는 법이 없고 준비하는 서류도 많지 않았다. 그러나 □□공사는 보고에 오랜 시간을 소모하였다 대신 철저한 확인과 증빙을 요구하는 문화를 고수하였다. 두 조직의 문화도 위험 감수 정도, 개인주의적 특성, 시간 준수 정도 등에서 큰 차이를 보였다.

그럼에도 불구하고 두 조직은 제품과 서비스의 조합과 영업망 확장 등에서 비용을 절감할 수 있는 여지가 컸다. 연간 운영비 절감 효과가 14억 원에 이른다는 발표도 나왔다. □□공사의 신유진 전무는 새로 탄생된 조직이 전 국민과 기업을 대상으로 한 정책금융 및 시중은행으로서의 역량을 갖추게 되었고, 구매력도 매우 커졌으며, 기술도 공유할 수 있어서 비용 절감 효과가 매우 크다고 밝혔다. 그는 각종 조직 운영 및 관리 체계를 완전 통합 하는데 3~5년 정도 걸릴 것이라는 목표를 제시하였다. 하지만 영업조직과 서비스 전달 체계를 완전 통합하는 데는 더 오랜 시간이 걸릴 것으로 판단하였다.

합병이 본격 진행되기 직전에 통합을 위한 합병위원회를 만들고 구조와 원칙을 발표하였다.

첫째, ○○은행의 김도경이 통합을 위한 총 책임을 맡는 것으로 발표하였다.

둘째, 중요한 문제를 다루기 위한 기관별 주요 담당자가 참여하는 합병추진단이 만들어졌다. 추진단에 새로운 상품 개발, 성과, 상품 판매 및 마케팅을 위한 팀과 재정, 인적자원 관리, 정보통신, 연구개발 등을 담당하는 팀이 만들어졌다. 이들은 2주에 한 번씩 합병위원회에 진행 상황을 보고하도록 되어 있다.

셋째, 통합 과정은 다음 여덟 가지 원칙을 따른다.

1. 기초는 유지한다: 예를 들어 영업점은 리모델링하는 동안에도 그대로 유지한다.
2. 중요 고객들에게 관심을 갖고 이들의 동향에 예의 주시한다.
3. 양 조직의 장점을 그대로 유지하여 통합의 효과를 극대화한다.
4. 결정과 집행은 신속하게 한다.
5. 결정으로 영향을 받는 부서와 직원이 바로 참여하게 한다.
6. 완벽을 따지기보다 유용한 방향으로의 전환을 중시한다.
7. 변화는 기꺼이 수용한다.
8. 통합 이후의 체제는 임시적인 것임을 기억한다.

합병이 마무리된 11월에 두 공동 회장은 새로운 조직을 위한 고위 경영진을 임명하였다. 그리고 본사는 과거 두 조직의 시설을 그대로 사용하기로 하였다. 그 이유는 불필요한 혼란과 주도권 다툼을 피하기 위함이었다. 그리고 초기 통합 작업이 재정, 상품 개발 등을 중심으로 진행되었다.

합병한 지 1년이 지난 후 통합 조직은 많은 도전에 직면하게 된다. 그리고 그 모든 것이 문화적인 차이에서 나온 것이다. 그중에서 심각한 문제는 □□공사 직원들이 대거 빠져나간 것, 시너지가 예상만큼 나지 않았다는 점, 인적자원 관리의 관행에서 나타난 차이 등이었다.

가장 상징적인 문제는 1999년 9월에 통합팀의 김도경과 몇몇 임원진이 조직을 떠난 것이었다. 그가 사임한 이유는 새 조직의 변화가 시대의 조류를 따르지 못하고 있다고 생각하였기 때문이다. □□공사 측 임원들은 박현주의 관리 방식을 받아들일 수 없었다. 금융업계의 리스크가 커져가고 있는 상황에서 ○○은행의 관리 체계는 매우 느슨해서 조직의 재정건전성을 해칠 가능성이 높은 것으로 판단하였다.

실제로 ○○은행의 정책금융 부문에서 규정을 준수하지 않은 금융관행이 발견되었고 장흥수는 이와 같은 관행을 방지하기 위하여 시간을 지체하더라도 절차를 좀 더 엄격히 따르도록 지시하였다.

다음 해 10월, 공동 회장은 조직의 구조조정안을 발표하였는데 ○○은행, □□공사 등이 갖고 있던 주요 기능만을 포함한 내용이었다. 이 구조조정안은 현장에 더 많은 자율성을 부여한 것이었다. 하지만 통합을 위한 노력에는 몇 가지 문제가 있었다. 김도경이 이끌던 팀은 예상한 비용 절감을 하기 위하여는 500여 가지의 변화가 있어야 하는 것으로 밝혀냈다. 재정과 구매 분야에서 가장 큰 비용 절감이 있을 것으로 예상하였지만 통합의 속도가 매우 더디었다. 왜냐하면 정보통신 장비와 인테리어 물품의 구매 스펙이 크게 달랐고 공급자와의 관계 유지에 대한 관행도 달랐기 때문이다. 결국 문제가 생길 때마다 비용 절감을 명목으로 발언권이 강한 구성원이 이사회에 결정안을 밀어붙이게 되었다.

인적자원 관리에서도 문제는 있었다. □□공사의 이사급여가 ○○은행보다 더 낮았다. 이사 급여를 맞추기 위하여 경영진의 전체 임금이 올라갈 수밖에 없었고, 결국 비용 절감이 어렵게 되었다. 그리고 노조 계약 체계도 달랐다. 급여 혜택, 휴가 기간 등에서 큰 차이가 있었고 이 모두가 문화적 차이에서 나타난 것이었다. □□공사의 경우 최고 경영진만 KTX 특실 또는 우등좌석으로 출장을 다닐 수 있었지만 ○○은행은 모든 직원이 KTX 특실을 탈 수 있었다. 결국 이러한 출장 문제를 해결하기 위하여 6개월이나 소요되었다.

토론 주제: □□공사의 장흥수의 입장에서 통합을 가속화하기 위한 대응 방안을 발표하고 ○○은행 박현주의 발표를 듣고 토론하기 바랍니다.

• ○○은행의 입장

201×년 5월 금융공기업 ○○은행과 □□공사가 합병하였다. 이 합병을 통하여 한국에서 가장 큰 금융공기업이 되었다. 정부에서는 향후 금융 분야의 전개에 대하여 평가한 결과 ○○은행이 담당하는 시중은행 기능이 너무 협소하고 기업금융에만 역할이 한정되어 있어서 현재의 체제로는 한정된 역할을 할 수밖에 없다는 결론을 내렸다. 현재 많은 영업점과 유능한 직원을 보유하고 있지만 현재의 체제로 경쟁이 치열해진 금융시장에서 앞으로 적절한 역할을 수행할 수 있을지에 대하여는 의문을 갖게 되었다. ○○은행은 금융위기 시대에 중소기업 지원, 신성장 동력 산업 지원 등 기업재무 위기 극복에 많은 역할을 수행하였으나 다른 기관과의 시너지 효과나 새로운 영역으로의 활동 영역 확장을 도모하기 위하여는 긴밀한 협력을 위한 파트너를 찾아 변화를 시도할 수밖에 없는 상황이었다. 이 상황에서 □□공사와의 협력은 조직이 새로운 정체성을 모색하는 데 긍정적으로 작용할 것으로 판단되었다. 차제에 정책금융 기능을 강화하여 한국 최대의 정책금융기관으로 자리매김하는 것이 ○○은행의 발전에 기여할 것으로 예상하였기 때문이다.

2010년대 중반 글로벌 경제는 치열한 경쟁이 가속화된다. 최근 금융기관의 인수 합병을 통한 자산 규모 팽창 경쟁이 치열해지면서 약 2년 전 두 기관은 협상을 시작하였고 먼저 특정 업무 영역에서의 조인트 벤처를 시도하였지만 실패하였다. 두 번째 협상이 시작되었다.

하지만 협상이 시작되자마자 △△은행이 □□공사에 협력을 타진하였다. △△은행도 □□공사와 함께 조인트 벤처부터 시작하기를 원하였지만 △△은행은 조인트 벤처에서조차 너무 많은 경영권을 원하였기 때문에 협상이 좌초되었다. 201×년 11월 국회에서 ○○은행법이 통과됨으로써 ○○은행과 □□공사의 합병이 발표되었다. 이 발표에서 각 기관의 대표였던 ○○은행의 박현주와 □□공사의 장흥수가 공동은행장으로 발표되었고 동일한 경영권을 갖는 것으로 확정되었다.

금융가의 평은 매우 좋았다. 서비스의 라인업도, 영업망의 배분도, 재정적인 구성도 합병으로 더 나아졌기 때문이다. 그러나 문화적 차이에 대한 우려가 많았다. ○○은행은 □□공사의 주된 업무 영역인 정책금융 외에 기업금융을 포함한 시중은행 기능이 주력이었다. 정책금융 중 일부 기능에서는 중복된 부분이 있었다. 두 회사는 서로 부족한 부분을 채워줄 수 있는 조합을 갖고 있었기 때문에 이를 바탕으로 새로운 사업 영역을 창출할 가능성이 있는 것으로 예견되었다. 하지만 문화적 차이는 상당히 우려되는 상황이었다. 조직적으로 ○○은행은 저비용구조의 유연한 조직 운영 방식을 갖고 있는 반면 □□공사는 고성과를 지향하면서도 관료제의 전통적 원칙을 중시하는 운영 방식을 갖고 있었다. 예를 들어 ○○은행은 회의를 1시간을 넘기는 법이 없고 준비하는 서류도 많지 않았다. 그러나 □□공사는 보고에 오랜 시간을 소모하였다. 대신 철저한 확인과 증빙을 요구하는 문화를 고수하였다. 두 조직의 문화도 위험 감수 정도, 개인주의적 특성, 시간 준수 정도 등에서 큰 차이를 보였다.

그럼에도 불구하고 두 조직은 제품과 서비스의 조합과 영업망 확장 등에서 비용을 절감할 수 있는 여지가 컸다. 연간 운영비 절감 효과가 14억 원에 이른다는 발표도 나왔다. □□공사의 신유진 전무는 새로

탄생된 조직이 전 국민과 기업을 대상으로 한 정책금융 및 시중은행으로서의 역량을 갖추게 되었고 구매력도 매우 커졌으며 기술도 공유할 수 있어서 비용 절감 효과가 매우 크다고 밝혔다. 그는 각종 조직 운영 및 관리 체계를 완전 통합하는 데 3~5년 정도 걸릴 것이라는 목표를 제시하였다. 하지만 영업조직과 서비스 전달 체계를 완전 통합하는 데는 더 오랜 시간이 걸릴 것으로 판단하였다.

합병이 본격 진행되기 직전에 통합을 위한 합병위원회를 만들고 구조와 원칙을 발표하였다. 첫째, ○○은행의 김도경이 통합을 위한 총책임을 맡는 것으로 발표하였다. 둘째, 중요한 문제를 다루기 위한 기관별 주요 담당자가 참여하는 합병추진단이 만들어졌다. 추진단에 새로운 상품 개발, 성과, 상품 판매 및 마케팅을 위한 팀과 재정, 인적자원 관리, 정보통신, 연구개발 등을 담당하는 팀이 만들어졌다. 이들은 2주에 한 번씩 합병위원회에 보고하도록 하였다. 셋째, 통합 과정은 다음 여덟 가지 원칙을 따른다.

1. 기초는 유지한다: 예를 들어 영업점은 리모델링하는 동안에도 그대로 유지한다.
2. 중요 고객들에게 관심을 갖고 이들의 동향에 예의 주시한다.
3. 양 조직의 장점을 그대로 유지하여 통합의 효과를 극대화한다.
4. 결정과 집행은 신속하게 한다.
5. 결정으로 영향을 받는 부서와 직원이 바로 참여하게 한다.
6. 완벽을 따지기보다 유용한 방향으로의 전환을 중시한다.
7. 변화는 기꺼이 수용한다.
8. 통합 이후의 체제는 임시적인 것임을 기억한다.

합병이 마무리된 11월에 두 공동 회장은 새로운 조직을 위한 고위 경영진을 임명하였다. 그리고 본사는 과거 두 조직의 시설을 그대로 사용하기로 하였다. 그 이유는 불필요한 혼란과 주도권 다툼을 피하기 위함이었다. 그리고 초기 통합작업이 재정, 상품 개발 등을 중심으로 진행되었다.

합병한 지 1년이 지난 후 통합조직은 많은 도전에 직면하게 된다. 그리고 그 모든 것이 문화적인 차이에서 나온 것이다. 그 중에서 심각한 문제는 □□공사 직원들이 대거 빠져나간 것, 시너지가 예상만큼 나지 않았다는 점, 인적자원 관리의 관행에서 나타난 차이 등이었다.

가장 상징적인 문제는 1999년 9월에 통합팀의 김도경과 몇몇 임원진이 조직을 떠난 것이었다. 그가 사임한 이유는 새 조직의 변화가 시대의 조류를 따르지 못하고 있다고 생각하였기 때문이다. 하지만 반대로 몇몇 임원은 장흥수의 관리 방식을 받아들일 수 없었다. 금융업계의 서비스 품질 수준이 높아지고 소비자의 취향이 까다로워지고 있는 가운데도 장흥수의 의사 결정 속도는 매우 느렸다. 그것은 신속한 서비스와 차원 높은 혁신을 강조하는 ○○은행의 조직문화와 정면으로 배치되는 것이었다. 장흥수는 계층제적이고 통제를 중시하는 경영을 계속하였고 팀워크를 강조하는 ○○은행의 매트릭스 조직구조와도 배치되는 것이었다.

다음 해 10월, 공동 회장은 조직의 구조조정안을 발표하였는데 ○○은행, □□공사 등이 갖고 있던 주요 기능만을 포함한 내용이었다. 이 구조조정안은 현장에 더 많은 자율성을 부여한 것이었다. 하지만 통합을 위한 노력에는 몇 가지 문제가 있었다. 김도경이 이끌던 팀은 예상한 비용 절감을 하기 위하여는 500여 가지의 변화가 있어야 하는 것으로 밝혀냈다. 재정과 구매 분야에서 가장 큰 비용 절감이 있을 것으로 예상하였지만 통합의 속도가 매우 더디었다. 왜냐하면 정보통신 장비와 인테리어 물품의 구매 스펙이 크게 달랐고 공급자와의 관계 유지에 대한 관행도 달랐기 때문이다. 결국 문제가 생길 때마다 비용 절감을 명목으로 발언권이 강한 구성원이 이사회에 결정안을 밀어붙이게 되었다.

인적자원 관리에서도 문제는 있었다. □□공사의 이사 급여가 ○○은행보다 더 낮았다. 이사 급여를 맞추기 위하여 경영진의 전체 임금이 올라갈 수밖에 없었고 결국 비용 절감이 어렵게 되었다. 그리고 노조 계약 체계도 달랐다. 급여 혜택, 휴가 기간 등에서 큰 차이가 있었고 이 모두가 문화적 차이에서 나타난 것이었다. □□공사의 경우 최고 경영진만 KTX 특실 또는 우등좌석으로 출장을 다닐 수 있었지만 ○○은행은 모든 직원이 KTX 특실을 탈 수 있었다. 결국 이러한 출장 문제를 해결하기 위하여 6개월이나 소요되었다.

토론 주제: ○○은행 박현주의 입장에서 통합을 가속화하기 위한 대응 방안을 발표하고 □□공사의 장흥수의 발표를 듣고 토론하기 바랍니다.

제8장 요약

1. 운영 전략은 전략적 기획안을 실행에 옮기는가에 대한 구체적인 내용이다. 운영 전략은 크게 마케팅, 재정관리, 인적자원 관리, 문화관리, 성과관리 등으로 구성된다.

2. 마케팅 운영 전략은 특정한 기관이 제공하는 서비스에 대하여 고

객과 소통하는 과정을 전략적으로 디자인하는 것이다. 과거에는 공공기관의 마케팅이 중요하지 않았지만 최근에는 다양한 고객집단이 증가함에 따라서 사회적 수요도 다양해지고 서비스의 유형도 다양해졌기 때문에 다양한 서비스의 유형을 알리는 과정이 중요하게 되었다. 마케팅에는 4P 또는 4C 등의 마케팅 믹스 전략이 널리 활용된다.

3. 미래 전략이 수립되면 재정 확보를 위한 운영 전략이 수립되어야 한다. 확장 전략과 축소 전략에 따라서 다른 재정 확보 전략이 수립되어야 하며 공공기관에도 재정적으로 지속 가능한 계획을 세우는 것이 바람직하다.

4. 공공기관의 전략적 인적자원 관리를 위하여는 인력의 역량을 개발하여 최대한 활용하는 것이 바람직하며 학습, 계획, 사회화, 성과평가 등의 과정이 중시된다. 조직의 비전에 부합하는 인력을 충원하여 조직 내외에서 학습하도록 하고, 사회화시켜 엄밀한 성과평가를 할 때 전략적 기획을 성공적으로 수행할 수 있다.

5. 조직의 문화는 조직구성원들의 행동에 영향을 미치는 그들의 의식에 내재된 명시적·묵시적인 가정, 가치관, 규범 등을 말한다. 어떤 문화가 조성되어 있는가에 따라서 전략적 기획의 성패가 달라지기 때문에 조직관리자는 최대한 팀워크를 발휘하고 전략적 리더십을 발휘할 수 있어야 한다.

6. 전략적 기획의 과정에서 조직의 비전과 미션이 정해지면 그에 상응하는 성과관리도 이루어져야 한다. 효과적인 성과측정을 위하여는 전체 조직에 성과관리가 필요하다는 공감대가 확산되어야 하며, 성과측정을 통하여 개별 구성원과 팀에 대하여 문제를 밝히고 발전 방안을 논의하는 코칭의 과정으로 연결되어야 한다. 공공기관에서는 공공 성과의 개념에 주목하여 시민들에 대한 책임성을 준수하고 권리를 보장하는 성과를 반영해야 한다.

제 3 편 전략적 기획의 작성과 제안

제 9 장

전략적 기획안 작성하기

들여다보기: 미국 회계감사원의 전략적 기획

공공기관의 전략적 기획 가운데 가장 유명한 것은 미국 회계감사원(United States Government Accountability Office: GAO)의 전략적 기획이다. 미국 회계감사원은 미국 의회 산하의 회계, 평가, 조사 등의 업무를 수행하는 기관으로 의회조사국, 의회예산처, 기술평가원과 함께 의회의 입법 보조기관 중 하나이다. 이 기관은 오래전부터 독립된 기관으로서의 위상을 제고하기 위하여 매년 전략적 기획안을 작성해 왔으며 다른 기관의 벤치마킹의 대상이 되어 왔다. 회계감사원의 전략적 기획은 조직의 미션과 동향, 목표, 핵심 가치 등으로 이어지는 구조를 명확히 밝히고 그 구조를 토대로 연간계획을 작성한다.

미국의 회계감사원이 전략적 기획안을 작성한 것은 미국 정부가 성과 지향적인 정부를 구현하기 위하여 1993년부터 정부성과 및 결과법(Government Performance and Results Act: GPRA)을 제정하여 1997년부터 중앙정부 각 기관이 5년간 전략기획을 수립하도록 의무화하면서부터이다. 1990년대에 전 세계적으로 정부 성과를 높이기 위한 정부개혁 방안들이 확산되고 있었고, 미국도 몇 가지 법률을 제정하여 성과 향상을 위한 다양한 제도를 수용하고 있었다. 이 법률에 따라 미국의 회계감사원은 5년간 전략기획뿐만 아니라 매년 연간계획을 매우 상세히 작성하고 있다.

회계감사원의 전략적 기획에 따르면 그 미션은 헌법에서 정한 책임성을 제고하기 위하여 의회를 지원하고 성과를 향상시키며 연방정부의 책임성을 높여 국민들에게 많은 혜택을 제공한다고 정하고 있다. 이러한 미션에 따라서 (1) 적시에 수준 높은 서비스를 제공하여 의회와 연방정부가 국민들의 사회적·경제적 안정을 위협하는 중요한 문제를 해결하고 국제적 상호 관계를 저해하는 문제들을 해결할 수 있도록 하며, (2) 정부를 혁신해서 생산성을 높이고, (3) 공공기관들이 자신의 분야를 주도하는 역량을 갖추도록 한다는 목표를 세우고 있다. 이러한 목표를 달성하는 데 필요한 핵심 가치는 책임성, 통합성, 신뢰성으로 정하였다. 전략적 기획안에서 정하고 있는 미션과 목표, 핵심가치는 서로 연결되도록 체계적으로 구성되어 있으며, 이러한 원칙에 따라 구체적인 행동 방책이 제시된다.

전략적 기획이 도입된 이유가 성과의 향상에 있었던 만큼 그 전략적 기획의 내용은 전적으로 성과평가와 밀접하게 연계된다. 성과의 향상이 법률 제정의 목표이고 제정된 법률에 따라서 전략적 기획안이 작성되는 만큼 상세한 연간계획과 평가 과정이 명시되어 책임성을 제고하는 데 유용한 방식으로 작성된다. 이처럼 전략적 기획안은 기획 그 자체뿐만 아니라 성과의 평가와 책임성의 제고와 연계될 때 큰 의미를 발현할 수 있다. 그리고 전략적 기획을 수립하면서 매년 조직의 미션과 목표, 가치를 새롭게 설정할 수 있기 때문에 환경의 변화에 따른 조직의 기능 변화를 유도하기 쉬워진다. 아울러 기획의 과정에서 모든 구성원이 조직의 전략에 대하여 공감대를 형성하고 변화된 역할을 정확히 인식할 수 있기 때문에 이들의 성과가 높아질 수 있다.

제 1 절 목표 작성하기

조직의 비전과 미션, 가치 그리고 미래 전략이 정해진 다음에는 구체적인 달성 목표를 정하는 것이 중요하다. 모든 조직에서는 여러 가지 사업이 동시에 진행되고 각 사업마다 다양한 이해관계자들이 존재한다. 이들의 의견을 조정하여 목표를 설정하고 확산하는 과정이 필요한 것이다. 조직의 규모가 작아서 한두 명의 직원이 초기 목표를 설정하는 과정을 주도하더라도 여러 참여자의 피드백을 거쳐서 최종 확정하는 것이 바람직하다.

기획을 담당하는 위원회는 이 과정을 단기에 졸속으로 진행해서는 안 된다. 충분한 토론과 합의를 거친 후에 확정해야 전체적인 전략적 기획의 수준을 높일 수 있고 실행력도 커질 수 있다. 목표는 조직에서 추진하는 사업을 통하여 얻을 수 있는 최종 결과를 설명하는 것이기 때문에 전략적 기획안에도 명확하게 명시되어야 한다.

(1) 사업 목표 작성

전체 조직에서 중요한 사업이 무엇인지 밝혀지면 구체적인 사업계획을 작성할 수 있다. 필요한 모든 정보를 수집하여 3년에서 5년 정도의 시간계획을 세워 기획안을 작성하는 것이 좋다. 만일 조직을 둘러싼 환경이 급격하게 변화한다면 시간계획을 더 단축하는 것이 바람직하다. 목표는 측정 가능한 지표를 중심으로 표현하는 것이 향후 목표와 전략의 달성도를 이해하는 데 용이하기 때문에 가능한 한 측정지표를 함께 제시하는 것이 좋다. 따라서 사업 목표는 Box 9.1과 같이 제시할 수 있다.

Box 9.1 사업 목표의 작성

- 시간계획: 1년 이내에
- 대상 집단: 주요 고객들의
- 변화 영역: 만족도를
- 변화 정도: 30%가량
- 변화 방향: 증가시킨다
- 자료 수집과 과정: 사전 사후 만족도조사를 통하여 자료 수집하며 서비스 불만 요인을 찾아서 고객만족도를 대폭 상승시킨다.

이미 언급한 것과 같이 목표는 측정 가능한 것이 좋고 달성 시한도 명확해야 한다. 그런데 이 과정에서 과정 목표와 결과 목표를 구별하는 것이 중요하다. 최종적으로 도달할 단계뿐만 아니라 어떤 원칙을 지키며 어떤 과정을 거쳐서 달성한 결과인지를 밝히는 것은 조직의 책임성과 직결된다. 특히 공공조직에서의 책임성은 법률적·정치적 고려가 필요하며, 이 경우 과정 목표를 명확히 정의하는 것이 중요하다(Dubnick & Romzek, 1987). 과정 목표와 결과 목표는 다음과 같이 구별할 수 있다.

Box 9.2 **과정 목표와 결과 목표**

과정 목표는 조직이 수행하는 중요한 활동, 개발 과정, 집행 과정, 활동 과정 등에 필요한 활동을 말하며, 결과 목표는 조직이 제공하는 서비스의 수요자에 의하여 형성되는 결과 또는 활동의 결과에서 나타나는 변화를 말한다.

(2) 행정적 목표

행정적 목표는 기능과 분야에 따라서 각각 작성되는 것이 바람직하다. 여기서의 각각의 목표들도 측정 가능하게 작성하는 것이 좋다. 각각의 목표가 막연한 경우보다 명확하게 측정 가능한 경우에 관계자들은 더 많이 동기 유발될 수 있으며 평가도 용이하다. 이 목표들 중에서 행정적인 목표에는 재원 조달, 인적자원의 구성, 급여와 각종 직원 혜택 마련, 교육훈련 및 평가계획, 조직화 등이 포함된다. 특히 재정적인 목표가 중요한데 재원 조달의 다양한 방법, 재원 조달을 담당할 부서를 위한 각종 지원, 고위관리자와 이해관계자의 역할 등을 명시해야 할 것이다. 조직구조와 관련하여 위원회나 이사회의 구성, 위원회의 효과성을 평가하기 위한 방안 등을 마련해야 한다. 이 밖에도 기획의 내용을 평가하고 결과를 관리할 역할을 명확히 밝히는 것이 중요하며 고객과의 공공 관계(public relations)나 의사 소통의 방식을 정하고, 각종 조직관리 기술을 개발하고 그러한 기술의 원활한 집행을 도울 수 있는 인프라를 마련하기 위한 방안을 설명할 필요가 있다.

제 2 절 전략적 예산 수립하기

전략적 기획을 통하여 진행하게 될 미래 전략과 주요 사업이 결정되면 재정계획을 세우는 것이 중요하다. 전략적 기획안을 집행하기 위하여 얼마의 예산이 필요하며, 그 예산은 어떻게 조성할 수 있는지를 추계하여 설득력을 높일 수 있다. 따라서 재정계획을 세우는 과정에서는 합리적이면서도 참여적이어서 누구나 수긍할 수 있는 대안과 재정계획을 제시하는 것이 중요하다.

(1) 장기 재정 추계

경기 변동이나 정부의 정책에 따라서 공공기관의 상황은 언제나 변화할 수 있기 때문에 장기적 재정 추계는 정확하지 않을 수 있다. 따라서 모든 비용과 편익을 지나치게 상세하게 작성할 필요는 없다. 그러나 새로운 미래 전략을 집행하고 구체적인 대안을 실행에 옮기는 가운데 필요로 하는 추가 인력이나 각종 지원을 위하여 소요되는 비용은 명확히 제시되어야 한다. 이러한 예산이 몇 연도에 걸쳐서 얼마나 되는지 대체적인 추계를 할 필요가 있다.

(2) 전략적 기획의 실행을 위한 예산

전략적 기획의 범위에 따라서 조직의 예산도 크게 달라진다. 미래 전략이 포괄적이고 새롭게 추가되는 사업이 많을 경우 그에 따른 추가 예산의 증대가 불가피하다. 이러한 전략적 예산은 정규 예산에 새로운 전략적 사업을 집행할 때 수반되는 비용을 고려한 예산이다. 전략적 기획의 실행을 위하여 필요로 하는 예산을 책정함으로써 새로운 기회를 포착하였을 때 얻을 수 있는 편익과 함께 고려하여 그 효과성을 평가할 수 있다. 각종 사업들을 위하여 소요될 비용과 필요한 인프라를 도입하는 데 필요한 예산을 예견하는 것이므로 새로운 비전을 달성하기 위하여 조직이 실질적으로 제공할 수 있는 자원이 얼마나 되는지를 평가한다는 점에서 의미가 있다.

전략적 예산을 수립하기 위하여 필요한 것은 먼저 비용을 평가하는 것이다. 개별 사업의 비용을 추산하기 위하여는 각 사업의 성격을 원활하게 밝히고 그러한 사업을 추진할 때 드는 직접 비용을 예상하는 것이 필요하다. 예를 들면 새로운 사업을 위하여 필요한 직원들의 급여, 사업활동을 위하여 필요한 물건들의 구입, 새로운 공간의 임대료, 직원들의 이동을 위한 출장비, 새로운 사업활동에 드는 장비, 그 밖에 사업을 실행에 옮기는 데 드는 기타 비용 등이 있을 것이다.

(3) 예산 확보 계획

일단 전략적 기획안과 전략적 예산이 만들어지면 그것을 실행에 옮기기 위한 예산 확보 계획을 만들어야 한다. 이 계획은 조직이 새롭게 만든 비전을 실현시키는 데 중요하지만 현실적으로 가능한 것인지도 평가해야 한다. 예산 확보를 위하여는 먼저 과거 2~3년간의 재원 조달 실적을 평가해야 한다. 정부와 다른 기관의 지원 등을 검토하면서 어떤 곳에서 많은 지원이 있었는지를 평가하는 것이 필요하다. 특히 추가적인 예산 확보가 가능한 기능과 조직이 무엇인지를 확인하는 것이 중요하다. 그리고 현재의 예산 확보와 집행 과정을 정확히 분석하기 위하여는 이해관계자에 대한 정보를 예산과 연계하여 검토하는 것이 중요하다. 이들은 미래의 비전에 대하여도 잘 알고 있는 경우가 많고 이미 많은 논의에 참여하였을 가능성이 크기 때문에 그 상황을 정확히 검토할 필요가 있다. 특히 예산 담당자와 고위관리자를 비롯한 각종 직원들과의 면담을 통하여 새로운 정보를 얻을 수도 있고 이해관계자들에게 조직의 방향을 알리는 기회가 될 수가 있다.

다음으로는 현재 예산의 확보와 집행 체계를 평가할 필요가 있다. 여기서 조직이 창출하는 수익 이외에 보조금, 다른 기관 또는 개인의 지원, 기금 등을 다양하게 검토한다. 그 과정에서 고려할 사항은 향후 새로운 예산 확보 방법은 무엇인가, 투자 대비 수익이 큰 분야는 어디인가, 기존 직원이나 조직의 고위관리자가 가장 선호하는 방식은 무엇인가 등을 살펴보아야 한다. 이런 정보의 취합을 통하여 전략적으로 가장 주된 예산 확보 방안이 될 수 있는 요소를 확인할 수 있다. 이 정보에 기반하여 향후 방안을 전략적으로 기획하고 연간계획의 형식으로 구체화하여 미리 준비하는 절차가 필요하다. 연간계획으로 구체화할 때는 장단기 재원 조달 목표를 정할 필요가 있으며 이를 기획안에 포함시켜야 한다.

제 3 절 전략적 기획안 작성하기

(1) 기획위원회에 대한 소개

조직에서 전략적 기획안을 작성하고 공표하는 것은 위기를 극복하거나 새로운 발전을 위한 계기를 마련하기 위하여 필요한 절차이다. 그렇다면 그러한 기획안의 작성을 주도한 위원회에 대한 소개를 하고 위원회의 위원장의 메시지를 소개하는 것이 바람직하다. 그러한 메시지를 통하여 계획안을 읽게 될 독자들에게 전략적 기획의 진정한 의도를 설명해야 한다. 기획안에 대하여 중요한 고위 관리자들로부터 승인을 얻었다는 증거를 제시하고 내부적인 동의가 있었다는 정당성을 부여하는 것도 필요하다.

(2) 핵심 요약

한두 페이지 정도로 전체 전략적 기획의 핵심 내용을 요약하는 것이 좋다. 보통 미국의 전략적 기획 서류에 executive summary의 형식으로 제시되는 부분이다. 여기서는 미션과 비전을 제시하고 미래를 위한 핵심 전략을 강조하고 주요 프로그램과 행정적인 업무 처리의 우선순위를 설명해야 한다. 그리고 전략적 기획이 개발된 배경과 과정을 설명할 필요도 있다. 핵심 내용의 요약을 통하여 독자들은 기획안에서 가장 중요한 내용이 무엇인지를 알게 되며, 조직이 추구하는 목표가 무엇인지를 알게 된다.

(3) 미션, 비전, 가치

여기서는 구체적인 설명 없이 미션, 비전, 가치에 대한 선언문을 제시하는 것이 좋다. 세 가지 선언문으로 독자들을 설득시킬 수 있어야 하며, 조직과 전략적 기획이 추구하는 핵심 내용을 보여주는 역할을 한다.

(4) 조직의 개요와 역사

여기서는 1~2페이지가량의 조직의 중요한 쟁점들, 그동안의 업적, 다양한 변화, 역사적인 변화의 맥락 등을 설명한다. 과거에 달성한 내용들이 잘 드러나는 것이 좋고 현재 직면한 문제도 객관적으로 설명할 필요가 있다. 개요와 역사를 소개함으로써 전략적 기획이 탄생한 배경을 다시 한 번 확인하는 계기가 된다.

(5) 환경분석

진략적 기획이 필요한 가장 중요한 이유는 환경의 변화에서 찾을 수 있다. 공공기관의 환경도 수시로 변화하는 만큼 환경에 존재하는 여러 가지 요인을 사회적·경제적·정치적·생태적 변화로 구분하여 설명할 필요가 있다. 그리고 조직 내외의 상황을 다양한 조사 결과와 함께 강점, 약점, 위협, 기회 등으로 구분하여 제시할 필요가 있으며, 향후 다가올 변화에 대하여도 분야별로 제시한다. 여기서 제시된 환경의 다양한 특성들이 미래 전략으로 이어질 수 있기 때문에 최대한 자세하게 설명하는 것이 좋다.

(6) 미래 전략과 사업 전략

환경분석에 따라서 향후 조직이 활용할 미래 전략과 사업 전략이 결정되고 그 내용을 상세하게 설명할 필요가 있다. 여기서 기획안의 중요한 방향이 밝혀진다. 조직의 미래를 위한 세 가지에서 다섯 가지 정도의 미래 전략을 나열하고 각각의 전략에 대한 상세한 설명이 필요하다. 그리고 미래 전략을 달성하기 위한 사업 전략을 제시하면서 연계된 프로그램도 제시해야 한다. 전략에 대한 설명은 누구나 그 이유와 취지를 이해할 수 있도록 논리적이고 구체적으로 설명해야 한다.

(7) 프로그램의 목표와 내용

더 나은 미래 전략과 사업 전략이 제시된 후에 그 전략을 달성하기 위하여 필요한 다양한 프로그램을 설명한다. 각 프로그램은 나름대로의 목표가 있게 마련이고 그 목표는 조직의 미션, 비전, 가치 등과 일맥상통하는 내용이어야 한다. 이 부분에서 각 프로그램이 지향하는 장단기 목표를 설명하고 그러한 목표를 달성하기 위한 다양한 방안을 제시하고 그 방안들을 일련의 행동 방책으로 제시하여야 한다. 바람직하게는 그러한 행동 과정들이 일정별로 정리되고 담당자별로 할당될 필요가 있다. 그리고 그러한 과정에 따른 평가지표나 피드백 방식들이 제시되는 것이 바람직하다. 이렇게 구체적으로 작성된 프로그램의 내용과 목표는 연간 평가 등을 대비한 중요한 지침이 된다. 최대한 상세한 설명이 필요한 부분이며, 여러 기관의 협력을 필요로 하는 내용의 경우 좀 더 긴 분량이 필요하다.

(8) 전략적 예산과 행정 지원

운영 전략에 해당하는 내용들을 여기서 설명한다. 재정, 조직, 마케팅, 평가 등의 영역별로 중요한 과업을 프로그램과 연계하여 작성한다. 전략적 예산에서는 각 프로그램의 목표를 달성하기 위하여 필요한 예산이 얼마이며 그 예산은 어떻게 조달하는가에 대한 내용을 포함해야 한다. 이 과정에서 예산을 확보하는 방안, 예산 지원의 방법, 주요 이해관계자들의 역할, 기획과 평가 과정 등을 설명한다. 그리고 행정 지원에서 다양한 마케팅 방안과 조직 운용 전략을 마련해야 한다.

(9) 부록

부록에는 독자들이 관심을 가질 만한 여러 가지 자료들을 첨부한다. 기획안을 간결하게 만들기 위하여는 부록이 없을 수도 있다. 대부분의 조직들은 SWOT분석을 마련하므로 그 결과를 추가할 수 있으며 고객을 대상으로 한 조사 결과 등을 첨부할 수 있다.

제 4 절 기획안 작성하기

본격적으로 기획안을 작성하기 위하여는 기획안을 집필할 사람들을 확보해야 한다. 그리고 기획안의 각 부분에 대하여 개요를 쓰고 책임자를 명시하고 분량을 결정해야 할 것이다. 집필자들은 전략적 기획을 위한 수양회나 각종 회의에서 나타난 결과물 등을 자료로 활용할 수 있다. 전략적 기획안을 집필할 때 중요한 것은 핵심 내용을 가급적 단순하고 짧게 써서 제시하는 것이다. 핵심 내용은 그림과 표의 형태로 요약하여 향후 발표 자료에 활용하는 것이 바람직하다. 기획안에 포함될 그림과 표는 디자인 역량을 극대화하여 간결하고 명료한 형태로 제시한다. 핵심 내용과 그림, 표가 완성되면 핵심 내용에 대한 보완 설명을 상세히 제시한다. 이 과정에서 각종 자료와 수치가 함께 제시된다.

제9장 요약

1. 조직의 비전과 미션, 가치 그리고 미래 전략, 운영 전략이 결정되면 구체적인 프로그램의 사업 목표를 시간계획, 대상 집단, 변화 영역, 변화 정도, 변화의 방향 등을 측정 방법과 함께 제시하는 것이 바람직하다.

2. 전략적 기획을 작성하는 과정과 기획안을 집행하는 과정에서 필요한 예산의 규모를 확정하고 예산 확보 방안을 구체화하여 추가하는 것이 바람직하다.

3. 전략적 기획안을 작성하기 위하여 전략적 기획의 집필을 위한 위원회를 구성하고 집필을 시작한다. 그 구성은 전략적 기획위원회 소개, 핵심 요약, 비전/미션/가치 소개, 조직의 개요와 역사, 환경 분석, 미래 전략과 사업 전략, 프로그램의 내용과 목표, 전략적 예산과 행정 지원, 기대되는 효과와 부록 등으로 이루어진다.

제 10 장

전략적 기획을 위한 일곱 가지 제안

이 책을 마무리하면서 전략적 기획을 효과적으로 진행하기 위한 일곱 가지 교훈을 제시하고자 한다. 여기 제시된 교훈들은 이 책의 처음에서 마지막까지를 관통하는 내용으로 변화하는 환경에 대응하기 위한 기획에 반드시 필요한 요소들이다. 특히 공공기관이 처한 경제적 · 정치적 · 사회적 환경의 변화가 커짐에 따라 조직의 혁신 역량과 적응력은 중요한 덕목이 되었다. 따라서 아래 내용들은 조직이 효과적인 전략적 기획을 통하여 환경에 적응할 뿐만 아니라 조직에 유리한 환경을 적극적으로 조성하는 데 유용한 교훈이 될 것이다.

제 1 절 융합적 아이디어의 개발

공공조직은 법률과 규정이 정한 업무를 수행함으로써 정부의 관료제적·법률적 책무를 다하는 데 기여한다. 그러나 최근 사회 구성이 다양해지면서 사회적 수요도 다양해짐에 따라 공공조직도 새로운 사업과 프로그램을 제공하는 경우가 많아졌다. 전통적으로 수행하던 업무에서 벗어나 새로운 영역에 대한 도전이 조직을 발전시킨다. 새로운 영역에 대한 도전은 융합적 시각과 아이디어를 통하여 다양한 관점을 접목할 때 가능하다. 경제와 과학, 복지와 교육, 보건과 지역 개발 등 다양한 분야를 접목할 때 새롭고 창의적인 사회문제 해결책을 마련할 수 있다. 이 책의 첫 번째 사례 영월군 별마로 천문대 건립의 사례는 전통적인 지방행정에 과학기술을 접목하여 관광산업으로 발전시킨 대표적인 융합사고의 결과이다. 융합은 아이디어를 개발하기도 어렵지만 서로 다른 분야의 전문가가 공동의 목표를 위하여 협력해야 하기에 어려운 과정이다. 그러나 리더가 전략적 리더십을 발휘하고, 참여자들이 개방적인 자세로 협력에 임할 때 새로운 대안이 모색될 수 있다. 자원이 부족해지고 새로운 위기구조가 도래하는 상황에서 창의적인 대안은 바로 융합에서 찾을 수 있고 융합을 위하여 새로운 인식의 지평을 가져야 한다.

제 2 절 인식의 지평을 넘어서는 새로운 관점의 수용

전략적 기획에서 중요한 것은 새로운 기회의 포착을 통한 새로운 발전 경로의 모색이다. 새로운 기회와 발전 경로는 현재의 시각으로 찾을 수 없고 미래 지향적인 안목을 가질 때 비로소 발견된다. 미래 지향적인 안목일수록 현존 체제에서 수용하기 어려운 경우가 많다.

따라서 새로운 안목을 가진 구성원을 수용할 수 있는 개방적 관점이 필요하고 새로운 관점이 유발할 긴장 관계와 갈등을 극복할 수 있는 팀워크가 조성되어야 한다. 가장 중요한 것은 인식의 지평을 넘어서는 새로운 안목을 갖춘 기업가 정신이다. 최근 강조되고 있는 기업가 정신은 공공부문 관리자에게도 매우 중요한 덕목이다. 새로운 관점을 가지고 지속적으로 새로운 시도를 하는 도전 정신이 공공조직의 혁신과 발전의 토대가 된다. 나카무라(R. Nakamura)와 스몰우드(F. Smallwood)가 『정책집행의 정치학(*The Politics of Policy Implementation*)』(1980)에서 강조한 관료적 기업가가 이러한 새로운 관점을 실행에 옮길 수 있는 역량을 갖춘 정책집행가이다. 따라서 효과적인 전략적 기획을 위해는 기존의 인식의 집행을 넘어설 뿐만 아니라 그것을 행동 방책으로 실현할 수 있는 역량을 갖추어야 한다.

제 3 절 모든 이해관계자의 참여와 동의

전략적 기획의 시작부터 마지막까지 필요한 것이 모든 이해관계자들의 참여이다. 최대한 많은 이해관계자가 참여한 가운데 환경을 분석하고 대안을 모색하며 기획안을 작성하는 것이 바람직하다. 이해관계자가 참여하는 가운데 전략적 기획을 진행할 때 동의를 얻을 수 있고 동의를 얻어 정당성을 확보한 계획안은 실행 과정에서 왜곡되지 않고 진행된다. 모든 이해관계자의 참여는 형식적인 참여로는 불충분하다. 개인 간, 기관 간 갈등과 처리 시간의 지체가 예상되지만 이 과정에서 발생하는 토론의 과정은 공감대를 확대하는 데 결정적으로 기여한다. 이 책의 제3장에 수록된 미국 백악관의 약물통제정책국의 전략적 기획은 관계된 모든 기관이 참여하는 것으로 유명하다. 연방정부 부처와 주정부, 지방정부, 공공기관을 망라할 뿐만 아니라 다른 나라 정부까지 참여한다. 이렇게 참여의 폭이 넓어질 때 실제로 기획에 참여하였던 기관들이 많아지고 협력기관도 증가하는 것이다. 이들 기관의 참여자는 참여의 과정에서 의견을 교환하고 자료를 공유하는 과정에서 약물 중독의 심각성을 깨닫게 되고 효과적인 정책설계와 집행에 동의하여 기획안의 실행력을 높이는 데 기여하게 된다.

제 4 절 전략적 리더십과 혁신 역량의 배양

전략적 리더십은 현재의 상태를 개선할 수 있는 요소가 무엇인지 인식하고 이에 대한 적절한 조치를 적시에 시행할 수 있는 역량을 말한다. 또한 새로운 정보를 습득하고 이를 통하여 변화를 가져올 수 있는 능력이다. 전략적 리더는 거시적 안목을 일상적 조직생활에 적용하여 조직이 발전하기 위한 전략을 행동으로 옮길 수 있도록 한다. 그뿐만 아니라 높은 성과를 얻기 위하여 부서 간 장벽을 허물고 다양한 교류제도를 마련하며 팀이나 집단에 대한 보상을 강화하는 제도를 도입하는 것이 바람직하다. 이를 위하여 전략적 리더는 조직의 지속가능성을 위한 혁신 역량을 개발한다(Davies & Davies, 2004). 전략적 리더십이 발휘될 때 조직구성원은 혁신하여 환경에 적응하고 새로운 대응 방안을 모색한다. 새로운 시각에 의하여 새로운 서비스를 제공하는 혁신 역량은 공공조직의 핵심 역량을 발전시키고 경쟁 우위를 갖게 한다. 이러한 혁신 역량은 정책 영역별로 참여기관과 협력기관이 참여하는 혁신 체제를 형성하고 그 체제 속에서 활발한 상호작용과 피드백을 반복하는 과정에서 발전한다. 따라서 전략적 기획의 과정에서 조직관리자들의 전략적 리더십 배양, 학습조직의 조성, 다양한 기관들과의 협력적 거버넌스 형성을 위한 대안을 제시하는 것이 중요하다.

제 5 절 학습조직의 조성

조직의 혁신 역량은 학습의 과정에서 배양된다. 학습조직의 활성화를 통하여 다양한 관점을 바탕으로 상호 소통하고 조직 발전을 풍요롭게 이루어 나가는 것이 중요하다. 한국 공공기관의 경우 공식적으로 학습을 장려하는 프로그램이 많이 도입된 반면 상호작용 방식을 특정하지 않고 스스로 숙고하고 성찰하며 다른 구성원과 교류하는 비형식 학습(informal learning)의 과정은 아직 미진하다. 비형식 학습은 공식적인 교육장의 환경에서 발생하는 학습 이외의 활동으로 제도적 지원이 없더라도 발생할 수 있는 시행 착오, 직원 간 대화와 토론, 자기 주도 학습 등을 포괄한다. 이 과정에서 발생하는 적극적이고 비판적인 성찰의 과정이 조직과 개인의 발전을 가져오며 창의적이고 혁신적인 전략적 기획을 설계하고 집행하는 역량을 배양한다. 이 사례에서 설명한 워크아웃 타운미팅(work-out town meeting)의 과정은 조직 전체가 학습하는 전형적인 학습조직 활동이다. 회의의 과정에 모든 이가 참여하고 이들은 각 부서의 현안과 문제점을 발표하고 나름대로의 해결책을 제시하는 과정에서 다른 부서의 참여가 이루어진다.

이 제도의 목적은 다양한 관점과 아이디어를 교환하면서 좀 더 새롭고 창의적인 아이디어를 모색하는 것이다. 그 과정에서 직원들은 성장하고, 조직은 지속 가능한 대안으로 환경의 도전에 대응할 수 있게 된다.

제 6 절 조직 발전을 위한 로드맵

조직은 탄생, 성장, 쇠퇴 등의 과정으로 구성되는 생애주기를 거친다. 각각의 단계별로 특징이 있으며, 단계마다 서로 다른 전략적 기획이 필요하다. 탄생의 과정에서는 구체화된 조직 운영 계획을 바탕으로 유능한 인재를 채용하고 새로운 사업을 모색한다. 성장 과정에서는 조직 내적으로 합리적인 관리 체계를 구축하기 위하여 적절한 규정을 마련하고 권한을 위임하는 과정이 필요하다. 조직이 쇠퇴의 과정으로 진입하지 않고 지속적인 발전을 이루어 나가기 위하여는 다른 기관과의 협력 관계의 구축이 필요하다. 이와 같이 조직에 다가올 미래를 시간의 변화에 따라서 대비하는 방안을 마련하고 바람직한 미래의 발전모형을 구성하는 것이 조직 발전을 위한 로드맵이다. 로드맵이 마련되면 조직구성원들이 같은 미래를 지향하면서 현재의 성과를 지속적으로 평가할 수 있다는 장점이 있다. 전략적 기획의 과정에서도 미래 전략과 운영 전략을 수립하는 기준으로서 전략적 기획위원회의 중요한 고려 사항이 될 수 있다. 이 책에서 소개된 미국의 국립약물통제정책국과 정부회계감사원의 전략적 기획에도 조직의 미래 발전 과정을 일목요연하게 설명한 로드맵을 제공함으로써 향후 조직 내외의 공감대를 형성하는 데 활용하고 있다.

제 7 절 협력적 거버넌스의 구축

최근 공공기관의 추세는 외부에 존재하는 다양한 정부기관, 기업, 개인 등 과의 협력 관계를 통하여 많은 서비스를 제공하며 시민과 지역사회를 협력의 대상으로 인식하는 협력적 거버넌스의 구축에서 찾을 수 있다. 앞으로 공공기관의 서비스는 대부분 파트너십의 관계에 의하여 제공될 것으로 예상하고 있다. 특히 의회, 행정부 및 다양한 정부기관과의 협력 체계의 강화, 이해관계자와의 유기적인 집단화 전략, 그리고 지역사회에서 발전하고 있는 사회적 경제에의 참여와 교류 확대 등이 향후 공공기관에 요구되는 역할이다. 이런 관계가 활성화되면 고전적 책임성이 가정하는 단일한 책임자에게 명료한 책임성을 부과하는 상황이 아닌, 다양한 조직과 개인이 개입하여 여러 명의 책임자가 업무를 입안하고 집행하는 상황이 발생한다. 따라서 앞으로의 전략적 기획에서는 이러한 협력적 거버넌스와 협력적 책임성의 개념을 명확히 하고 공동으로 문제를 인식하고 대비하는 다양한 기법에 주목할 필요가 있다. 따라서 협력의 대상, 협력적 관계 구성 전략, 협업 진행의 대상, 예상되는 결과, 문제 발생 시 책임 소재의 규명에 대한 다양한 고려도 포함되어야 한다. 그리고 협력적 거버넌스는 단지 조직 차원에서만 고려될 수 있는 부분이 아니며 지역이나 국가 전체의 지속 가능한 발전을 위한 지역혁신 체제 및 국가혁신 체제와의 관계 속에서 고려되어야 한다.

제10장 요약

1. 효과적인 전략적 기획을 위하여는 (1) 융합적 아이디어의 개발, (2) 인식의 지평을 넘어서는 새로운 안목, (3) 모든 이해관계자의 참여와 동의, (4) 전략적 리더십과 혁신 역량의 배양, (5) 학습조직의 조성, (6) 조직 발전을 위한 로드맵의 구상, (7) 협력적 거버넌스의 구축 등이 필요하다.

2. 여기 제시된 일곱 가지 교훈은 조직 구성원의 활발한 참여와 의사소통의 과정에서 새로운 아이디어를 창조하여 미래 지향적인 전략적 기획안을 설계하고 집행하는 기초가 될 것이다.

제 4 편

전략적 기획의 사례

사례 분석 1: X도 보건국

사례 분석 2: Y개발공사

사례 분석 1

X도 보건국

들어가기

김태형 박사는 X도의 공중보건국장이며 전임 도지사에 의하여 특별채용되었다. 최근 김태형 씨와 이화진 씨 그리고 조대형 씨가 공중보건 업무에 대한 전략적 기획과 리더십 포럼의 구성에 참여하고 있다. 이 과정에서 그들은 공중보건 업무가 재구성될 필요가 있으며 그것이 매우 중요하다는 사실을 알게 되었다. 과거에도 공중보건국에서 전략적 기획에 대한 즉각적인 조치가 필요하다고 인식하고 있었지만 그들이 원하는 성과를 내려면 무언가 지침도 내려오고 도움도 필요할 것으로 생각하였다. 즉, 외부에서 누군가가 컨설팅을 하고 그것이 그 부서의 전략적 기획으로 이어진다는 생각이 지배적이었던 것이다.

그런데 컨설팅을 받기 위한 자금은 시정부의 승인을 받아야 한다. 김박사는 이러한 과정을 다음 선거가 도래하기 전에 끝내고 싶었다. 왜냐하면 선거 이후에는 정치적인 과정에서 그가 계속 그 일을 맡기 어려울 것이라고 생각하였기 때문이다. 하지만 실제 과정은 그가 생각하였던 것보다 훨씬 걸렸다.

그림 1 **공중보건국 전략적 관리를 위한 태스크포스(T/F) 조직구조**

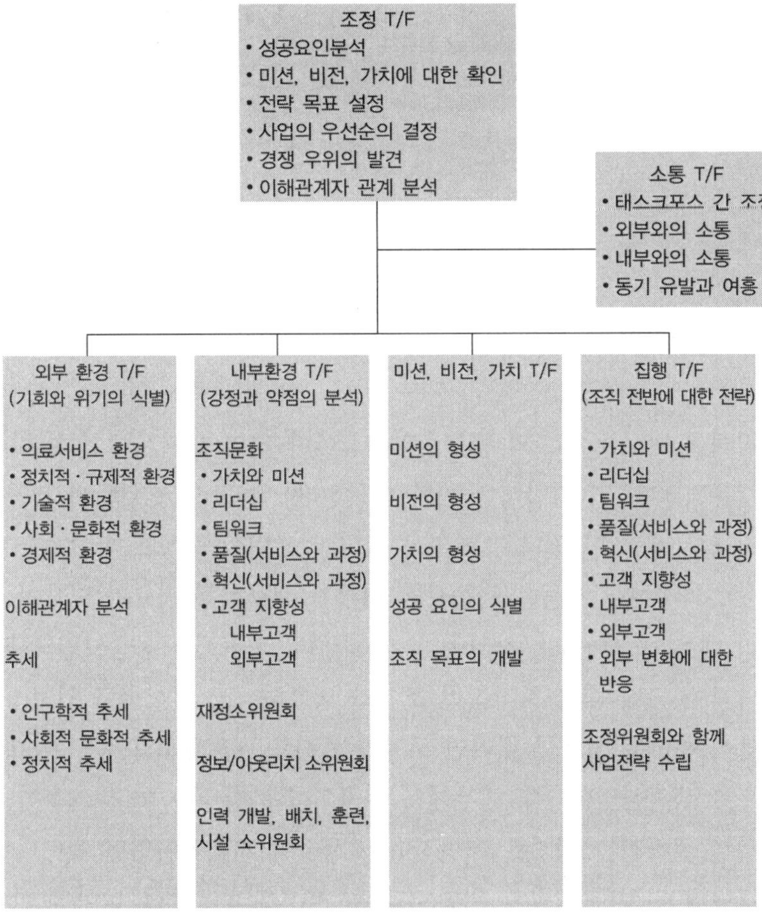

제 1 절 전략적 기획의 과정

전략적 기획이 성공하기 위하여 공중보건국은 기획을 위한 역량을 키울 필요가 있었다. 조직이란 전략적 기획을 하면서 학습하게 마련이다. 보통 외부에서 만들어진 계획안은 단순히 물품을 구매하는 것처럼 캐비닛 안으로 들어가게 마련이다. 따라서 전략적 기획의 과정에서 많은 사람이 참여하는 것이 필수적이다. 따라서 모든 직원이 참여하도록 하였다. 수십 명의 직원들이 태스크포스에 참여하겠노라고 의사 표명을 하였다. 그리고 몇 명을 더 참여시켜 몇 개의 위원회를 만들고 네트워크도 형성하였다.

[그림 1]은 전략적 기획을 위한 조직도를 보여준다. 내부, 외부, 미션과 비전을 위한 태스크포스가 만들어져 있고 이들은 상황분석을 하여 중요한 전략적 의사 결정을 하고 방향 설정을 하게 될 운영위원회에 자료를 제공하게 되어 있다. 집행을 위한 태스크포스는 운영계획안을 개발하면서 운영위원회를 돕게 되어 있다. 첫 번째 회의는 도청에서 열렸다. 그리고 공중보건국과 보건소에 속한 모든 직원을 초청하였다. 전략적 기획을 위하여 총 12개월의 일정을 설계하였는데 그 모든 과정을 선거 전에 끝내기보다 선거 전에 일단 출범을 위한 회의를 개최한 것이다. 그 일정이 [그림 2]에 나타나 있다.

그림 2 공중보건국 전략적 기획을 위한 일정표

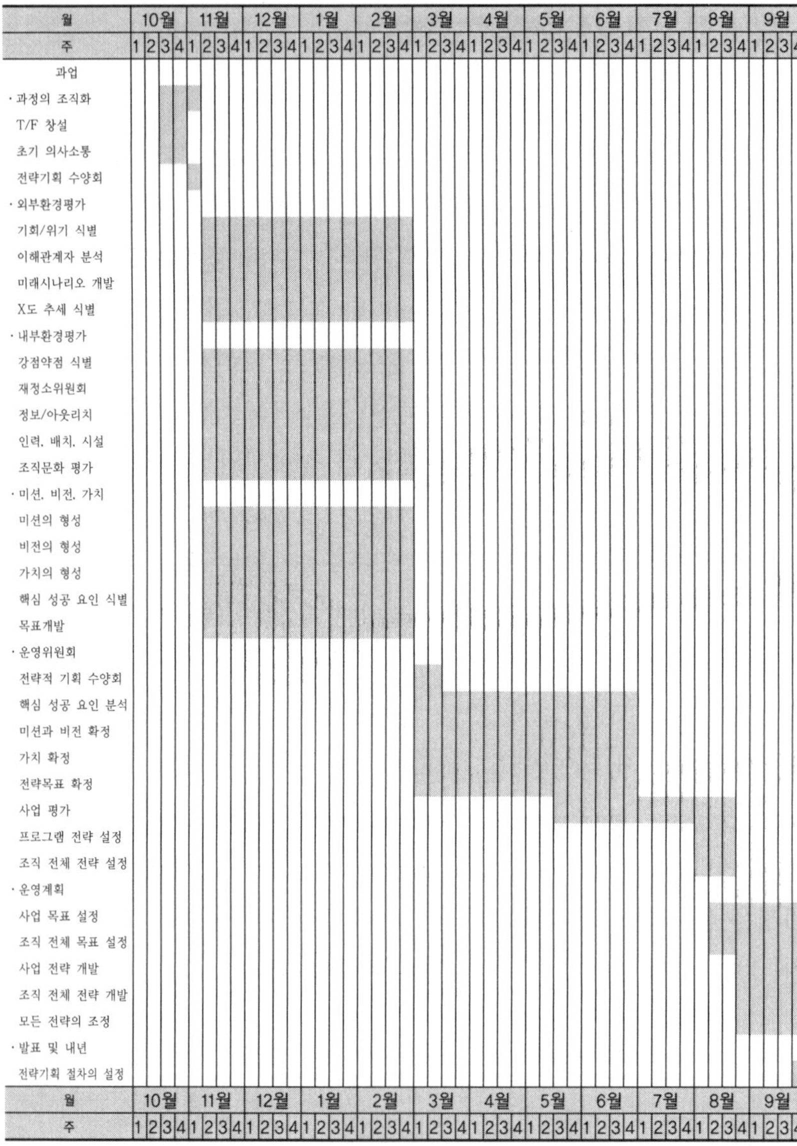

제 2 절 X도

X도의 역사는 길다. 오래전부터 한국인의 주식인 쌀 생산량이 많았고, 농지를 소유한 계층과 농민계층이 공존했던 곳이다. 농업 이외의 산업도 발전하면서 농업과 공업이 함께 발전하고 있는 곳이다. 일찍이 도로와 교육에 대한 투자가 많이 이루어졌다. 전체 면적은 약 10,500km^2이며 인구는 300만 명가량에 해당한다. 대한민국의 다른 지역과 마찬가지로 교육에 대한 열의가 매우 강한 편이다. 경제적으로 몇 가지 중요한 광물자원이 생산되기도 하지만 클러스터를 형성하며 해안을 따라서 형성된 공업단지의 생산성이 높은 곳이다. 정치적으로 복잡한 지역은 아니지만 도지사 선거에서 당파성에 따라 도지사의 교체가 이루어졌던 지역이다. 마침 사업가 출신의 도지사는 효율적인 도정을 공약으로 내걸었고 그는 김박사에게 그대로 직위를 유지할 수 있도록 배려해 주었다.

제 3 절 공중보건국 상황

공중보건국은 X도의 공중보건 서비스를 담당하는 부서이다. 국장은 부지사를 거쳐서 도지사에게 직접 보고할 수 있도록 되어 있다. 본부 직원과 개별 보건소의 인력을 모두 합하면 1,300여명의 직원이 소속되어 있다. 공중보건국은 매우 다양한 지역공동체 서비스를 제공한

그림 3 공중보건국 조직도

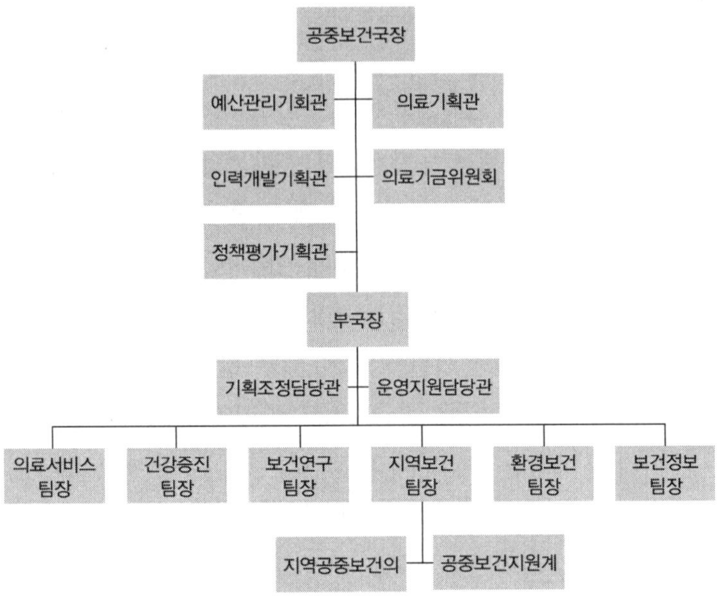

다. 도, 시, 군, 읍, 면, 동 모든 정부 수준의 서비스를 제공하고 공중보건에 대한 정책을 개발하고 있다. 공중보건국은 보건위생에 관한 법률이나 규칙의 준수 여부를 감독할 뿐 아니라 식품의 안전성을 감시하고 검증하는 역할도 수행한다. 음식물, 하수도의 위생 상태 등 보건환경에 대한 업무와 공중보건시설에서 기초적인 의료 서비스와 질병예방 서비스도 수행한다. 그 밖에도 다양한 의료와 연관된 프로그램을 운영하고 있다. 도청 소재지에 본부가 있지만 전체를 9개 지역으로 나누어서 관리하고 있으며, 각 지역별로 지역책임자가 임명되어 있다. [그림 3]은 공중보건국의 조직도이다.

(1) 공중보건국 고위관리자들

김태형 박사는 의사이자 공중보건학 석사이다. 그는 지금으로부터 6년 전에 X도에 고용되었고 2년 전에 현재의 자리에 임명되었다. X도에서 일하기 전에는 다른 지방자치단체에서 공중보건 업무를 담당하였었다. 그는 X도에서 가장 유명한 의과대학을 졸업하고 소아과 의사로 일하면서 공중보건학 석사 과정에 입학하였다. 그는 국장이 되기 전까지 공중보건학을 공부하였던 대학교의 겸임교수를 맡기도 하였고 소아과학회와 예방의학회 회원이다.

조대형 씨는 김태형 박사가 국장이 되기 4년 전에 공중보건국에서 일하기 시작하였는데 그 전에는 지역 보건소와 환경국에서 일한 적이 있었다. 그는 지역의 사업책임자로서 일을 하였다. 그는 신학대학을 졸업한 후 신학과 사회복지학 석사학위를 취득하였고 사회복지사협회의 회원이다.

이화진 씨는 공중보건국의 정책기획평가팀장이다. 그녀는 전략적 기획을 실무적으로 지휘하고 감독하는 책임을 맡고 있으며, 정책 개발, 입법에 대한 조사 역할을 수행한다. 이팀장은 정신보건협회에서 수행하는 부모교육 및 평가 과정을 우수한 성적으로 마쳤고, 그 협회에서 수여하는 '가족 보호 지원' 분야에서 우수상을 받기도 하였다. 그뿐만 아니라 사회학 학사학위와 행정학 석사학위도 취득하였다.

(2) 공중보건국을 둘러싼 불확실성

새로 부임한 도지사는 작은 정부를 공언한 바 있다. 공중보건국 예산은 그 공약을 반영하여 축소될 것으로 예상된다. 예산 결산이 이루어지지 않았지만 그 여파가 있는 것으로 판단된다. 김박사는 이미 상당 부분의 사업을 없애기로 하였지만 그 이상의 감축을 요구받고 있다. 이미 직원 10여명을 퇴직시키고 새 인력을 충원하지 않기로 하였으나 가능하다면 20여명을 더 줄일 것을 요구받고 있다. 그런데 공중보건국의 인력 감축은 김박사가 부임한 이래로 한 번도 없었던 일이다.

(3) 전략적 기획을 위한 수양회

김태형 박사는 도 전역에서 방문해 준 공중보건국 직원들을 따듯하게 환영하였다. 직원들은 풍선으로 장식된 호텔의 연회장을 가득 메웠다. 이 모든 것이 과거 몇 달 동안 전략적 기획을 통하여 공중보건국의 비전을 달성하기 위하여 열심히 일하였던 위원회가 전달하는 메시지를 잘 듣기 위하여 준비된 행사였다. 그는 "여러분 모두를 환영합니다. 그리고 이 중요한 전략적 기획 수양회에 참여해 주신 여러분께 진심으로 감사드립니다. 이 축제 분위기를 위하여 노력해 주신 소통위원회에 특별한 감사의 말씀을 전합니다."라고 말하였다.

그리고 나서 스피커에서 다음과 같은 목소리가 들렸다. "신사숙녀 여러분, '공중보건 시대'를 환영해 주시기 바랍니다!" 그리고 음악이 들려왔다. 그리고 소녀시대의 음악이 들려온다. 김박사와 여덟 명의 소통위원회 구성원이 무대로 나왔다. 김박사가 리드 보컬을 맡아 어렵사리 노래를 부르고 나머지 여덟 명이 춤을 추고 랩과 백업 보컬을 맡았다. 가사는 전략적 기획위원회를 위하여 소통위원회에서 특별히 개사하였다. 소통위원회는 상황분석 단계에서 사기 진작이 필요하다는 판단을 하였다. 김국장이 무대에서 앞뒤로 이동할 때마다 직원들은 박수를 쳤고 즐거워하였다.

김박사는 지친 상태로 무대에서 내려왔지만 매우 기뻤다. 다른 위원회들이 소통위원회만큼만 잘 해주면 이 수양회는 성공할 것만 같았다.

연회장은 열의로 가득 찼고 직원들의 분위기도 지난 몇주간과 매우 달라져 있었다. 지난 도의회 회기 중 예산 삭감에 대한 언급이 있었고 도지사는 실험적으로 공중보건국 산하에 있는 특정 도시지역의 병원을 실험적으로 민영화하겠다고 제안을 하기도 하였다. 구체적인 내용까지 밝혀지지는 않았지만 국(局) 내의 연장자 우선 원칙에 따라서 그 도시의 도립병원이 민영화되면 다른 지역에서 근무하는 젊은 직원들과의 갈등도 예상되는 등 조직 전반에 혼란이 예상되는 상황이었다. 민영화 안과 예산안에 대한 내용이 오늘의 수양회에는 먹구름과도 같은 존재였던 것이다. 김태형 씨는 예산안이 확정되기 전에 전략적 기획안이 마무리되기를 기대하였다.

김태형 씨는 상황분석 단계의 결과 보고를 들으면서 회의장 내의 열의에 놀랐다. 전략적 기획 단계에서 공유되는 정보가 지금까지 4개월간의 노력이 얼마나 대단하였던 것인지를 보여주고 있었다.

(4) 가치, 비전, 미션 위원회의 보고

미션, 비전, 가치 선언서의 개발도 만족스러웠다. 〈표 1〉과 같이 발표되었다.

(5) 외부 환경분석 위원회의 보고

외부 환경 태스크포스는 사회적, 문화적, 의료보건, 경제적, 정치적, 그리고 이해관계자들에 관한 소위원회로 구성되었다([그림 4] 참조).

표 1 공중보건국의 미션, 가치, 비전 선언문

공중보건국의 미션(mission)은
- 질병, 부상, 장애의 예방 통제를 이끌어 나간다.
- 보건환경 보호를 위한 규제를 실행에 옮기고 건강에 대한 위험 요인을 제거한다.
- 건강과 복리에 관련된 문제에 대한 개인들의 책임성을 강조하고 교육을 통하여 건강을 증진한다.
- 보건 서비스에 보편적으로 접근할 수 있도록 한다.
- 보건에 관련된 결정을 위한 정보를 수집하고 배포한다.

우리는 도민들에게 자신의 건강을 돌볼 필요가 있음을 알리고, 기본적인 보건 서비스를 필요할 때마다 적시에 제공하여 X도의 삶의 질을 높이기 위하여 최선을 다하여 헌신할 것이다. 우리의 사명은 도민들이 필요로 하는 것을 이해하고 그들이 건강하고 행복한 공동체를 형성할 수 있도록 도울 때 달성될 것이다.

공중보건국이 중시하는 가치는
- 우리는 다양성을 존중하고 모든 도민을 존중한다.
- 우리는 도민들과 공동체를 애정어린 자세로 섬기는 데 최선을 다한다.
- 우리는 최고를 지향하고 지속적인 개선을 위하여 노력한다.
- 우리는 교육과 팀워크, 협력을 통해 서로서로 권한을 나누고 지역공동체에 힘을 실어준다.
- 우리는 높은 윤리적 기준을 갖고 우리에게 주어진 자원을 최대한 잘 활용할 것을 맹세한다.

공중보건국의 비전 선언문

우리는 X도의 모든 도민이 건강하게 태어나서 안전한 환경 속에서 성장하고 살아갈 수 있는 그래서 육체적·정신적·사회적으로 건강한 생활을 영위할 수 있는 미래를 지향한다.

우리는 공중보건국이 건강하고 번영된 X도를 창조하고 지속해나가는 데 가장 중요한 주체가 되는 미래를 지향한다.

각 소위원회는 공중보건국 내외의 정보를 탐색하여 외부 환경에 대한 분석을 하였다. 자료 수집을 통하여 각 소위원회는 많은 쟁점을 찾아

그림 4 외부 환경 태스크포스(T/F)의 구조

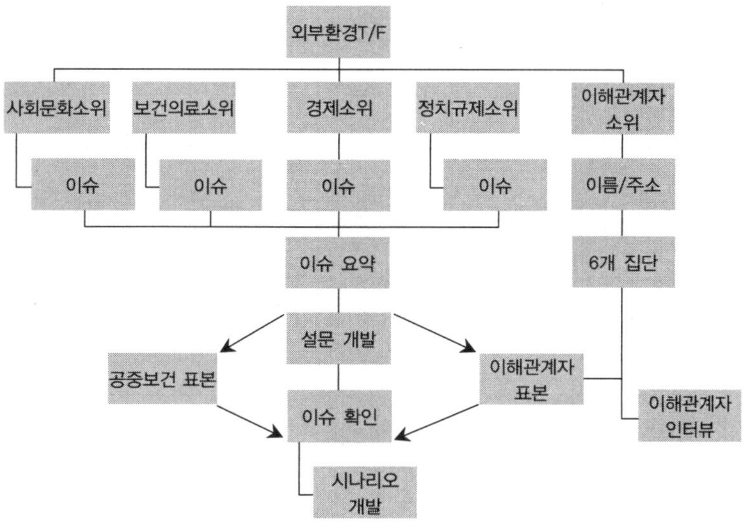

내었다. 주요 쟁점들과 그 쟁점을 둘러싼 이해관계자들이 수차례 분석되었고 그 결과를 수렴하도록 하였다. 약 34개의 쟁점이 발굴되었고 이해관계자 목록이 도출되었다. 태스크포스는 중요한 쟁점들을 밝혔다고 확신하였지만 추가적으로 공중보건국의 인사들이나 외부 이해관계자들로부터 확인을 받는 것은 거부하였다. 12명의 이해관계자들을 직접 또는 전화 인터뷰하였고 이해 관계가 있는 조직이 직면한 문제에 대하여 검토하였다. 〈표 2〉에 인터뷰 프로토콜과 이에 대한 반응이 나타나 있다.

설문조사와 면접조사를 통하여 소위원회가 밝힌 문제들에 대하여 확인하는 절차가 있었다. 태스크포스는 가장 중요한 10개의 이슈를 밝혀냈다. 최종적으로 모든 쟁점이 향후 5년 후에 발생하게 될 시나리오를 만들었다.

표 2 외부 환경분석 태스크포스의 분석 결과 요약

사회문화	Code	보건의료	Code	경제	Code	정치/규제	Code
노숙자의 증가	S1	농촌 거주자의 의료시설 접근성 불편	HC1	도 경제의 성장 지체	E1	보건 규제의 증가	P1
10대 임신율 증가	S2	라이프스타일 변화에 따른 건강문제 발생	HC2	실업의 증가와 노동시장의 악화	E2	공중보건 급여의 감소	P2
한부모가구의 증가	S3	전염병의 증가	HC3	교육성취도의 악화	E3	공중보건 보조금의 감소	P3
지역밀착형 보건의료 감소	S4	의료민영화 논의의 확대	HC4	새로운 성장동력의 부재	E4	정치권과 기업의 견제 증대	P4
운송 수단의 악화	S5	의사소통, 질병통제, 원격의료 기술 발전	HC5	폭력과 갈등 심화	E5	공중보건비용에 대한 설명 요구의 증대	P5
이민자의 증가	S6	환경보건에 대한 관심 증가	HC6	빈곤율의 증가	E6		
보건의료에 대한 정치권의 영향력 증가	S7	건강보험에 대한 보장성 수요 증가	HC7				
의료 서비스의 부정적 측면이 대중에 많이 노출	S8	의료인에 대한 지속적인 교육의 필요성	HC8				
증가하는 노령인구	S9						
지역 중심적 공중보건활동 감소	S10						
공중보건시설의 입지와 조건 악화	S11						

표 3 **외부 환경 태스크포스의 조사 결과의 비교: 공중보건국 직원과 외부 이해관계자**

내부 순위	추세/이슈	외부 순위	내부 순위	추세/이슈	외부 순위
1	공중보건 급여의 감소	15	16	교육성취도 악화	10
2	10대 임신율의 증가	2	17	빈곤	17
3	공중보건 보조금의 감소	5	18	보건의료 접근성	6
4	전염병의 증가	1	19	노령화	20
5	환경보건 관심 증가	14	20	기술적 발전	8
6	폭력과 갈등 심화	4	21	보건의료 민영화 논의	27
7	성장의 지체	12	22	실업	19
8	견제의 증대	7	23	지속적인 교육	9
9	지역공동체 활동의 감소	11	24	부정적 측면의 부각	24
10	지역공동체 공중보건 활동 감소	3	25	보장성 수요 증가	21
11	비용에 대한 설명 요구	22	26	성장 동력 부재	26
12	한부모가구 증가	18	27	노숙자 증가	16
13	열악한 공중보건 입지와 시설	23	28	운송 수단의 부족	29
14	보건 규제의 증가	25	29	이민자의 증가	28
15	라이프스타일로 인한 문제	13			

(6) 내부 환경분석 태스크포스의 보고

조직 내적 환경의 분석을 맡은 태스크포스는 강점과 약점을 중심으로 전략적 역량을 분석하였다. 태스크포스는 조직문화, 운영 및 지원, 재정, 정부, 인적자원 등의 다섯 개 소위원회로 구성되었다.

(7) 조직문화 소위원회

조직역량 진단 설문지를 개발하여 150여 명에게 보냈고 총 126부의 설문지가 회수되었다. 평가 결과는 몇 가지 일반적인 결론을 도출하였다. 공중보건국은 고객에 대하여 잘 반응하였고, 고객을 섬기는 것을 중요하게 생각하였고, 직원들이 그들의 일을 다른 직원의 일과 항상 연계된 것으로 생각하고 있다는 점이 그 결론이다.

응답자들은 다음과 같은 설명에 대하여는 동의하지 않았다: 직원들이 공중보건국이 다음 5년 동안 어떤 영역에서 활동할 필요가 있는지를 명확하게 이해하고 있다, 조직의 리더들이 규칙과 절차보다도 직원들을 더 중요하게 생각한다, 조직의 리더들은 직원의 행복과 복지를 중요하게 생각한다, 공중보건국은 직원들의 만족도를 주기적으로 점검하고 있다.

(8) 운영, 지원 소위원회

운영 소위원회 구성원들은 지역과 본부를 망라하여 10여명의 직원들을 면접조사하였다. 각 지역으로 구분하여 시설, 물품에 대한 통제, 구매, 원격통신 등의 네 가지 영역에 대하여 질문을 하였다. 면접조사는 소위원회 구성원들이 요약하고 토론하였다. 장점과 약점을 구분한 최종 목록을 다음과 같이 도출하였다.

Strength

- 각 지역별로 공중보건 시설을 개선하려는 지속적인 노력을 하고 있다.
- 전문 건축가와 설계사가 도와주어서 공중보건시설이 일관성을 유지하고 있고 그 수준도 높아지고 있다.
- 원격통신 관리부서가 장비에 대한 지원을 잘 해주고 장비에 대한 교육을 잘 시켜준다.

Weaknesses

- 공중보건 시설이 지역에 따라서 다양하고 어떤 곳은 안전성에 문제가 있는 곳도 있다.
- 원격통신 시설에 문제가 있을 때 지원을 요청하면 반응 시간이 너무 늦다.
- 이메일이나 정보 공유 시스템을 위한 사용자 친화적 네트워크 시스템이 없다.
- 장비에 대하여 증표를 부착하고 처분에 대한 절차가 잘 작동하지 않고 있다.
- 물품 공급자에 대한 관리 시스템이 사용자 친화적이지 않다.

(9) 재정 시스템 소위원회

총 150부의 설문지를 발송하여 지역과 중앙의 사무실에 대하여 조사하였다. 모든 지역의 책임자와 직원 그리고 기타 직원 들에 대하여 조사하였다. 결과를 표로 작성하여 요약하였으며 그 결과를 두고 소위원회 구성원들이 토론하였다. 강점과 약점으로 구분한 목록을 만든

Strength

- 재무보고서가 정확하고 완결성이 높고 적기에 만들어진다.
- 재정부서 공무원들이 많이 알고 있고 질문에 답을 적기에 잘 해준다.

Weaknesses

- 예산을 편성할 때 충분한 재정자료가 주어지지 않고 사업관리자들은 지출 통제를 직접하지 않기 때문에 예산관리에 대하여 걱정을 많이 한다.
- 구매절차에 문제가 있어서 어떤 계약자들에게는 제시간에 지불이 되지 않고 있어서 업무에 차질이 생긴다.
- 교육훈련이 불충분하여 재정정보 시스템을 잘 활용하지 못한다.
- 재정자원이 부족하기 때문에 공중보건 업무 자체를 약화시키고 있다.

다음에 그것을 회람하여 문제점을 지적하였고, 최종적인 결과를 도출하였다.

(10) 정보 시스템 소위원회

총 35명을 대면조사 또는 전화 인터뷰했다. 인터뷰 결과를 영역별로 나누어 표로 만들었고 요약하여 토론하였다. 다른 소위원회와 마찬가지로 초안을 먼저 만들고 최종 목록을 확정하였다.

Strength
- 직원들이 정보 시스템 활용에 대하여 더 많이 알고자 하는 열망이 강하다.

Weaknesses
- 행정정보 시스템이 현재의 상황을 잘 보여주지 못하고 있어서 그게 뭐하는 것인지 그리고 그것으로 어떤 서비스를 하라는 것인지 잘 모른다.
- 각 지역의 수요보다는 중앙의 수요에 더 적절하게 설계된 것 같다.
- 정보시스템을 어떻게 발전시킬 것인지 명확한 계획이 없다.

---

(11) 인적자원 소위원회

총 50명의 직원을 면접조사하였고 이 위원회도 지역과 중앙사무실 인력을 모두 조사하였다. 다른 소위원회와 유사한 방식으로 강점과 약점의 목록을 개발하였다.

Strength
- 직원들은 협력적인 방식으로 동료들의 도움에 응하고 있다.

Weaknesses
- 합리적이고 객관적인 직원 배치 방법이 없는 것 같다.
- 직원들에 대한 인사정책을 해석할 때, 일관성이 없고 경우에 따라서는 부정확하다.

- 인력이 공중보건 업무에 대하여 지식이 많은 것 같지 않다.
- 각 지역에서 다른 부서 공무원들과 업무 조정이 잘 안 된다.
- 신규채용, 승진, 재량적 행위 등에 대하여 너무 반응이 늦거나 없을 때도 있다.
- 직원들이 중요한 기술이나 생산성을 높였을 때 보상을 받는다고 생각하지 않는다.
- 인사정책에 대한 지침들이 일관성이 없다.
- 교육훈련 프로그램이 불충분하고 적절하지도 않다.

제 4 절 계속되는 도전들

김박사는 태스크포스의 보고가 너무 당연히 잘 알고 있는 것들이라고 느꼈고, 태스크포스의 발표에 대하여도 긴장이 풀려가고 있었다. 그때 휴대전화가 진동하였다. 예산안에 대하여 설명하기 위하여 도의회에 출석하도록 요구받았다. 입법부에 대응할 그의 대안을 생각하면서 수양회에 대하여 그날 오전에 그가 하였던 생각에 대하여 다시 회상해 보았다. 그는 여전히 직원들이 X도의 보건의 변화하는 추세에 대하여 정확하게 인지하고 있는지 의문이 들었다. 그가 다른 도의 공중보건 담당자와 토론한 결과 X도의 경우 개인별 보건 서비스라는 추세와는 거리가 있는 것으로 판단하였다. 입법부에 있는 도의원들도 개인별 사례 중심 보건 서비스에 대하여 전혀 이해하지 못하고 있다. 개인별 사례 중심 보건 서비스는 지역 주민 개인별로 면역의 정도와 예방접종의 필요성, 방문 횟수 등을 평가하여 서비스를 계량화하는 방법이고 그것은 공중보건국에 얼마만큼의 자금이 배분되어야 하는지를 결정하는 중요한 근거가 되는 것이다.

사실 공중보건국이 핵심 공중보건 서비스의 영역을 확대할 필요도 있다. 그리고 일반 대중에게 그리고 정치권에도 그 중요성을 인식시킬 필요가 있다. 그런데 문제는 공중보건국 내에서도 비판하는 사람이 없지 않다는 것이다. 중앙 수준에서는 핵심 공중보건 서비스를 제공하고 있지만 지역에서는 개인별 사례 중심 보건 서비스를 하고 있기 때문이다. 핵심 서비스를 강화한다는 것은 결과적으로 지역에서 자원을 옮겨오는 것을 뜻한다. 특히 예산이 축소될 것이다. 김태형 씨는 공중보건 서비스를 재창조하는 것은 조직 내적으로 외적으로 매우 어렵다는 것을 알고 있다. 그는 전략적 기획이 공중보건에서의 변화를 재정의하고 의사소통을 가능하게 하는 방법이라고 생각하였다. 모든 혼란과 불확실성으로 인하여 그는 이제 전략적 기획 과정을 더 중시하게 된 것이다. 운영위원회는 엄청나게 중요한 과업을 앞두고 있다. 각 태스크포스의 업무를 해석하고 프로그램의 우선순위를 결정하는 어려운 일이 남아 있다. 방향을 제시하고 지원을 위한 논리, 바로 그것을 도지사와 도의원들 앞에서 보여주어야 하는 것이다.

해결 과제

1. 김박사의 입장에서 도의회에 제출할 전략적 기획안을 작성한다.
2. 전략을 정하여 그 이유를 설명하고 그것을 달성하기 위한 장기적 우선순위를 작성한다.
3. 그것을 수행하기 위한 단기 목표를 정하고 그 내용을 구체적으로 설명한다.
4. 그것을 수행하기 위한 연간계획을 작성한다.

표 4 전략과 우선순위 세우기

전략:

배경 설명/의견:

장기적 우선순위:

1
2
3
4
5

표 5 달성하고자 하는 목표와 장단기 과정 목표 세우기

목표:

배경 설명/의견:

다음 2~5년 동안 달성하고자 하는 것이 무엇인가?	중간 점검 지표	내년에 달성하고자 하는 것이 무엇인가?	성공을 측정하기 위한 기준, 피드백, 평가 메커니즘	책임자	언제까지?

표 6 단기목표와 집행계획에 따른 연간 운영계획 세우기

전략적 기획상의 목표:

전략적 기획상의 과정 목표:

연간 운영계획상의 과정 목표:

측정 방법 또는 벤치마킹 방법:

집행 단계	책임자	시한	주요 일자별 진척

피드백 메커니즘:

필요한 재원:

사례 분석 2

Y개발공사

202×년 지방법원은 120,000가구의 주택을 보유하고 있는 Y개발공사(공사)에 대하여 법정관리를 명령하였다. 법원의 명령은 입주자들이 제기한 5년간의 소송의 결과로 도출된 것이다. 입주자들이 소송을 제기하기 전 2년 동안 공사는 쌍방이 합의한 법원의 화해명령에 따라 운영하고 있었다. 그러나 화해명령에 따른 공사 운영의 결과 입주자들이 원하는 목표를 달성하지 못하였으며 법원은 공사의 이사회에 대하여 무능력하고 무책임하며 관리 능력도 부족했다고 판결하였다.

그리고 6개월이 지난 후, 고등법원은 지방법원의 판결을 지지하면서, 공사의 사장과 이사회의 직무를 중지시켰고, 법정대리인으로 임명된 김현철 씨로 하여금 "공사의 주택에 대하여 국가가 정한 위생 기준을 충족시키고 기타 적용 가능한 주택 규제를 충족시킬 수 있도록 적실성 있고 바람직한 조치들을 할 것을" 지시하였다. 국내 최고 명문대학교 법학과를 졸업한 김현철 씨는 53세로 다른 시의 주택관리공사에서 일한 경험이 풍부한 관리인이었다.

그는 매우 많은 과업을 수행하여야 하는 입장이 되었다. Y개발공사는 국내에서 세 번째로 큰 주택 건설, 임대, 분양을 시행하는 지방공기업이다. 현재 다른 대형 건설 공기업들과 비교할 때 주택 공실률이 28%로 두 배가량 되며 공공개발사업의 결과로 갖게 된 주택들 중 상당수가 "매우 심각하게 파손된" 상태에 있는 것으로 보고되고 있다. 이들 주택은 관리도 잘 안 될 뿐만 아니라 치안 상태가 열악하여 범죄도 많이 발생하고 있다. 외부에서 볼 때 그 사업은 주변 지역들의 경관을 해치는 볼썽 사나운 건물들의 집합으로 전락하고 말았다. 벽돌로 지은 큰 건물들이 유리창이 깨진 채로 방치되어 있었고 아파트에서도 곳곳에서 범죄가 발생하고 있었다.

제 1 절 공사의 상황: 202×년 2월

(1) 주요 사업들의 상황

김현철 씨가 개발공사를 맡게 된 것은 202×년 2월이었다. 그때 주택공사는 34개가량의 개발사업을 진행하고 있었으며, 총 60,000명의 사람들에 대하여 17,000호 이상의 주택을 공급할 목적으로 하는 사업들을 진행하고 있었고, 이 중에서 10퍼센트가량은 시민들에게 공급할 주택에 관련되었다. 이 중에서 22개의 사업은 중앙정부에서 시행하는 사업이었으며 나머지는 다른 곳에서 시행하는 사업을 맡고 있다. 이 사업들 중에는 아주 오래전부터 진행되어 온 개발사업과 연관된 것들이 많았다. 시내의 많은 주택이 25년 이상 된 오래된 것들이었다.

법정관리가 시작되었을 때, 주택공사의 심각한 상황이 통계로 잘 나타나 제시되어 있었다. 공실률이나 미분양률이 매우 높은 상황이었다. 202×년 Y매거진은 '녹색마을' 사업에 대하여 다음과 같이 쓰고 있다.

> 녹색이라는 단어는 완전히 무시되었다. 콘크리트더미와 먼지, 깨진 유리창만이 남아 있을 뿐이다. 가로등은 부러진 채 방치되었고 쓰레기는 넘쳐나고 있다. 쓰레기는 깨진 유리와 함께 곳곳에 쌓여 불타고 있다. 녹슬어버린 깃대에는 아무것도 걸려 있지 않았으며 두 명의 사람들만 놀이터에서 서성거릴 뿐이다.

공실률이 높아지는 것은 꼭 개발업자가 잘못한 것이라고 보기는 힘들다. 예를 들어 다른 기업에서 시행하는 사업의 경우에도 비슷한 지역에 45%, 42%가량의 공실률을 기록한 적이 있다. 이 지역들은 도시가 확장해 나가면서 새로 개발된 지역들이며 경우에 따라서는 70%가량에 육박하는 공실률을 기록하면서 범죄도 증가하고 있는 추세였다.

(2) 입주자 문제

김현철 씨가 일을 맡은 후 자산의 가치가 하락하고 있었고 주민들에게도 심각한 문제가 있었다. 전국적으로 경제가 어려워지면서 공사의 입주민들 중에도 빈곤층이 증가하였다. 1990년대 이후 저소득 가구가 매우 많이 입주하여 당시에도 전체 주택의 80%가량이 저소득층 가구로 채워졌었다. 2010년대의 입주자 평균 가구소득은 전국 평균의 1/3 정도밖에 되지 않았다. 시간이 흐름에 따라서 주민들은 지속적으로 경제적 어려움을 경험하게 되었다. 2020년대에 들어서는 입주자

소득이 전국 지자체 산하 개발공사 주택 입주자 평균 소득 가운데 최하위를 기록하기도 하였다. 김현철 씨는 이러한 현상을 실업률이 높아진 결과라고 설명하였다.

비근로계층 사람들로 구성된 지역과 일하는 사람들이 많은 공동체 사이에는 큰 차이가 있습니다. 세상으로 나가지 않은 사람들은 소외되고 그들은 일주일 내내 어두운 곳에서 TV만 보게 됩니다. 공공주택에서 이러한 문제는 매우 해결하기 힘듭니다. 아무도 일하지 않는 그런 곳에서 자라는 아이들도 절대 일하지 않아요. 누군가가 생산직에서 일하고 있으면 아는 사람에게 "이봐, 우리 공장에 일자리가 났는데 한번 전화해서 알아봐"라고 말해줄 수도 있는 거죠. 그런데 그런 일이 발생하기는 힘들죠. 전체 지역이 소외되게 마련이고 침체될 수밖에 없는 구조입니다.

인구 구조의 변화도 중요한 문제가 되고 있다. 2000년대부터 소수민족 인구가 점점 증가하여 202×년 현재 53%까지 증가하였다. 동시에 다른 인구학적 변화 경향도 가속화되었다. 보통 한 가구의 구성원 수가 줄어드는 반면에 평균 연령은 낮아지고 있었다. 게다가 편부모 가구의 수가 2018년 44%에서 202x년에는 84%로 증가하였다. 편부모 가구 중에서 많은 가구의 세대주가 여성이었다. 김현철 씨는 이러한 인구 변화에 대하여 다음과 같이 설명하고 있다.

진짜 중요한 문제는요 ……. 편부모 가구 문제인데요 ……. 이런 일도 있습니다. 한 건물에 세층에 각 층마다 세 가구가 사는데 그 아홉 가구 모두 여성 가장 가구입니다. 이러면 십대 청소년들에게 심각한 문제가 됩니다. 이들이 굉장히 거칠어집니다. 그 건물에서 그들을 겁줄 만한 사람들이 없게 되고 여성 중에서 그 녀석들을 물리력으로 위협하거나 술 취한 청소

녀들을 쫓아낼 만한 사람은 없잖아요. 누군가 더 크거나 더 힘센 사람이 필요한데 ……. 어떻게 다루어야 할지 어려운 일입니다. 하지만 적어도 입주자들을 선정할 때 이 아이들을 통제할 만한 사람들을 고려해가면서 배정했어야 했다고 생각해요.

제 2 절 거버넌스와 조직구조

Y개발공사는 시조례에 의거하여 1980년에 설립되었다. 법정관리가 시작되기 전까지 9인 이사회에 의하여 정책 결정이 이루어졌고 일상관리에 책임이 있는 관리자가 있었다. 이사회 구성원 중에서 다섯 명은 시장이 임명하고, 세 명은 사장이 임명하며, 나머지 한 명은 당연직으로 되어 있었다.

사장은 본부장들을 임명한다. 각 본부장들은 자신이 맡은 조직을 감독하였다. 김현철 씨가 도착하기 전에 전체 예산 중에서 약 600억원가량이 소모되는 인력 700여명을 고용하고 있었다. 대부분의 사람이 단지 운영과 건설사업에 투입되는 인력이었다. 본부장은 부본부장을 두고 있으며 팀장들이 각 사업을 나누어 운영하도록 되어 있다. 지난 2년 동안 Y개발공사는 화해명령에 따라 운영되었고, 공사는 각 본부별로 새로운 팀장급 직원을 한 명씩 더 고용하였다. 새 팀장들은 각각의 부서에서 기획, 개발, 혁신 등의 일을 맡았다.

김현철 씨가 법정관리자가 되었을 때 공사의 행정조직은 실제로는 마비 상태에 있었다. 화해명령안에 따른 관리 과정 속에서 수많은 분쟁이 있었고 법원에서 임명한 서종민 씨와 공사 이사회 사이에는 엄청난 갈등이 있었다. 2년 전부터는 사장 자리가 공석인 상태로 운영되어 왔다. 경영지원본부장인 임창현 씨가 그 기간 동안에는 사장 업무를 대행하였다. 다른 주요 보직들, 즉 전략기획실장과 사업개발본부장 자리도 오랫동안 공석인 채로 유지되었다.

(1) 운영 부문

운영 부문에는 입주자에 대한 서비스 전달을 위한 팀들이 포함된다. 400여명의 직원들이 이곳에서 일하고 있으며 경영지원본부장이 책임을 맡고 있다.

① 현장관리자

공사는 30명의 단지운영팀장을 고용하였다. 이들은 공사가 개발한 사업에 대하여 "효율적인 운영과 관리를 책임"지는 임무를 부여받은 사람들이다. 하지만 이들은 현재 그 일을 수행할 방법이 전혀 없는 상태인 것으로 알려져 있다. 주택사업 부문에서 한때는 절대적인 권한을 가졌던 이들이 2010년대에 있었던 조직 개편을 통하여 수많은 기능을 수행할 통제권을 상실하였다. 입대료 징수, 입주자 이동과 선정, 주택 및 시설물 유지 보수 등의 영역에서 모두 그렇게 되었다.

2012년에 공사는 유지 보수 기능을 집권화하였다. 그때 단지운영팀장의 권한을 모두 없앴고 결과적으로는 매우 비효율적으로 되어버렸다. 이러한 체제 하에서 주민들은 그들의 요청 사항을 중앙에 전달하여 적절한 기술자를 그곳에서 파견하도록 하였다. 주민들이 계속하여 불평을 하고 팀장들에게 이야기를 할 때도 현장에 있는 팀장은 어떤 역할도 할 수가 없었다. 화해명령 체제 하에서 상황이 약간 나아지기는 하였다. 현장의 팀장들은 아주 소수의 기술자와 근로자들에 대하여 통제권을 가지고 현장에서 유지 보수 활동을 지휘할 수 있게 되었다. 그러나 여전히 입주민들은 수리를 요청하기 위하여 중앙에 전화를 하여야 했고, 그 과정에서 요청 자체를 무시당하거나 지연되는 경우도 많았다. 그뿐만 아니라 이들 단지운영팀장 들은 충분한 인력을 활용할 수가 없었다. 전적으로 그 단지가 속한 지역의 사업국에서 정한 일정에 따라서 움직이는 기술자와 근로 인력들에 의존할 수밖에 없었던 것이다. 결국 이들은 수리 요청에 스스로 대응할 수 없는 입장이었다.

이들은 7개 지역 중 하나로 할당되었으며 각 지역을 책임지는 지역사업국장(화해명령안에 따라 만들어진 직책)에게 보고하도록 되어 있었다. 법원에서 임명한 서종민 씨는 공사가 운영을 분권화하고 예산과 운영에 대한 책임을 개별 팀장들에게 넘겨야 한다고 주장하였다. 하지만 현장에서 일시적으로 활용할 수 있는 인력을 약간 배치한 것 말고는 전혀 변화가 없었다. 김현철 씨는 "팀장들은 매우 다양한 배경을 갖고 있는데 이들 중 많은 사람이 형편없어서 능력도 없는 사람들에게 분권화할 수는 없습니다."라고 언급한 바 있다. 그는 이들 팀장 또는 유지 보수 인력들로는 충분히 감독하고 책임을 지워야 하는 현장에서의 유지 보수 업무를 해결할 수 없다고 생각하였던 것이다. "공사에 지금 필요한 것은요 …… 팀장들이 책임감을 느끼는 거예요. 그들에 대하여 전혀 감시도 하지 않고 있고요 …… 몇 년 동안 전혀 관리되지 않은 상태로 있었거든요. 사실 책임성을 드높인다는 것은 실제로는 중앙에서 말한대로 하지 않을 경우에 문제가 될 수도 있다는 점을 이해시키는 것이거든요." 동시에 김현철 씨는 운영팀장들이 많은 어려움을 경험하고 있고 문제 해결에서 어려운 입장이라는 것도 잘 알고 있었다.

나는 9개월 동안 S지역 m프로젝트의 팀장일을 해본 적이 있습니다. 나는 그 경험 이후로 팀장들의 어려움을 잘 알게 되었습니다. 이들이 공공주택을 잘 관리한다는게 참 어렵다는 것을 알게 되었지요. 이들은 돌멩이를 금으로 변화시키는 일을 하는거나 마찬가지에요. 이건 외롭고 두려운 일입니다. 직원들 몇 명만 빼면 아무도 없거든요. 주민들과의 관계에서는 항상 긴장해야 하고, 관계가 긍정적으로 돌아설 수 있는 가능성은 매우 낮지요. 그런 일이 매우 힘들기 때문에 가끔은 힘들 때도 있어요.

② 유지 보수 업무

화해조정안에 따라서 구조조정을 해보려고 했지만 유지 보수에 관한 한 주민과 법원으로부터 거센 비난을 받았다. 공사는 유지 보수 업무를 위하여 300여명의 기술자와 직원들을 고용하였다. 그런데 이들은 일반관리 업무 외에도 엄청나게 많은 수리 요청을 완수해야만 하였다. 연간 수리 요청은 100,000건가량이 접수되는 것으로 분석되었다. 생산성은 매우 낮았다. 평균 응답 시간은 단지마다 큰 차이가 있었다. 어떤 단지에서는 4~5일가량이 소요된 반면 69일이나 걸린 곳도 있었다. 공사의 보고서에 따르면 긴급 접수에 대한 평균 업무 완수 시간이 10~11일 정도였고 보통 접수의 경우 23~24일가량이었다. 이러한 열악한 유지 보수 업무의 결과는 모두 입주자들이 떠안게 되었다. 다음은 2015년에 법원에서 작성된 보고서에 나오는 입주자의 방문에 대한 기록이다.

V아파트의 경우 저녁에 전혀 난방이 되지 않고 있으며 물도 잘 나오지 않아서 미리 받아서 사용하고 있다. 전체 아파트에 습기가 많아 벽과 천정

에 곰팡이가 피고 있다. 밖에서 볼 때도 벽에 습기가 흐르고 있다. 관리인에 따르면 비가 온 후 2~3일 동안 옥상에 고여 있던 물이 벽을 타고 지하까지 흘러내린다고 한다. 지하에는 지저분한 물이 고여 있다. 지난 몇 년 동안 세입자들이 Y공사를 고발하였지만 전혀 성과는 없었다.

이렇게 유지 보수가 늦어지자 주택 공실률은 더 악화되었다. 최근에 이주하여 빈 집이 된 곳에 새로운 입주민을 입주시키기 위한 준비 작업은 일반 유지보수팀이 담당하였다. 팀장이 아파트를 신속하게 순환시킬 책임을 지게 되어 있지만 그들은 그 일을 하기에 충분한 인력을 확보하지 못하고 있었다. 그들은 개발공사 본부에서 필요한 물자와 인력을 보내주기만을 기다릴 뿐이었다. 그러나 그것은 절대로 원활하게 지원되지 않았다. 아파트가 며칠 이상 비어 있는 동안 각종 범죄의 대상이 되는 경우가 많고 그렇게 되면 재입주를 위한 보수에 훨씬 더 많은 비용이 소요된다.

③ 치안문제

공사의 개발사업이 한창 진행되던 기간 동안에는 범죄나 각종 침입이 발생하지 않았지만 최근에 급격하게 증가하여 202x년에는 대부분의 주민이 유지 보수 문제와 함께 치안문제를 매우 심각하게 생각 하고 있다. 2017년 이후에 Y지방경찰청에서는 특별순찰대를 배치하였다. 그러나 경찰의 순찰활동은 매우 부족하였고 많은 주민은 경찰이 전혀 문제를 해결하는 데 도움을 주지 않는다고 불평을 하였다. 공사는 민간 치안 서비스 업체와 계약을 하여 경찰의 치안활동을 보완하였다. 공사와 경찰은 제대로 치안을 유지하지 못하였고, 문제를 유발하는 입주자들을 퇴거시키지도 못하였다. 범죄가 발생함으로 인하여 공사가 입는 피해 액수가 정확하게 집계되지는 않고 있지만 그 액수는 상상을 초월할 것으로 추산되고 있다.

④ 입주자 선정 문제

공사에서 개발한 주택을 임대할 때 입주자 선정 업무는 임대운영팀에서 담당한다. 입주자 선정은 이론적으로 다음과 같은 단계를 거친다. 먼저, 입주자는 공공임대주택에 입주할 수 있는 자격이 있는 가구여야 하며 이는 현재 정부에서 정한 저소득 가구의 조건을 충족시키는 기준에 따라서 결정된다. 임대의 유형에 따라서 다양한 기준이 적용되며 주로 국민기초생활보장법에 따른 수급자, 도시 근로자 가구당 소득 70% 또는 100% 이하, 4인 이상 가구 평균 소득 이하, 무주택 세대 등의 기준이다. 지원자가 개별 공공기관에서 서류를 발급받아서 제출하거나 서류를 작성하여 제출하면 입주자 심사 절차에 따라서 심사를 한다.

그런데 심사 과정에서 공사가 적절한 역할을 수행하지 못하였다는 공감대가 지난 몇 년간 형성된 바 있다. 그 이유는 다음의 두 가지에 기인한다. 첫째는 정치권의 압력에 적절하게 대응하지 못하였기 때문이다. 정치권에서는 자신들에게 유리한 노년, 장애인, 저소득 계층들을 위한 주거시설들을 자신들의 이해 관계에 맞게 확충하고자 하였고 공사는 이를 적절히 제어하지 못하였다. 둘째는 바람직하지 못한 입주자들을 심사 절차에서 걸러내지 못하였다. 이 문제는 임대운영팀에 부과되는 지원자의 수가 너무 많다는 데 있다. 두 명의 임대관리 전문가가 모든 단지에 대한 수천 명 지원자의 서류를 보고 검토하기에는 역부족이라는 것이다. 익명을 요구한 한 직원은 "잘해야 우연히 걸러낼 수 있을 정도"라고 표현할 정도이다. 이들이 심각한 문제가 있어

보이는 지원자를 발견해 내면 그들은 더 구체적인 평가를 위하여 임대 서비스를 담당하는 고객문화팀으로 서류를 보낸다. 2000년대에 설치된 이 팀은 다양한 사회적 서비스를 제공한다. 김현철 씨가 볼 때는 입주자 선정에서 누가 결정의 책임을 지는 것인지 불확실한 것이 문제라고 생각한다.

> 이건 전형적으로 관료제가 갖는 문제점이 나타난 것입니다. 단지운영팀, 임대운영팀, 고객문화팀 중에서 누가 어떤 권한과 책임을 갖는지 전혀 확실한 것이 없습니다. 모든 사람이 자기 역할을 갖고 있는 것 같아 보이는데 책임을 지는 사람은 없어요. 결과적으로 문제가 있는 것으로 보이는 가구의 경우에는 여기저기로 계속해서 돌아다니면서 면접조사를 받게 됩니다. 조사, 평가, 조사, 평가가 계속 이어지는 것이죠. 그러다가 결국 "입주하고 싶다고 몇 번을 말합니까?" 하고 강하게 주장을 해서 들어가거나 지쳐서 포기하거나 둘 중 하나입니다. 하지만 누구도 그들에 대하여 입주를 거절하는 결정을 내리지는 않는 것이죠.

제 3 절 예산, 정보화, 통제 시스템

지난 2년여 동안 예산, 회계, 보고 시스템의 경우 총 책임자인 전략기획실장이 없는 상태로 운영되었다. 그리고 공사는 다양한 자료들을 축적하고는 있지만 그것을 적절하게 활용하지는 못하고 있는 것으로 보인다.

(1) 재무회계

공사의 기금과 회계, 외부 기관들에 대한 재정보고 등의 업무는 재무팀에서 이루어진다. 재무팀의 활동은 정부의 기획재정부와 시의 예산국에 보고되며 이들은 주기적으로 회계 상황에 대하여 감사한다. 재정회계에 대한 대부분의 자료는 단지별 임대수입의 출력본을 중심으로 작성된다. 이 자료들은 단지운영팀에도 보내지며 그 의도는 재정자료를 토대로 관리 시스템을 개선해 보려는 데 있다. 공사가 수집한 자료는 주택별로는 작성되지 않고 있는데 그렇기 때문에 공사의 직원들이 수입과 지출의 상황을 좀 더 정확하게 분석하기 어렵게 된다.

(2) 예산

예산팀의 주요 업무는 연간 예산을 작성하는 것이다. 예산은 주로 재무팀에서 제공된 비용정보를 중심으로 작성된다. 향후 발전에 대한 정보로부터 작성되는 경우는 거의 없다. 항목펼 예산지출 내역을 비교하는 활동도 없고 손쉽게 얻을 수 있는 비용에 대한 정보를 체계적으로 분류하지도 않고 있다. 특히 단지 운영팀에서는 예산 작성 과정에 거의 의견을 투입하지 못하고 있으며, 현재 예산이나 비용에 대한 개념이 없이 운영하고 있는 것이다. 화해명령은 장기재정기획을 개발할 것을 지시하였고, 개발사업별 예산을 작성하면서 각 단지별 운영책임자들에게 나름대로 예산을 마련하고 지출을 통제하도록 하였으나 전혀 진전이 없었던 것이다. 자원은 완전 하향식으로 개인들에게 할당되는 방식으로 집행된다.

(3) 성과 기준과 측정

공사의 성과관리 체계는 현장에 있는 직원들에 대하여 각각 분산되어 있으며 잘못 운영되고 있다는 의견이 지배적이다. 주택 공실률, 임대료 수거율, 건물의 외관, 아파트에 대한 방문 횟수 등 직원들에 대한 월간 성과 기준이 마련된 적이 있지만 실제로 평가에 활용된 적은 없고 문제를 발견해 내는 데 도움을 받지도 못하고 있다. 공사는 성과 측정 기준을 현장에서 일하는 비숙련 노동자들에게 적용하였지만 그 밖의 직원들 특히 본부의 직원들에 대하여는 적용하지 않았다. 숙련된 직원들의 생산성을 측정하고 계산해 낼 수 있는 자료들이 전산 시스템에 있지만 아직은 불완전하고 신뢰성도 낮은 것으로 알려지고 있다.

제 4 절 재원 조달

공사의 자금은 주로 중앙정부, 시정부, 임대로 수입 등의 세 군데에서 조달된다. 시 산하의 개별 자치구에서는 서비스 비용이나 인력 등을 부분적으로 지원하고 있다.

(1) 중앙정부의 재정 지원

2014년부터 기획재정부는 공사가 시행하는 공공주택사업에 대하여 보조금을 나름대로 계상하여 지원하고 있다. 다른 공사에 대하여도 마찬가지인데 그것은 성과예산 시스템 공식에 따라서 계산된다. 이 공식은 잘 운영되는 공사에 대하여 운영비용을 추계하여 계산하는 것이다. 이 보조금이 물가상승률, 보유 주택 수, 구조물의 연한 등을 감안하여 가중치를 두고 연간 증가분이 결정된다. 202×년에 중앙정부는 공사에 대하여 거의 300억 원가량을 지원하였다. 중앙정부는 예산상의 유연성을 위하여 다 쓰지 않은 예산의 경우에는 이월하여 사용할 수 있도록 배려하였다. 그러나 공사는 이러한 제도를 적절하게 활용하지 못하였다. 김현철 씨가 맡았을 때 공사는 거의 60억 원가량의 적자를 보고 있었다. 적자는 사실 2010년대 초부터 누적되어 왔다. 이 당시 주택시장이 매우 열악한 상황이었던 반면 물가 상승은 꾸준히 이루어졌다. 이런 상황에서 중앙정부는 효율적인 관리를 유도하기 위하여 성과관리 시스템을 마련한 것이다. 그러나 이에 대하여 비판적인 사람들은 이 시스템이 낡은 주택을 보유하고 있는 대규모의 지방건설공기업에 대하여 충분히 고려하지 않았다고 생각한다.

(2) 시정부의 재정 지원

공사 주택사업의 20%가량이 시에서 자금 조달된 것으로 건축된다. Y시는 저소득층 주거 안정에 기여하기 위하여 1989년에 설립되었다. 시정부는 건설공채의 발행으로 생긴 부채들을 갚아주는 방식의 재정 지원을 시도하였지만 현재는 운영비 보조의 방식으로 재정 지원 방식을 변경하였다. 시정부의 보조금은 기존의 비용 통계에 따라서 지원되며, 특정 항목에 대하여는 주기적으로 비용을 스스로 계산하기도 한다. 202×년 시의 운영비 보조는 약 25억 원가량이다.

(3) 임대료 수입

지난 10여 년간 공사의 임대료 수입은 감소하였다. 그 기간 동안에 전체 소득이 감소하였고 임대료도 상당히 많이 감소하였다. 그것은 시정부에서 공공임대주택의 취지를 살리기 위하여 입주자들 전체 소득의 일정 부분 이상은 월간 납부하는 임대료로 받지 못하도록 조례를 개정한 다음 더 심화되었다. 그리고 가구소득 자체가 감소하였고 주택 공실률도 높아갔으며 입주자들은 연체를 하기 시작하였다. 김현철 씨가 공사에 왔을 때 미납 임대료가 약 3억 원가량에 육박하였다.

(4) 시설현대화 자금

보조금의 조달은 어려워지는데 공사의 경우 2010년부터 비용이 수입을 초과하는 상황이 지속되었다. 자금의 부족은 노후주택에 대한 아주 긴급한 보수작업을 위한 기금 조성에 차질을 빚었다. 법원의 보고서에 따르면 이러한 현상을 "공공임대주택의 시스템 붕괴"로 표현하고 있다.

> 상하수도, 전기, 옥상 방수, 난방, 엘리베이터 시스템이 완전히 부서지거나 노후된 상태이다. 아주 낡은 전기 시스템 때문에 최신식 가전제품을 쓰지 못하고 있으며 상하수도의 상당히 중요한 부분이 녹슬어 위험한 상태이다. 난방장치도 매우 비효율적이고 잔고장이 많다. 노후했지만 예방적인 조치나 사후 조치가 부족하여 생긴 결과이다.

공사는 이런 기본적인 시스템조차 새롭게 개선하지 못하고 있다. 시설이 노후되고 공사에 대한 이미지는 계속 추락하고 있었다. 이런 현상은 주택 공실률의 증가로 나타나고 있다. 2019년 한 연구기관에서는 특정 단지 648가구 중에서 270가구가 비어 있는데 대부분이 물이 새거나 상하수도가 잘 연결되지 않아서 그런 것으로 분석한다. 김현철 씨가 부임하였을 때 몇몇 단지의 경우 너무 정도가 심하여 완전 재건축이 불가피한 상황이라고 판단하였다.

(5) 공사와 자치구

공식적으로 공사와 Y시 산하의 자치구들은 협력적인 관계 속에서 운영되고 있다. 1990년에 서명한 문건을 보면 각 자치구들은 각종 수수료를 면제하고 활동의 편의를 제공하도록 합의되어 있다. 그런데 2013년 경제 위기와 재정 위기에 봉착하면서 공사는 자치구에 납부할 각종 수수료와 세금을 지불하지 못하게 되었다. 그 이후 자치구와 공사는 관계가 악화되었다.

제 5 절 선택의 문제

입주민 단체는 법정관리인이 공사를 재생시키는 일을 어떤 방식으로 수행하여야 할지에 대하여 할 말이 없지 않을 것으로 여겨진다. 그러나 실제로 주민들에게 중요한 것은 유지 보수와 치안이다. 공사가 만든 주택에서 사는 사람들이 소송을 제기한 이유도 유지 보수 서비스를 받기 위해서였으며, 법원에서 김현철 씨에게 임무를 부여한 것도 국가에서 정한 기준에 따라 주거 여건을 마련할 수 있도록 하기 위해서이다. 그것을 감시하기 위하여 김현철 씨는 2년에 한 번 법원에 보고서를 제출하고 위임받은 업무를 어떻게 수행하고 있는지를 입주자를 포함한 여러 사람에게 상세히 설명하도록 되어 있다.

동시에 김현철 씨는 정치권에서 공공주택에 대한 지지가 점점 약화되고 있다고 생각하고 있다. 중앙정부에서는 공사가 새로운 자금원을 계속하여 개발해 내야 할 것으로 생각하고 있으며 매년 지금처럼 예산을 공급하는 것은 합당하지 않다고 여긴다. 시에서도 상황은 마찬가지이다. 2년 전에 시정부는 두 지역을 개발하기 위한 예비사업을 지원하기 위하여 10억 원을 지원한 적이 있다. 그러나 공사는 거의 이 사업에 대하여 진척을 보지 못하였다. 지금은 공사에 보조금을 지원해 주기 위하여는 공사와 김현철 씨에 대하여 철저한 조사를 할 필요가 있다고 생각하고 있으며 김현철 씨는 그들에게 공사가 효과적으로 활동하고 있다는 것을 속히 홍보하여야 할 것을 알고 걱정하고 있다. 그가 생각할 때는 공사에 대하여 돈을 쓰는 것에 대해 시의회에서 점점 주저하고 있다. 이에 대하여 김현철 씨는 다음과 같이 말한다.

> 시에서 주저하고 있는 것이 공공주택은 나쁜 정책이라는 생각이나 우선순위가 아니라는 생각과 같은 이데올로기적으로 반대하여 나온 것이 아닙니다. 왜냐면 Y시는 오래전부터 공공주택 건축에 많은 투자를 해 왔으니까요. 그런 측면보다는 이 조직이 보조금을 받아서 사업을 수행할 역량이 없다는 점에 절망하고 있는데서 원인을 찾을 수 있을 것 같아요.

김현철 씨는 법정관리를 맡으면서 "공공주택이 잘 운영될 수 있고 빈곤한 계층이라도 양질의 주거생활을 할 수 있다는 생각이 현실적으로도 가능하다는 것을 많은 사람이 공감하고 있다"고 생각하였다. 그런데 문제는 어떻게 그것을 보여주고, 더 나은 여건을 원하는 입주자들의 수요에 어떻게 잘 부응할 것인가의 문제가 남는다. 사실 입주자의 수요를 더 잘 충족시켜 주기 위하여는 돈이 필요하고 그러기 위하여는 정치인이나 일반대중들에게 더 많은 지지를 얻어내야 하는 과제가 있다. 그러나 김현철 씨는 공공주택에 대하여 사람들이 충분히 지지하고 있는지 걱정하면서 다른 한편으로는 초기에 성공하는 것이 매우 중요하다는 생각을 하였다. 아마도 공사를 재생하는 지름길은 단순하게 생각해서 초기에 많은 돈을 투자하여 몇 개의 주택을 재생시켜 단기에 큰 성공을 거두었음을 보여주는 것일 수도 있다. 이제 김현철 씨는 어떤 일부터 어떻게 해결해 나가야 할 것인가?

참고 문헌

국내 문헌

김형호 · 송경재(2011). 한국적 타운미팅의 가능성과 한계에 관한 연구: 평택 채소마을 사례를 중심으로. 「지방행정연구」, 25(3): 269-288.

박성혁(2009). 「나비의 꿈: 기적을 만든 열정과 희망의 페스티발」. 서울: 쌤앤파커스.

박정은 · 송희준(2006). 전자정부 추진조직과 정책의 관계에 관한 국가 간 비교연구. 「한국정책학회보」, 15(4): 111-142.

박홍윤(2008). 「전략적 기획론」. 서울: 대영문화사.

______ (2014). 「공공조직을 위한 전략적 기획론」. 서울: 대영문화사.

서구원 · 이두희 · 이동원(2007). 온라인과 오프라인을 통합한 크로스미디어 전략: 한국관광공사의 구석구석 캠페인을 중심으로. 「광고학연구」, 18(5): 439-451.

송희준 · 조택(2007). 한국의 전자정부: 성과와 과제. 「정보화정책」, 14(4): 20-37.

안병영(2003). 민주주의 발전과 국가관리. 연세대학교 국가관리연구원 개원기념 학술회의 발표집.

안병영 · 정무권 · 한상일(2007). 「한국의 공공부문: 이론, 규모와 성격, 개혁 방향」. 춘천: 한림대학교출판부.

엄석진(2009). 행정의 책임성: 행정이론 간 충돌과 논쟁. 「한국행정학보」, 46(3): 19-45.

윤견수 (2001). 약자의 설득전략: 어느 하위직 지방공무원의 개혁활동에 대한 현상학적 보고서. 「한국행정학보」, 35(1): 143-160.
이현우 (2013). 일본의 지방재정위기 대응과 시사점. 경기개발연구원 GRI정책이슈.
정무권 (2010). 공공조직의 다차원적 성과분석을 위한 '공공 성과(public performance)'의 개념화: 한국 준정부조직에의 적용을 중심으로. 「정부학연구」, 16(1): 333-376.
정무권 · 한상일 (2009). 공공부문의 다양화와 새로운 연구 영역. 박종민 · 정무권. 「한국행정연구: 도전과 과제」. 서울: 박영사.
정성호 · 정창훈 (2011). 지방재정 위기와 로컬 거버넌스의 역할. 「지방행정연구」, 25(2): 3-36.
정윤석 (2003). 「로크, 통치론」. 서울: 서울대학교 철학사상연구소.
한국정보화진흥원 (2010). 「2010 국가정보화백서」. 서울: 한국정보화진흥원.
한국지방행정연구원 (2008). 「자치경찰제 확대 및 강화방안」. 서울: 한국지방행정연구원.
한상일 (2010). 한국 공공기관의 민주적 책임성과 지배구조. 「한국조직학회보」, 7(1): 65-90.
______ (2013). 사회적 기업 지원정책의 형성과정 연구. 「창조와혁신」, 6(2): 57-79.
한상일 · 정소윤 (2014). 관료제와 행정민주주의: 한국적 맥락에서의 공공가치의 실현을 위한 제도적 설계. 「정부학연구」, 20(2): 3-33.

국외 문헌

Allison, M. & Kaye, J. (2005). *Strategic Planning for Nonprofit Organizations: A Practical Guide and Workbook.* Hoboken, NJ: John Wiley & Sons, Inc.
Bryson, J. M. (2011). *Strategic Planning for Public and Nonprofit Organizations: A Guide to Strengthening and Sustaining Organizational Achievement.* San Francisco, CA: Jossey-Bass.
Cooper, T. L. (2012). *The Responsible Administrator: An Approach to Ethics for the Administrative Role.* San Francisco, CA: Jossey-Bass.
Daft, R. L. (2004). *The Leadership Experience.* Cincinnati, OH: South-Western.
Finer, H. (1941). Administrative Responsibility in Democratic Government.

Public Administration Review, 1: 335-350.

Frederickson, G. H. (2005). The State of Social Equity in American Public Administration. *National Civic Review*, 94(4): 31 - 38.

Gardner, J. (1990). *On Leadership*. New York, NY: The Free Press.

Ginter, P. M., Swayne, L. M., & Duncan, W. J. (1998). *Strategic Management of Health Care Organizations*. Malden, MA: Blackwell Publishers Inc.

Johnson, S. (2003). 「선물」. 형선호 옮김, 서울: 랜덤하우스 코리아(원서 출판, 2003).

Kant, I. (2007). 「순수이성비판/실천이성비판」. 정명오 옮김, 서울: 동서문화사(원서 출판, 1781/1788).

Lee, B., Han, S., & Chung, S. (2014). Collective Strategy of Social Economy in Wonju, South Korea. 「한국협동조합연구」, 32(3): 1-26.

MacIntyre, A. C. (2007). *After Virtue: A Study in Moral Theory*. London, UK: Eurospan Group.

Mandela, N. R. (2006). 「만델라 자서전: 자유를 향한 머나먼 길」. 김대중, 옮김, 서울: 두레(원서 출판, 1995).

Marsick, V. J. & Watkins, K. (1990). *Informal and Incidental Learning in the Workplace*. London and New York: Routledge.

______ (1993). *Sculpting the Learning Organization: Lessons in the Art and Science of Systematic Change*. San Francisco, CA: Jossey-Bass.

Nakamura, R. & Smallwood, F. (1980). *The Politics of Policy Implementation*. New York: St. Martin's Press.

OECD (2003) *From Red Tape to Smart Tape: Administrative Simplification in OECD Countries*. Paris: OECD.

Rainey, H. G. (2014). *Understanding and Managing Public Organizations*. San Francisco, CA: Jossey-Bass.

Rohr, J. A. (1986). *To Run a Constitution: The Legitimacy of the Administrative State*. Lawrence: University Press of Kansas.

Romzek, B. S. & Dubnick, M. J. (1987). Accountability in the Public Sector: Lessons from the Challenger Tragedy. *Public Administration Review*, 47(3): 227-238.

Schmitter, P. C. & Karl, T. L. (1996). What Democracy Is... and Is Not. In L. Diamond & Marc F. Plattner Eds, *The Global Resurgence of Democracy* (2nd ed.). Baltimore: Johns Hopkins University Press.

Schmitter, P. C. & O'Donnell, G. (1986). Illusions about Consolidation. *Journal of Democracy*, 7(2): 35-52.

U. S. Department of Health and Human Services (2008). *Monitoring the Future: National Results on Adolescent Drug Use*. Bethesda, MD: National Institute on Drug Abuse.

United Nations (2014). *United Nations E-government Survey 2014: E-government for the Future We Want*. New York: United Nations.

White House Office of National Drug Control Policy (2009). *National Drug Control Strategy*.

찾아보기

저자 소개

한상일

[학력]
- 연세대학교 사회과학대학 행정학과 졸업(문학사)
- 연세대학교 대학원 행정학과 졸업(행정학석사)
- 미국 University of Southern California, School of Policy, Planning and Development 졸업
  (행정학박사)

[경력]
- 이화여자대학교 BK21 박사후연구원(2003~2004)
- 미국 Tufts University, Jonathan M. Tisch College of Citizenship and Public Service 방문연구원(2011~2012)
- 연세대학교 정경대학 글로벌행정학과 조교수/부교수/교수(2004~현재)
- 연세대학교 글로벌행정학과 BK21플러스 창조적 국제개발협력을 위한 사회적 경제 연구팀 사업팀장(2013~현재)

[저서]
- 「한국의 공공부문」(공저, 2006, 한림대학교출판부)
- 「원주 의료기기 클러스터의 이해」(공저, 2009, 대영문화사)

[연구 분야]
- 조직론, 학습조직, 사회적 경제

전략적 기획론

펴낸날 제1판 제1쇄 2015년 2월 25일
제1판 제2쇄 2022년 7월 20일

지은이 한상일

펴낸이 임춘환

펴낸곳 도서출판 **대영문화사**

주소 (본사) 사무실: 경기도 고양시 일산서구 주화로 70
우신프라자 307호 (우 10387)
(본사) 물류센터: 경기도 고양시 일산서구 덕산로
107번길 68-50 (우 10205)

등록 1975년 12월 26일 제3-16호

전화 (031) 913-3062, (031) 914-3884~5

팩스 (031) 913-3839

홈페이지 http://www.dymbook.co.kr

ISBN 978-89-7644-518-6

값 18,000원